Scintille

Quarta Edizione

Marco Liuzzi

ISBN 9798541317770

In copertina: Fotosearch n. 0124004

A mia madre, Lea

Prefazione

L'idea che gli antecedenti intellettuali dell'opera freudiana vadano ricercati nella tradizione mistica ebraica, cioè nella Cabbala, non è nuova. Citiamo in particolare il libro di David Bakan, *Sigmund Freud e la tradizione mistica ebraica.*

Nella letteratura in proposito si tende tuttavia a vedere la Cabbala, più che come una scienza viva e organicamente legata con la psicoanalisi, come uno sfondo culturale antico, un antecedente intellettuale storico a partire dal quale comprendere l'improvvisa irruzione, altrimenti inesplicabile, del genio di Freud sulla scena del mondo delle idee.

Questo libro non segue tale prospettiva storicistica.

Qui la tradizione mistica ebraica è vista come una scienza viva e moderna, alla pari della psicoanalisi, e viene compiuto un lavoro di analisi e approfondimento dei concetti fondamentali dell'opera freudiana che porta gli stessi ad integrarsi organicamente nella Cabbala. Ad esempio, le pulsioni di Freud diventano gli angeli della mistica, e la rimozione delle pulsioni legate a una sessualità sado-masochistica è associata col librarsi in cielo degli angeli serafini.

Questa interpretazione dei concetti freudiani nei termini propri della mistica sollecita la Cabbala a riversare, quasi madre che risponda agli stimoli provenienti dal proprio piccolo affamato, un flusso apparentemente ininterrotto, del quale cioè non riusciamo a scorgere la fine, di nuova linfa vitale sui fondamenti stessi della psicoanalisi. Ad esempio, la struttura dell'albero delle "Sefirot", le emanazioni divine della Cabbala, viene a configurarsi come un grafo sul quale possono essere tracciati i percorsi della risposta dell'apparato psichico a un messaggio proveniente dall'esterno, mentre il Trono divino è visto come la rappresentazione di un'"elaborazione inconscia" che, operando sul rimosso, consente un utilizzo dei suoi contenuti sintonico con le esigenze di autoconservazione dell'Io.

Il lavoro di commento del Testo Biblico riceve un contributo, secondo noi significativo, dall'incontro vivificante con la prospettiva freudiana.

Il linguaggio che andiamo via via sviluppando al fine di accostare ed integrare tra loro Cabbala e psicoanalisi conferma la ricchezza del Testo

Biblico, la quale è stata sempre presente ai suoi commentatori, come fonte di idee e spunti di riflessione.

In conclusione, via via che si sviluppa il nostro discorso, il pensiero di Freud da una parte e gli studi mistici della Tradizione dall'altra, si compenetrano e integrano a vicenda. Psicoanalisi e Cabbala uniscono le loro capacità espressive, e penetrano insieme nei segreti della psiche umana e della vita.

Ora presentiamo un breve riassunto schematico del contenuto dei diversi saggi, chiamati "articoli", che compongono il libro. Il lettore può scorrere rapidamente questi riassunti schematici per farsi un'idea ulteriore del percorso che seguiamo nello sviluppo del nostro discorso; oppure può saltare questi riassunti, per ritornarvi quindi in seguito e usarli come riferimento se dovesse avere bisogno di orientamento durante la lettura del libro.

Il libro è diviso in due parti, la Parte I, Barriere, e la Parte II, Essere, avere, scintille.

I primi cinque articoli della Parte I, *Barriere* di Carlo Franchetti, *Sulla sofferenza, Intuizioni, La cacciata dal giardino di Eden, Barriere simboliche di rimozione*, introducono questo incontro tra Cabbala e psicoanalisi che è il tema del libro.

Ciò che rende possibile il ricongiungersi così fecondo delle due prospettive sull'uomo e sulla vita facenti capo all'opera freudiana da un lato e alla tradizione della mistica ebraica dall'altro, è in primo luogo la sistemazione, effettuata in termini molto vicini a quelli del linguaggio di Freud, del concetto di "intuizione".

Un primo concetto importante sulla via della definizione del concetto di "intuizione" è quello di "simbolo": un "simbolo" si crea nell'apparato psichico della persona allorché la risposta immediatamente insorgente nel sé a un messaggio proveniente dall'esterno viene spogliata del proprio contenuto emotivo.

Il "simbolo", rappresentante "astratto" (cioè slegato dall'emozione corrispondente) della risposta insorgente al messaggio, viene recepito nell'apparato psichico dell'individuo, mentre il contenuto emotivo della risposta affluisce nel rimosso.

La "rimozione" della risposta al messaggio proveniente dall'esterno è vista allora proprio come questo spogliare del suo contenuto emotivo la risposta che il sé darebbe altrimenti immediatamente al messaggio.

I simboli astratti delle risposte da dare ai messaggi provenienti dall'esterno, risposte tutte differite dal meccanismo della rimozione, vengono quindi coordinati in una teoria dell'altro (il mondo esterno, il prossimo dal quale i messaggi provengono), della quale i simboli costituiscono i "termini primitivi".[1]

In tal modo coordinate in una teoria dell'altro, le emozioni corrispondenti ai simboli nei quali erano state astrattizzate possono ora emergere nella loro pienezza, differite, ma ordinate e rispettose del prossimo, invece che disordinate e scomposte via via che i messaggi arrivano al sé.

Se i simboli di rimozione possono essere a loro volta rappresentati dagli angeli disposti in cerchio intorno al Trono, Dio, su questo assiso, rappresenta Colui il quale dispensa all'individuo disposto al Suo ascolto l'organizzazione teorica che immette alla conoscenza dell'altro.

La scoperta della teoria dell'altro viene infine elargita all'uomo da Dio tramite un'"intuizione", la quale organizza appunto i simboli di rimozione in una teoria.

In *Lutto, melanconia, giustizia* riprendiamo a considerare il meccanismo della scarica emotiva, analizzando il "modo di pensare" di un uomo in lotta, il quale anch'egli, per prevalere sull'avversario, ha la necessità di differire le risposte immediate ai messaggi provenienti dal mondo esterno. Siamo, nel caso della lotta, in una situazione di maggiore emergenza, e gradualmente iniziamo a introdurre quel concetto di uno stato psichico che chiamiamo "stato di emergenza", che ci accompagnerà nello studio dei concetti di narcisismo, repressione, misticismo e psicosi per il resto del libro.

Nell'articolo iniziamo anche a introdurre una prima versione di un grafo particolare, il quale rappresenta l'organizzazione degli stimoli insorgenti nell'uomo in risposta ai messaggi provenienti dall'ambiente, sui tre livelli del narcisismo (pulsioni dell'Io), sado-masochismo (emozioni) e conoscenza (quest'ultimo livello di organizzazione è detto anche livello della "genitalità").

La "conoscenza", l'organizzazione genitale cioè della persona, sarebbe resa possibile da un'organizzazione equilibrata e cooperativa del narcisismo (pulsioni dell'Io) e del sado-masochismo (pulsioni sessuali). Il grafo introdotto in *Lutto, melanconia, giustizia* evolverà gradualmente

---

[1] Il lettore il quale si stia avvicinando a questo testo per la prima volta non si spaventi se il linguaggio che stiamo in questo paragrafo utilizzando gli appare strano, difficile, lontano da sé. Il contenuto di questo capoverso viene spiegato con calma e metodo nella prima parte del libro, e il lettore si renderà presto conto di come le teorie via via presentate in questo lavoro parlino di cose semplici, vicinissime a lui, e che sono alla base della esperienza di vita di ogni persona.

nell'articolo *Essere, avere, scintille* (Parte II), fino ad assumere una struttura avente la stessa forma di quella dell'albero delle Sefirot, le "Emanazioni divine" della Cabbala.

Sempre in *Lutto, melanconia, giustizia* si considera quindi il concetto di "psicosi", individuando la sua genesi in un "salto di livello" che la persona che subisce un trauma compie, passando direttamente dalla conoscenza (l'organizzazione genitale) al narcisismo, non elaborando il trauma in un lavoro del lutto che solamente lo scarico completo delle emozioni al livello dell'organizzazione sado-masochistica potrebbe consentire.

Nell'articolo successivo, *La colonna di nube e la colonna di fuoco*, i concetti fin qui sviluppati vengono usati per interpretare i due fenomeni naturali che accompagnano il popolo ebraico nella traversata del mare di canne (il "passaggio del mar Rosso"), e il lettore avrà speriamo una prima percezione di quanto rilevante sia il tipo di discorso che stiamo affrontando nel fornire strumenti di interpretazione del Testo Biblico.

Nell'articolo seguente, *Narcisismo, Cherubini, Etica*, iniziamo a parlare del concetto di narcisismo, il quale ci accompagnerà nelle nostre discussioni per tutto il resto del libro. Interpretando il dipinto leonardesco di Sant'Anna, facciamo anche la conoscenza di due personaggi, Leonardo e Mosè, che accostiamo tra loro al fine di comprenderli meglio entrambi. Questo accostamento ritornerà più volte e costituirà un importante punto di riferimento per tutto il resto del libro.

L'Aron hakodesh è un altro saggio che, come il precedente *La colonna di nube e la colonna di fuoco*, mostra gli strumenti concettuali sviluppati all'opera, questa volta nell'interpretazione di un tema riposto del Testo Biblico, quello delle forme del contenitore delle Tavole della Legge.

La Parte I del libro si conclude con *Le interpretazioni simboliche dei sogni*.

Partendo da una dualità che Freud coglie nei modi che ha il mondo profano di interpretare i sogni, introduciamo il concetto di "interpretazione simbolica" di un sogno e lo identifichiamo come il "duale" del metodo psicoanalitico per giungere all'interpretazione del sogno.

L'"interpretazione simbolica" di un sogno avverrebbe infatti ponendosi in uno stato psichico duale di quello, vicino allo stato che precede il sonno, che il primo Freud suggeriva ai suoi pazienti di assumere agli albori dell'applicazione del metodo analitico.

Tale stato psichico "duale" viene identificato con quello stato psichico che, ancor prima dello sviluppo del metodo analitico, Freud suggeriva al paziente di assumere, ponendosi in uno "stato di concentrazione" e cogliendo l'immagine che vedrà allorquando la mano che egli poggia sulla fronte del paziente rilascerà la pressione. Si tratta del metodo della "pressione della mano", il quale attraversa gli *Studi sull'isteria*.

In *Le interpretazioni simboliche dei sogni* identifichiamo lo "stato di concentrazione" suggerito da Freud al paziente con quello che abbiamo chiamato "stato di emergenza" e che nella Parte II, nell'articolo *Essere, avere, scintille*, assoceremo strettamente ai concetti di narcisismo, repressione e pensiero mistico.

Dunque l'immagine che Freud invita il paziente a cogliere allorquando egli rilascia la pressione della mano dalla sua fronte sarebbe una di quelle che noi abbiamo chiamato "intuizioni", un'organizzazione astratta di simboli rappresentanti materiale emotivo rimosso.

Questo genere di intuizioni, immagini il cui trasfigurarsi è visto in opera nella mente di Giuseppe allorquando interpreta il sogno del Faraone, sarebbe quindi alla base del metodo Biblico dell'interpretazione simbolica dei sogni.

L'assunzione dello "stato di emergenza", stato nel quale si pone una persona improvvisamente aggredita, e che non lascia spazio all'emergere disordinato di emozioni, ma solo a una loro organizzazione astratta volta a fronteggiare il pericolo incombente, viene quindi vista, in armonia con quanto evidentemente ritenuto da Freud (che applicava il metodo della "pressione della mano"), come un modo di penetrare nell'inconscio il quale è il "duale" di quello, imperniato sulle libere associazioni, intorno a cui verrà messo a punto il metodo analitico.

Questo incontro che si verifica nell'interpretazione simbolica di un sogno tra un contenuto astratto emerso come intuizione e il contenuto emotivo che l'intuizione libera quindi dall'inconscio, ci porta a ipotizzare che la conoscenza scaturisca sempre da un incontro tra astratto (che in *Essere, avere, scintille* situeremo al livello del narcisismo) e emotivo (situato al livello del rimosso sado-masochistico). Gli angeli che percorrono la scala di Giacobbe altro non sono allora che intuizioni ed altri elementi astratti (quelli che scendono) o pulsioni sessuali rimosse (quelli che salgono al Cielo), alla ricerca di un riscontro che permetta quindi al sé di conoscere e agire.

Lo stato di emergenza assunto da un uomo in lotta, e che permette la liberazione di contenuti dall'inconscio, viene quindi associato a quello assunto da Giacobbe nell'episodio della sua lotta contro l'angelo, della quale proponiamo un'interpretazione come un tipo particolare di crisi psichica.

La Parte II del libro contiene il solo articolo *Essere, avere, scintille*, il quale sottopone ad analisi approfondita il concetto di narcisismo e tenta di completare quella descrizione del funzionamento dell'apparato psichico umano le cui linee si sono andate delineando nella Parte I.

L'articolo si sviluppa in diverse sezioni, e contiene anzitutto una discussione dei concetti di genitalità e misticismo.

Le sezioni 1, Essere e 2, Avere hanno carattere introduttivo.

La sezione 3, Genitalità studia il tema della genitalità maschile.

Viene introdotta la dualità tra "comprensione" e "conoscenza interiore" di un oggetto, due modi diversi di rapportarsi da un punto di vista conoscitivo con l'oggetto esterno.

Il pene, il quale penetra all'interno del corpo dell'altro, è visto allora come lo strumento della "conoscenza interiore" del prossimo. L'eiaculazione che si ha al culmine del rapporto sessuale è un "dare" del maschio alla femmina, e si considera come una disponibilità a "dare" sia necessaria per poter accedere a una "conoscenza interiore" dell'oggetto.

La persona sofferente di disturbi narcisistici soffrirebbe così di un'incapacità a "dare" e del conseguente disturbo della genitalità la quale dalla disponibilità al "dare" dipende.

La sezione 4, Misticismo si occupa del concetto di misticismo il quale viene identificato con la "comprensione" dell'oggetto. Viene introdotto il concetto di "repressione", una sorta di "rimozione di seconda istanza", e il pensiero mistico è quindi visto come un tipo di pensiero che lavora sul materiale represso.

Tracciando uno schema dei moti pulsionali della persona e della evoluzione nella psiche dell'individuo della risposta a un messaggio proveniente dall'esterno, utilizziamo il grafico dell'albero delle Sefirot, le "Emanazioni divine" della Cabbala.

Nelle sezioni 5, Scintille e 6, Eboidofrenia mettiamo in scena una serie di personaggi i quali illustrano con le loro personalità le dinamiche psichiche del narcisismo e della psicosi.

Nella sezione 5, Scintille analizzando i personaggi di Leonardo e della sua figura di riferimento femminile dell'infanzia che identifichiamo come rappresentata nel suo più noto ritratto (La Gioconda) discutiamo meccanismi psicologici che portano un bimbo avente una figura di riferimento femminile (la madre, in genere) melanconica a risultare nella sua adolescenza più vulnerabile di fronte alla violenza, e a sentire perciò in modo particolare ciò che potremmo chiamare il "problema del male".

Il bimbo, così sensibile al problema del male, considererà le vie per opporsi ad esso.

La prima via, che chiamiamo la "via del male", per opporsi al male, consiste nell'interruzione delle comunicazioni con l'aggressore e nell'emergere dell'odio verso di questi.

La seconda via per opporsi al male, che chiamiamo "via del bene", consiste in un attaccamento pervicace dell'offeso alla genitalità e all'apertura verso l'altro.

Nell'occuparci di questa "via del bene", illustriamo come il tema mistico della "liberazione delle scintille divine" sia riconducibile ai concetti di essere, avere, genitalità, così come li abbiamo considerati nelle sezioni precedenti.

La sezione 6, Eboidofrenia tratta della "psicosi del male", l'eboidofrenia appunto, nota dalla letteratura psicoanalitica. Purtroppo infatti il passare così vicino al male sembra essere condizione necessaria per meglio comprendere il bene e la figura di Mosè della quale parleremo nella sezione seguente.

Viene quindi ripreso il grafo introdotto per la prima volta in *Lutto, melanconia, giustizia*, e la cui struttura è diventata quella dell'albero delle Sefirot della Cabbala (manca solo la Sefirah di Malkhut), e continuiamo a seguire su di esso i percorsi del funzionamento dell'apparato psichico che si sono andati via via delineando.

Nella sezione 7, Mosè presentiamo una storia, un "midrash" come ivi diciamo, il quale tenta, a partire da una lettura attenta del Testo, e usando gli strumenti sviluppati nel corso del libro, di illuminare aspetti del profilo di Mosè.

Si fanno ipotesi sulle relazioni profondamente marcate da elementi narcisistici che il bimbo Mosè avrebbe avuto con le figure di riferimento femminili e maschili della sua infanzia, e nell'esaminare alcuni aspetti del carattere di Mosè è introdotto il termine di "psicosi del bene" o, come anche la chiamiamo, "sindrome messianica", una sorta di opposto, o meglio duale, della "psicosi del male" della sezione precedente.

Mosè viene quindi seguito mentre, vagando per il deserto del Neghev, si avvicina ai piedi del Sinai, e prima di lasciarlo salire solo, sul Monte, a parlare con Dio, gettiamo uno sguardo d'insieme sulla sua vita, considerando quanto in là Egli si sia spinto nella comprensione delle più riposte dinamiche psichiche dell'uomo.

Nella sezione 8, Malkhut l'albero delle Sefirot della Cabbala viene completato con la Sefirah di Malkhut, e su di esso viene approfondito l'esame del carattere per descrivere il quale abbiamo introdotto il termine di "psicosi del bene". In tal modo si vede come l'albero delle Sefirot possa essere utilizzato per descrivere degli aspetti dell'evolversi del carattere di una persona.

Nella sezione 9, Lo Shem ("il Nome") il Nome di quattro lettere del Dio di Israele viene considerato dal punto di vista delle Sefirot che lo compongono.

Si vede come l'indicazione che lo Shem dà all'uomo sia quella della ricerca dell'incontro e della conoscenza dell'altro, nell'amore.

Usando i risultati pubblicati da Alice Miller, osserviamo come questa attività conoscitiva sia un lavoro impegnativo, e non esente da pericoli per l'apparato psichico.

I comandamenti di Dio vengono allora a proteggere la psiche e il corpo della persona, impegnata nella ricerca dell'incontro con l'altro.

Per tutto il libro, i riferimenti alle opere di Freud sono precisati in relazione alla classica edizione delle opere complete, *Opere di Sigmund Freud*, edita da Boringhieri.

Alcuni articoli sono seguiti da note. Le note sono indicate con un numero tra parentesi graffe.

Ringraziamo infine il Professor Carlo Franchetti per averci messo a disposizione il suo articolo *Barriere*, col quale si apre il libro.

Questa quarta edizione contiene aggiustamenti e modifiche minime rispetto alla precedente terza edizione e, dal punto di vista dell'autore, costituisce la forma definitiva del libro, eventuali nuove edizioni potendo eventualmente comportare una nuova sistemazione grafica, ma non modifiche al testo.

Indice

PARTE I
Barriere

Barriere[2]

C. Franchetti

Hanno detto i nostri Saggi z.l. (Yoma 38 b), (vedi anche Shabbat 104 a)

Disse Resh Laqish: perché è scritto (Prov. 3,34) "Sicuramente dei beffardi Egli si beffa, ma agli umili dà grazia". Viene a rendersi impuro - gli aprono, viene a purificarsi - lo aiutano. Insegnamento della scuola di R. Ishmael: è paragonabile a un uomo che comprava nafta e balsamo, viene per misurare la nafta, gli dice: misura te per te stesso; viene a misurare il balsamo, gli dice: aspettami che misuro con te, in modo che si riceva il profumo io e te.

---

[2] Questo articolo, scritto da Carlo Franchetti, contiene, a differenza del resto del libro, delle parole in ebraico. Il lettore non si preoccupi: per leggere e comprendere questo libro non è necessario conoscere l'ebraico. Le parole in ebraico sono traslitterate e tutte infine tradotte in italiano. Il lettore può riferirsi direttamente a tale traduzione. L'articolo contiene inoltre citazioni (esempio, "Liq Moh. 115") a testi della mistica, conosciuti solo da un pubblico particolare. Nuovamente, il lettore non interessato semplicemente non si preoccuperà di queste citazioni. L'articolo è, a parere di chi scrive, molto importante, e certo ha avuto un tale ruolo nel rendere possibile la preparazione di questo libro. Per vivere vantaggiosamente nel mondo circostante, l'uomo deve ben presto apprendere a interporre "barriere" tra la propria mente e la sua tendenza naturale a rispondere immediatamente, soddisfacendolo, all'impulso emotivo generato da un messaggio proveniente dal mondo esterno. In *Barriere simboliche di rimozione* si farà l'esempio dell'uomo che, nuotando a rana, allorché si dà una spinta in avanti con le gambe, vede la propria testa immergersi di necessità nell'acqua, e dovrà frapporre una "barriera" tra lo stimolo a respirare e la propria mente, la quale controlla i movimenti: senza l'interposizione di tale "barriera", la persona respirerebbe mentre ha ancora la testa sott'acqua, con le note conseguenze del caso. Una "barriera" è dunque l'introduzione di una divisione tra sé e sé, tra la propria mente e, possiamo dire, il proprio corpo. Questa divisione tra sé e sé diventa automaticamente anche divisione tra sé e l'altro, il quale solo tramite gli impulsi, le emozioni che egli agita in me può essere da me sentito. Nell'articolo la parola "Dio" è scritta con un trattino al posto della "i" centrale. Si tratta di un riferimento al divieto di pronunciare il Nome divino, il Nome di quattro lettere che, quando esisteva il Tempio di Gerusalemme, veniva pronunciato solo dal sommo sacerdote, una volta l'anno, nel giorno dell'espiazione.
In conclusione, invitiamo il lettore a rilassarsi e a godersi questo saggio, il quale lo condurrà per un tratto tra le rappresentazioni, la bellezza e le profondità dei Testi della Tradizione.
[nota di Marco Liuzzi]

Se desideri comprare il balsamo sarai aiutato dal Proprietario del negozio, "Colui che forma la luce e che crea l'oscurità, che fa la pace e che crea il male" (Isaia 45,7). Siccome il Suo Nome non è associato alle tenebre, se cerchi la nafta, cioè l'impurità, la misurerai da te solo.

C'è anche da osservare questo: noi non possediamo né la nafta né il balsamo, ma possiamo andare a comprarli. L'essenza del male e del bene sono al di là di noi e della nostra comprensione, quello che possediamo è un istinto al bene e un istinto al male. Il Talmud, la nostra guida, fa questa affermazione ("di principio", si direbbe con linguaggio moderno): "viene a purificarsi - lo aiutano"; però i maestri non dicono qui in che modo lo aiutano. Una risposta c'è nello Zohar (I 62 a) dove il loro insegnamento viene riportato e commentato:

Viene un uomo a purificarsi lo aiutano con la santa neshamah (un grado superiore dell'anima[3]) **e lo purificano e lo santificano ed è chiamato santo. Non è puro e neppure viene a purificarsi, due gradi** (dell'anima) **sono aperti in lui: nefesh e ruah; ma la santa neshamah non è in lui. E se addirittura vuole anche entrare nell'impurità, lo rendono impuro e l'aiuto dall'alto è ritirato da lui, da qui in poi ognuno secondo il suo modo.**

Con il linguaggio moderno si direbbe: se uno si mette nel cammino giusto, la sua coscienza o consapevolezza si espande; nel linguaggio dello Zohar: gli viene data la disponibilità di un'anima supplementare - la neshamah. Mentre nefesh e ruah - i livelli meno elevati dell'anima - consentono all'uomo di vivere la sua vita autonoma e indipendente, la neshamah è il filo che lo lega al suo Creatore, sia Benedetto. A chi si rende impuro gli viene data libertà di potenziare la sua autonomia, ma il filo che lo legava al suo Creatore è tagliato. Chi invece va per purificarsi, ci spiega lo Zohar, riceve l'aiuto del Cielo perché è rinsaldato quel filo. In che modo concretamente venga aiutato resta sempre misterioso. Quando uno, dopo aver volto la sua mente al Cielo, si muove verso la retta via riceverà aiuto. Ma è davvero così? A volte sembra accadere il contrario: invece di aiuto, formidabili barriere, ostacoli su ostacoli si parano davanti a lui. Siccome non dubitiamo dell'insegnamento dei Saggi, bisogna cercare il senso più profondo

---

[3] La Tradizione distingue tra tre livelli di anima. Dal più basso al più alto essi sono nefesh (della quale sono dotati anche gli animali), ruah (spirito), e neshamah. In un linguaggio psicologico moderno, si tratta di tre livelli diversi di consapevolezza della persona. [nota di Marco Liuzzi]

delle loro parole. Qual è l'aiuto che ci viene dato? L'aiuto che ci viene dato dall'Alto sono proprio queste barriere! Questa è la sorprendente opinione che Rabbì Nachman di Breslov presenta in una sua lezione (Liq Moh. 115), che è una omelia sul versetto (Esodo 20,18)

ויעמד העם מרחק ומשה נגש אל הערפל אשר שם האלהים

vaiia'mod ha'am merahoq umoshe niggash el ha'arafel asher sham haeloqim

e stette il popolo da lontano e Moshè si accostò alla densa oscurità in cui là è D-o[4]

Ed ecco le parole con cui inizia la lezione di Nachman (in traduzione letterale):

Perché colui che va nella materialità tutti i suoi giorni, e dopo di che arde e desidera andare secondo le vie del Santo Benedetto Egli sia, allora la misura del giudizio lo contrasta e non gli permette di andare secondo le vie del Santo Benedetto Egli sia, e dispone per lui un ostacolo. Ma il Santo Benedetto Egli sia חפץ חסד (hafez hesed - si compiace nella grazia -) (Micah 7,18) **e Si nasconde, se così è possibile dire, in questo ostacolo. E colui che è intelligente, egli riflette sull'ostacolo e trova là il Creatore sia Benedetto.**[5]

Il Signore ama la grazia ma, come ricorda Nachman più avanti, Egli anche **אהב משפט** (ohev mishpat - ama il giudizio -) (Isaia 61,8; Salmi 37,28).[6] C'è un conflitto, e come viene risolto? basta osservare che (continua Nachman)

---

[4] Quando Mosè sale sul Monte Sinai a ricevere le Tavole della Legge, il popolo lo attende lontano, ai piedi del Monte, perché aveva paura di trovarsi faccia a faccia con Dio. Mosè, invece, non teme l'ostacolo, la "barriera", costituita dalla nube e dalla densa oscurità, sale sul Monte, e entra in contatto con Dio. [nota di Marco Liuzzi]

[5] Il carattere apparentemente poco scorrevole del testo di questo e altri passi citati deriva dalla traduzione letterale dall'ebraico o dall'aramaico, la quale conserva l'impostazione tipica delle due lingue (ad esempio, ripetendo i pronomi personali). [nota di Marco Liuzzi]

[6] Si tratta qui delle due misure, quella della misericordia e quella della giustizia, delle quali parleremo più oltre nel libro (vedi in particolare la sezione 6, Eboidofrenia dell'articolo *Essere, avere, scintille*, Parte II). [nota di Marco Liuzzi]

Egli ama Israel; invero il Suo amore di cui Egli ama Israel, esso è più grande dell'amore con cui ama il giudizio, e per questo che quando la misura del giudizio contrasta colui che non è adatto ad accostarsi al Santo Benedetto Egli sia, non permettendogli di entrare nel cammino della vita, di avvicinarsi da vero giusto al cammino di verità; e il Santo Benedetto Egli sia, ama il giudizio per cui Egli Benedetto è forzato, se così si può dire, a consentire che gli sia approntato un ostacolo per ostacolarlo nel cammino della vita, come è giusto per lui per le sue azioni malvagie, secondo din (giudizio rigoroso) e mishpat[7], perché Egli Benedetto non può spingere via il din, perché Egli Benedetto ama il giudizio come detto sopra.

Cosa fa in conclusione il Santo per amore di Israel?

Visto che Egli è costretto, se così si può dire, ad approvare gli ostacoli per ostacolarlo nella verità (per via del din e del mishpat che pesano su di lui) perché Egli ama il giudizio (come sopra detto); ma nonostante questo veramente per davvero la Sua Volontà e il Suo Desiderio Benedetti sono che nonostante tutto si avvicini l'uomo a Lui Benedetto, perché Egli ama Israel più del giudizio (come sopra detto). Per questo il Santo Benedetto Egli sia ha permesso che si destinino per lui ostacoli, però Egli Benedetto, Lui Stesso nasconde Sé Stesso, se così si può dire, fra gli ostacoli; e chi è intelligente può trovare il Santo Benedetto Egli sia in mezzo agli stessi ostacoli, perché in verità non c'è alcun ostacolo in tutto il mondo, perché nella forza degli stessi ostacoli si nasconde il Santo Benedetto Egli sia, e grazie agli ostacoli stessi veramente possono avvicinarsi al Santo Benedetto Egli sia perché là Si nasconde.

La lezione si riassume nella spiegazione del versetto

E chi non è intelligente quando vede l'ostacolo si volta subito indietro. E "ostacolo" è il concetto di ענן וערפל ('anan ve'arafel - nube e densa oscurità -) perché ענן וערפל ('anan ve'arafel) cioè

---

[7] "din" si traduce con "giudizio rigoroso". "mishpat", con "legge". [nota di Marco Liuzzi]

חשך (hoshech - oscurità -) **ha significato di trattenimento come è scritto** (Genesi 22,16) ולא חשכת (ve lo hasachta - e non hai trattenuto -) .

Qui Nachman spiega che i concetti di oscurità e ostacolo coincidono, perché la radice ח ש כ (het sin chaf = trattenere, impedire) ha le stesse lettere della parola חשך (het shin chaf, hoshech - oscurità)[8]. Naturalmente nel testo non punteggiato la differenza tra **sin** e **shin** scompare. Si noti come sia particolarmente significativa nel contesto la citazione scelta da Nachman. Certo per Abramo la prova del sacrificio di Isacco era un grande ostacolo![9]

Così continua poi la lezione:

E questa è la spiegazione del pasuq (versetto): ויעמד העם מרחק (vaiia'mod ha'am merahoq - e stette il popolo da lontano -) **perché quando vedono la** ערפל ('arafel - densa oscurità -) **cioè l'ostacolo (come prima detto) stanno lontano.** ומשה (umoshe - e Moshè -) **che è il concetto di intelligenza di tutto Israel,**

נגש אל הערפל אשר שם האלהים

(niggash el ha'arafel asher sham haeloqim - si accostò alla densa oscurità in cui là è D-o -)

cioè verso l'ostacolo nel quale in esso stesso si nasconde il Nome sia Benedetto.

Dunque vediamo che l'aiuto che ci viene dato è l'ostacolo stesso: in ultima analisi la grazia e il giudizio sono la stessa cosa; il Signore si

---

[8] Nella lingua ebraica, ogni parola ha una radice, in genere di tre lettere, e le parole sono accostate tra di loro prendendo in esame le loro radici. La lettera ש suona come sh (shin) o come s (sin), a seconda di se abbia un punto sopra oppure no. Tali punti vengono spesso tralasciati (in tal caso si parla di "testo non punteggiato"), essendo chiaro dal contesto di quale parola si tratta. [Nota di Marco Liuzzi]

[9] Nachman cita nella sua lezione il sacrificio di Isacco. Ad Abramo il Signore chiese, come noto, di sacrificare Isacco, il figlio prediletto. Si trattò per lui di una grande prova, un grande ostacolo, una "barriera" da superare. [Nota di Marco Liuzzi]

nasconde nell'ostacolo; il nome Eloqim e il nome di 4 lettere[10] sono alla fine una perfetta unità!

Per concludere osserviamo che talvolta i maestri della Qabbalah, e Nachman si può considerare tra questi, sono accusati di forzare il testo nelle loro interpretazioni "mistiche": questa volta non è certo il caso, è il versetto che è "mistico"!

---

[10] Vi sono diversi Nomi di Dio. Tra questi, il nome di quattro lettere (tradotto in genere con "L'Eterno"), a cui ci si riferisce come Dio della Misericordia, e "Eloqim" (o "Elohim", tradotto in genere con "Il Signore"), cui ci si riferisce come Dio della Giustizia. Sul significato di questi due diversi Nomi di Dio ci soffermiamo nella sezione 9, Lo Shem, di *Essere, avere, scintille*, nella Parte II. [Nota di Marco Liuzzi]

Sulla sofferenza

Si può forse definire in modo unitario il concetto di "sofferenza" come ciò che prova l'organismo quando eventi esterni lo forzano a rinunciare a livelli di unità già raggiunti. Due esempi.

1) L'uomo che ha un incidente e si frattura una gamba soffre a causa di questa frattura. Vi sono due modi in cui si esce da tale situazione di sofferenza: la guarigione, che ricostituisce l'unità perduta; l'amputazione della gamba, la quale obbliga l'uomo a "costituire la realtà" della perdita dell'unità. La sofferenza nella quale l'uomo resiste all'amputazione attendendo la guarigione della gamba appare quindi come un prodotto del tentativo di resistenza dell'organismo alla perdita dell'unità.

2) L'uomo che viene sbeffeggiato in pubblico. Questa volta la perdita di unità minacciata è quella tra il proprio sé e il mondo umano circostante. Invece di comprensione, solidarietà, aiuto, si ha, da parte dell'altro, apparentemente, un comportamento volto all'interruzione del contatto e a provocare la fuga dell'insultato. Tale comportamento dell'altro risulta tanto più doloroso quando è il gruppo a coalizzarsi contro l'individuo (come a volte avviene nei gruppi di ragazzi): in tal caso, la perdita di unità minacciata è quella con l'intero gruppo. Che fare di fronte alla sofferenza inferta sul proprio sé dall'altro uomo? L'equivalente della "costituzione di realtà" della gamba amputata è forse in questo caso l'emergere dell'odio per l'altro. Quando si inizia a odiare si smette di soffrire (o, quanto meno, cambia il tipo di sofferenza). L'emersione dell'odio si ha contestualmente alla costruzione di un quadro astratto il quale descrive l'altro (l'aggressore) come un essere moralmente disprezzabile. Una teoria (l'altro è un essere "disprezzabile") viene posta al servizio della frammentazione e della disunione, invece che al servizio della conoscenza e della ricerca della verità.

Intuizioni

Le "Intuizioni"

Intuizione: la percezione diretta, senza la mediazione della conoscenza discorsiva, di un oggetto e delle sue relazioni. È questa una descrizione di "intuizione" riportata in un dizionario filosofico. H. Bergson accentua la portata gnoseologica dell'intuizione, considerandola come una "simpatia intellettuale per cui ci si trasporta nell'interiorità di un oggetto per coincidere con ciò che esso ha di unico e di conseguenza inesprimibile".

In entrambe le definizioni, l'"intuizione" appare estranea alla parola, o perché la prima avviene "senza la mediazione della conoscenza discorsiva", o perché essa coglie ciò che l'oggetto ha di "inesprimibile".

H. Bergson afferma che l'intuizione ci trasporta nell'interiorità di un oggetto, per coincidere...; sembra quasi un annichilimento di almeno una parte del proprio sé, teso a "coincidere" con un oggetto; l'atto del procurarsi un'intuizione appare come un atto di esclusione di sé e, in fondo, di morte.

L'uomo e il mondo esterno: l'esistenza del "mondo esterno" definisce l'uomo, ponendogli dei limiti, obbligandolo alla comunicazione, primariamente obbligando l'organismo a distinguere ciò che è sé da ciò che, essendo esterno, non lo è.

Gli organismi, sia primitivi che evoluti, hanno in effetti un dilemma basilare nei confronti dell'oggetto esterno: se accettare la sua penetrazione dentro di sé o meno.

L'uomo non vive senza cibo (o, se è per questo, senza aria); per poter continuare la sua esistenza ha bisogno quindi di immettere sostanze esterne nel proprio corpo.

Passando dall'uomo ai "protisti" unicellulari, Freud ci segnala in *Al di là del principio del piacere* che se due di questi piccoli animali possono fondersi tra loro e "coniugarsi" (per poi separarsi nuovamente dopo qualche tempo) essi risultano "ringiovaniti". "Questa coniugazione può essere certamente considerata come il precorrimento della riproduzione sessuale degli organismi superiori; non ha niente a che fare con la proliferazione, si limita alla mescolanza [...] delle sostanze dei due individui" (ibid., 1920, Vol. 9, pag. 233; i numeri di volume e di pagina si riferiscono all'edizione completa delle opere di Freud, *Opere di Sigmund Freud*, edita dalla Boringhieri).

La pulsione a inglobare e ricevere nel proprio corpo qualcosa di esterno, sia esso vivente o meno, appare quindi intimamente legata al concetto di vita, in quanto indispensabile alla vita stessa. Si tratta dell'"Eros" freudiano, il quale "tende ad agglomerare tutto ciò che esiste in unità sempre più vaste" (*Analisi terminabile e interminabile*, 1937, Vol. 11, pag. 529).

Già i "protisti" sapevano però probabilmente che l'unione non è priva di pericoli. La condizione alla quale l'unione è vantaggiosa è infatti la possibilità di mantenere l'identità del proprio sé. In altre parole, di non venire interamente "mangiati" dal partner, ma di potere da questi staccarsi al termine del proficuo scambio di nutrimento elementare.

Via via che dai protisti si è passati ad animali superiori, il mondo animale ha sviluppato il sistema dei genitali, la cui struttura sembra concepita apposta per rendere possibile il contatto, lo scambio, scongiurando però nel contempo il pericolo di inglobamento e perdita del sé.

Il pene maschile, nell'atto della ricerca, e quindi della penetrazione, nel corpo della femmina si irrigidisce; questo irrigidimento può essere forse interpretato anche come una forma di protezione dall'assorbimento; le cose dure sono a priori meno trattabili e assimilabili di quelle morbide. L'organo si affloscia solo al termine dell'eiaculazione, quando la femmina si suppone sia "sazia" e, avendo ottenuto il nutrimento costituito dal liquido seminale, meno interessata a "cibarsi" del maschio: la protezione appuntita del pene non serve più. In effetti, l'associazione del pene con un'arma si incontra nel vissuto degli individui; si tratta di un'arma, forse la prima comparsa nel regno animale, particolarmente sofisticata, che porta con sé anche un po' di ciò che è desiderato dal nemico, per placarlo. In questo quadro le secrezioni liquide femminili, che precedono l'eiaculazione maschile e facilitano la penetrazione del pene in vagina, sono forse interpretabili a loro volta da un lato come nutrimento femminile fornito al maschio, dall'altro come un messaggio rassicurante per il partner: un ambiente più liquido, quale quello in cui il protista primitivo conduceva normalmente la sua esistenza, è meno infido e pericoloso, in termini di un possibile assorbimento totale da parte dell'altro, di un ambiente duro e rigido.

La pulsione all'unione col mondo esterno è stata disturbata quindi da subito dal timore della distruzione del proprio sé. Che una pulsione a distruggere venga rivolta verso l'altro come reazione al proprio timore di essere distrutti, o che un proprio primario desiderio di morte emerga a partire dall'intuizione che solo morendo si può raggiungere la completa unione con l'altro (ad esempio venendo dall'altro mangiato) e col mondo esterno, la pulsione di morte appare, anche da un punto di vista meramente logico, il necessario compagno, l'ombra necessaria, della ricerca dell'unione, cioè della pulsione di vita.

Vi sono in effetti tre soluzioni ai conflitti provocati dalla "pulsione all'unione".

La prima soluzione consiste nell'inglobamento dell'altro; soluzione che, per quest'ultimo, è di morte.

La seconda consiste nell'inglobamento di sé nell'altro, il che provoca la propria morte.

La terza soluzione è quella di una unione reciprocamente vantaggiosa, sul tipo di quella descritta a proposito dei protisti: la soluzione dello scambio del liquido nutritivo sessuale, e della comunicazione dell'altro rispettosa.

Due soluzioni di morte, e una di vita, per la "pulsione all'unione" primaria.

Il concetto di "pulsione all'unione", insieme con la dualità Eros - Pulsione di morte che ne deriva, si presta a essere utilizzato nella comprensione della dualità Avere - Essere.

"Avere ed essere nel bambino": così si apre un frammento di Freud (*Risultati, idee, problemi*, 1938, Vol. 11, pag. 565). "Il bambino esprime volentieri la relazione oggettuale mediante l'identificazione: 'Io sono l'oggetto'. L'avere è successivo, dopo la perdita dell'oggetto ricade nell'essere".

Il pensiero psicoanalitico ci ha insegnato che considerando il bambino ci soffermiamo sulle caratteristiche più antiche e fondamentali dell'uomo. Non è dunque forse azzardato ritenere che l'"essere" l'oggetto, il trasportarci, per dirla con H. Bergson, "nell'interiorità di un oggetto per coincidere con ciò che esso ha di unico...", l'ottenimento cioè di un'intuizione dell'oggetto, sia il primo e fondamentale approccio umano alla relazione oggettuale.

E in effetti il poter "essere" l'oggetto risolverebbe la tensione all'unione primaria: l'uomo "essendo" tutte le cose, sarebbe come Dio, onnipresente, e la tensione a ripristinare lo stato da cui è venuto, stato di unione completa con la madre, e, in fondo, prima della vita, di non differenziazione dal mondo delle cose inanimate, avrebbe un'immediata soluzione. L'uomo che, prima di nascere, essendo nulla era per ciò stesso indifferenziato da tutte le cose, dopo la nascita deve diventare Dio per ripristinare, vivendo, tale stato di indifferenziazione.

Ma... non tutte le intuizioni possono essere verificate. In termini letterali, non sempre si può "essere" l'altro, non sempre il mio essere l'altro può diventare vero ("veri-ficato").

Il bambino presto si rende conto che il seno materno è altro da sé, e così l'iniziale tentativo di relazione oggettuale "Il seno è una parte di me, io sono il seno" (ibid., pag. 565) deve lasciare il posto alla costituzione della realtà di un seno esterno al proprio essere. Il non "essere" il seno apre lo spazio al dilemma dell'"avere": avere - non avere l'oggetto desiderato.

Ora, l'essere nel seno materno, come egli è in un suo braccio o in una sua gamba, sarebbe per il bambino in effetti molto pratico. Significherebbe infatti avere a disposizione una teoria sul comportamento dell'oggetto che gli spiegherebbe come usarne a piacimento: così come egli sa spostare il braccio, inviando particolari impulsi ai muscoli ad esso preposti, il bambino potrebbe, allorquando lo desiderasse, disporre anche del seno a suo piacimento.

Dopo la costituzione della realtà dell'altro, sia esso animato o inanimato, l'uomo non rinuncia al desiderio, primariamente sentito da bambino, di possedere strumenti di controllo dell'oggetto, che svolgano su di esso funzioni analoghe a quelle svolte dai muscoli sui propri organi.

Tramite lo studio teorico, ad esempio, teorie fisiche vengono sviluppate, nel tentativo di comprendere prima, e controllare poi, la natura. L'atto del comprendere può essere accostato all'atto primario del bambino di "sentire" i propri organi. L'atto del controllo, al know-how relativo agli impulsi da inviare alla muscolatura per regolarne i movimenti.

Il fallimento della verifica di verità dell'"essere" nel seno porta l'uomo adulto a essere guardingo nell'accettazione delle sue teorie.

Un'ipotesi complicata della matematica tale rimane, finché non è dimostrata. La sua dimostrazione si effettua per passi; di ciascuno di questi il matematico è sicuro; alla fine le connessioni necessarie tra l'intuizione originaria e altre proposizioni già considerate sicuramente vere sono stabilite, e l'intuizione è finalmente sentita come vera.

Una dimostrazione appare dunque come lo stabilimento di una connessione, la quale forse compensa in parte quella mancata originariamente col seno della propria madre.

L'idea tradizionale di un'"intuizione" avuta da un matematico è quella di una proposizione del linguaggio, comparsa improvvisamente alla mente di questi, la quale è tuttavia isolata dalle altre verità matematiche già acquisite, in attesa di una dimostrazione. Un'intuizione è in altre parole tale finché non è connessa con un vissuto di verità. L'isolamento dell'intuizione fino a che tale connessione non ha luogo ricorda in effetti la solitudine del "sintomo", espressione emergente e apparentemente isolata di un vissuto al paziente non noto.

Anche il sintomo, come l'intuizione matematica successivamente dimostrata, è una cosa "vera"; esso concerne infatti il vero essere del paziente: quando la sua analisi sarà terminata (i.e. la dimostrazione dell'ipotesi matematica conclusa), non apparirà più un'entità isolata e inspiegabile, ma troverà il suo posto organico in una descrizione del vissuto dell'individuo (in una descrizione della verità matematica).

L'intuizione ha del sintomo il suo comparire inaspettato, il suo aspetto di breccia, di porta di passaggio all'inconscio, quasi in questo fosse stata precedentemente trattenuta da forze oscure. L'intuizione, come quelle delle grandi idee che hanno rivoluzionato la fisica moderna, ha del sintomo anche il suo aspetto di protesta, di ribellione a un equilibrio stabilito, volta alla ricerca di nuovi equilibri di conoscenza più vantaggiosi.

Dovremo dunque concludere che anche l'intelligenza è inconscia? L'inconscio, questo ripostiglio di fantasie sessuali, di desideri di aggressione e di morte, conterrebbe anche i prodotti dell'intelligenza, uno degli attributi più nobili dell'uomo? Almeno un certo equilibrio verrebbe ristabilito.

In effetti, se l'attributo del conscio è la parola (vedi S. Freud, *Metapsicologia, L'Inconscio*, 1915, Vol. 8, pag. 85: "...la rappresentazione conscia comprende la rappresentazione della cosa più la rappresentazione della parola corrispondente, mentre quella inconscia è la rappresentazione della cosa e basta..."), quante cose si sanno fare senza che per questo si riesca a spiegare come si fanno! Appare certo che esista un'intelligenza dell'oggetto la quale prescinde dalla "mediazione della conoscenza discorsiva".

Percezione, sé e sofferenza

Percezione e sentire: termini fondamentali del discorso psicologico. L'Io percepisce per primo il proprio corpo, il proprio sé. Il mondo esterno deve passare per tale corpo per essere percepito: la fiamma è percepita come tale in quanto scotta un elemento già parte del proprio sé, il dito che le si avvicina. Senza tale sé già acquisito non vi sarebbe percezione.

Possiamo supporre che il primo approccio del proprio sé verso il mondo esterno sia governato dalla pulsione all'unione: la tendenza ad accogliere in sé il messaggio proveniente dall'esterno, a inglobare l'oggetto che si presenta, costituirebbe il primo fondamentale approccio del sé alla relazione oggettuale.

Il sé è d'altronde composto da una svariata serie di istanze: il nostro corpo è composto da una serie di membra diverse, in ciascuna delle quali vivono innumerevoli cellule; se la pulsione all'unione suggerisce di tentare il contatto con la fiamma, cellule poste all'estremità del dito inviano invece un messaggio di dolore all'avvicinarsi della stessa, così indicando che il contatto con il particolare oggetto esterno, il messaggio di calore da questo emesso, è in contrasto con le loro necessità vitali.

Il contatto con l'oggetto esterno, il sentirlo, rischia in questo caso di ledere il proprio sé già acquisito. L'inglobamento della fiamma non è coerente con la struttura già acquisita del proprio corpo.

Nel caso della fiamma, c'è poco da fare. Il dolore dirompente dalle proprie estremità non può venire neutralizzato per continuare il tentativo di avvicinamento, né vi sono ragioni particolari per farlo. I giocolieri che si guadagnano il pane camminando sui carboni ardenti hanno tuttavia una buona ragione per resistere al dolore del fuoco e sembra che talora riescano effettivamente a rimuovere tale dolore, per poter portare a termine l'esercizio.

La pulsione all'unione è infatti forte, e l'essere vivente ha imparato metodi per non rinunciare così facilmente all'unione con l'oggetto esterno, anche se questo si presenta in contrasto con una parte del sé già acquisito.

Desideriamo indagare quale sia la tecnica fondamentale usata dall'essere vivente per ovviare alle contrarietà provocate dal mondo esterno. Si deve certo trattare di una capacità di inibire, almeno temporaneamente e parzialmente, quelle istanze del proprio sé contrarie al contatto con l'oggetto esterno, diremmo di "rimuoverle".

L'"Elaborazione inconscia"

Possiamo forse ipotizzare che in uno stadio ancora più primitivo di quello dei protisti capaci di scambio di liquido nutritivo descritti da Freud in *Al di là del principio del piacere*, vi fossero protisti la cui unica prospettiva, all'atto dell'incontro con il loro simile, fosse quella di inglobarlo o di essere da questi inglobati. Impossibile la fuga, per la mancanza di capacità motorie, e impraticabile la comunicazione e lo scambio, per la mancanza dell'arma del pene e dell'apparato che successivamente si svilupperà in quello genitale, l'unico stimolo di questo protista era quello di inglobare il suo simile.

La costruzione dentro di sé di una immagine dell'altro, l'ottenimento dell'intuizione dell'oggetto esterno, non sarebbe che il ripetersi di questo impulso arcaico all'inglobamento.

Può darsi che, sempre a questo stadio primitivo di sviluppo, non vi fosse poi uno iato molto grande tra l'inglobare e l'essere inglobato: un tentativo di inglobamento poteva trasformarsi in una pericolosa operazione nella quale si veniva invece assorbiti, e nella perdita del proprio sé. All'altro non doveva dunque essere permessa l'invasione indiscriminata del proprio corpo; esso doveva venire sì inglobato, ma essere tenuto un po' a distanza dal sé, essere da questo "rimosso" finché non fosse stato digerito. L'isolamento dell'intuizione dell'altro nell'inconscio ripeterebbe nell'uomo questo percorso primitivo.

Il protista cerca di controllare l'inglobamento dell'altro, tenendolo a distanza dalle parti più vitali, finché una comunicazione non dannosa con l'altro sia finalmente possibile. Questo avviene quando la presenza dell'altro in sé stesso non rischia di entrare in conflitto con le altre componenti già facenti parte del proprio sé, col corpo preesistente. L'altro è tenuto a distanza, fintantoché, tramite il processo della digestione, il sé non può effettivamente essere in lui.

L'evoluzione ha percorso una lunga strada dai protisti all'uomo. All'apparire dell'altro, del messaggio proveniente dall'esterno, il comportamento umano ricalcherebbe però quello dei suoi progenitori arcaici. Il messaggio proveniente dall'esterno viene introiettato e una intuizione dell'oggetto ottenuta. Tale intuizione coincide con gli effetti che l'introiezione dell'oggetto, il sentire "veramente" l'oggetto, potrebbe avere sul proprio sé. L'oggetto non viene però veramente sentito (in termini di verità interiore); gli effetti che l'introiezione dell'oggetto potrebbe avere sul proprio sé vengono tenuti inconsci, lontani dalle parti più vitali di questo. Al posto della fuga, conseguente alla paura la quale insorgerebbe se vi fosse la "costituzione di realtà" dell'oggetto minaccioso, la rimozione, questo che Freud definisce, forse sminuendone un po' la portata etica, "tentativo di fuga" (*Inibizione, Sintomo, Angoscia*, 1925, Vol. 10, pag. 242) assomiglia piuttosto a una barriera tra il sé e il messaggio proveniente dall'esterno, eretta provvisoriamente al fine di consentire un tentativo di digestione dell'oggetto esterno. Le risorse per erigere la barriera erano negli esseri più elementari forse fornite dall'indurimento fisico di quelle parti del corpo che più si sentivano minacciate. È possibile ipotizzare che tale indurimento fosse una forma di riflesso condizionato (non controllabile dal "libero arbitrio" dell'organismo elementare).

Lasciando definitivamente i protisti per tornare all'uomo, l'indurimento di difesa nei confronti del messaggio proveniente dall'esterno corrisponderebbe al processo di simbolizzazione del messaggio. La "barriera", nel seguito le citazioni in carattere italico sono tratte dall'articolo *Barriere*, eretta dall'uomo verso l'esterno, consisterebbe nel riflesso condizionato della creazione dei simboli, "termini primitivi" di una teoria dell'altro, da sviluppare. Il problema centrale dell'uomo sembra essere quello di mantenere inconscia tale simbolizzazione (è l'emozione associata al simbolo che è tenuta in realtà lontana dalla coscienza; il simbolo è lontano dall'emozione che esso rappresenta, ne è appunto solo un simbolo), finché, con l'aiuto di Dio, una intuizione (magari avuta in sogno) non venga a risolvere il problema dell'ottenimento di una teoria dell'altro verificata (*la sua coscienza, o consapevolezza si espande*). *In che modo concretamente venga aiutato resta sempre misterioso.* La risposta è forse che, rivolgendo *la mente al Cielo*, riceverà da questi un'intuizione. Le "barriere" tra il sé e l'altro sono anzitutto costituite dalle difese, primariamente inconsce, e sviluppate come riflessi condizionati, del sé. *L'aiuto che ci viene dall'alto sono proprio queste barriere*: le barriere sono primariamente destinate alla difesa del sé. Ma esse sono un aiuto anche in un altro senso; le barriere sono anche barriere di giudizio (*la misura del giudizio lo contrasta e non gli permette di andare secondo le vie del Santo Benedetto Egli sia, e dispone per lui un ostacolo*): in altri modi, infatti, l'uomo si potrebbe difendere, senza l'erezione di queste barriere inconsce; potrebbe aggredire l'altro, o potrebbe da questi fuggire. Due soluzioni di morte che l'uomo intraprende dopo avere "costituito la realtà" di queste barriere: l'altro non è più rimosso dentro di sé; le emozioni del sé si liberano e viene messo in atto un comportamento motorio di aggressione o di fuga (*E chi non è intelligente quando vede l'ostacolo si volta subito indietro*). Contro le soluzioni di morte e di interruzione della comunicazione (cioè, dell'"Eros"), il *Santo Benedetto Egli sia dispone per lui un ostacolo*, le barriere inconsce, e *Si nasconde, se così è possibile dire, in questo ostacolo. E colui che è intelligente, egli riflette sull'ostacolo e trova là il Creatore sia Benedetto*: l'intelligenza (*e Moshè, che è il concetto di intelligenza di tutto Israel, si avvicina alla nebbia dove sta Dio*) permette di avvicinarsi all'ostacolo e di risolvere il problema costituito dal messaggio proveniente dall'esterno, non tramite soluzioni di morte, ma tramite una soluzione di vita: l'organizzazione delle difese inconsce, delle barriere simboliche (gli angeli intorno al Trono divino) in una teoria, proveniente da Dio, assiso sul suo Trono ad ascoltare e unificare il coro angelico, tramite un'intuizione teorica. Perché dunque queste "barriere" sono barriere di giudizio e di giustizia? Perché la teoria dell'altro, a differenza dell'aggressione dell'altro, è rispettosa dell'altro. La teoria dell'altro immette in una comunicazione con l'altro nella quale questi conserva a sua volta la propria identità, il proprio sé: senza un profondo rispetto per le cose (per il loro essere altro da noi) non possiamo veramente credere di capirle; l'uomo ha iniziato a comprendere qualcosa dell'universo solo quando ha cessato di considerarsi, in maniera egotistica, al centro e come fine ultimo di esso.

L'indurimento del pene al contatto col corpo femminile potrebbe sembrare una barriera alla comunicazione. Tramite l'atto sessuale, ciò che sembrava una barriera rivela in realtà nascondere il nutrimento per la donna. Il superamento delle barriere dentro le quali è nascosto il Signore immette, mediante l'atto della conoscenza, a una soluzione di amore e non di morte.

Di fronte al messaggio proveniente dall'oggetto esterno, l'erezione di barriere da parte del sé è un riflesso condizionato. L'individuo cresciuto in un ambiente difficile e ostile tenderà a essere più chiuso e diffidente della persona cresciuta in un ambiente aperto e amoroso; la sua ritrosia al contatto, della quale non gli si può fare una colpa, è un riflesso condizionato delle sue esperienze e della sua storia personale. Fargli una colpa di tale ritrosia equivale a metterlo sotto accusa per ciò che egli "è", per ciò che egli è diventato sulla base di esperienze e fatti accaduti nel passato. L'erezione, quale riflesso condizionato, delle barriere è un aspetto naturale del suo essere vivo.

Altrettanto indissolubile dal suo essere vivo è anche la possibilità di scelta che viene data all'individuo di cosa fare di tali barriere: costituire la realtà delle stesse, reagendo con aggressione o fuga, oppure accettare la sofferenza ("il Signore fa soffrire coloro che ama"), soffrire anche per l'altro, mantenere inconsce, tramite un processo di simbolizzazione, le istanze che in lui premono per l'accettazione della separazione, fintantoché, con l'aiuto del Signore, il quale è Uno, il sé e l'altro non siano uniti nella realizzazione di un processo di conoscenza.

La scelta tra la morte e la vita di fronte al messaggio proveniente dall'esterno è una scelta fatta dall'individuo nel presente, e che influenza il futuro. Essa dipende dal "libero arbitrio" dell'organismo e dell'uomo.

Solo della direzione che prende nell'effettuazione di tale scelta, solo di ciò che egli "fa", l'uomo risponde di fronte a Dio.

La cacciata dal giardino di Eden

E il serpente era il più astuto (arum) fra tutti gli animali della campagna che il Signore Dio aveva fatto; disse alla donna: "Dio ha proprio detto: Non mangiate di nessun albero del giardino?". La donna disse al serpente: "Dell'albero del giardino mangeremo, ma del frutto dell'albero che è in mezzo al giardino Dio ha detto: Non mangiatene (lo tochlu mimenu) e non lo toccate (lo tigu bo), altrimenti morrete". Il serpente disse alla donna: "Non morrete di certo. Ma Dio sa che nel giorno in cui mangiaste di esso, i vostri occhi si aprirebbero e diventereste come Dio conoscitori del bene e del male". La donna vide che l'albero era buono da mangiare, piacevole a vedersi e desiderabile perché faceva acquistare intelligenza, prese del frutto e mangiò. Ne diede anche a suo marito che era con lei ed egli pure mangiò. Gli occhi di ambedue si aprirono, ed essi si accorsero che erano nudi (arumim) e cucirono una foglia di fico (ale tenà) e si fecero delle cinture.

Le parentesi racchiudono la traslitterazione delle parole ebraiche, di cui la parola immediatamente precedente la parentesi è la traduzione in italiano.

La parola "arum" ricorre due volte in questo passaggio della Genesi (Capitolo 3), il quale descrive l'inizio dei problemi dell'uomo. "arum" è il serpente, a proposito del quale la traduzione italiana (Bibbia Ebraica, Giuntina) dice che egli è "astuto". "arum", questa volta "nudi", si vedono l'uomo e la donna, dopo aver mangiato del frutto dell'albero della conoscenza del bene e del male. Si vedono nudi e si cuciono una foglia di fico per farsene cinture. Il primo sentimento che insorge nell'uomo dopo essersi cibato del frutto dell'albero proibito è un sentimento di vergogna.

Se il sentimento di vergogna è il primo che il Testo ci segnala come provato dall'uomo dopo aver mangiato il frutto dell'albero proibito, è possibile che un sentimento di vergogna, o i meccanismi posti in opera dall'uomo per gestire lo stesso, siano alle origini del male.

La vergogna che insorge nell'uomo dopo aver mangiato il frutto dell'albero proibito è, sorprendentemente, una vergogna per ciò che egli è nel presente, si vede nudo, non per ciò che egli ha fatto ormai nel passato, l'aver violato l'ordine di Dio. La vergogna viene come trasposta dal passato al presente, e dall'"aver fatto" all'"essere".

In *Intuizioni* si è indicato come l'"essere" dell'uomo possa essere identificato con i suoi riflessi condizionati, che si manifestano come simbolizzazioni, dal contenuto emotivo inconscio, all'atto del contatto dell'essere col mondo esterno: solo l'esistenza di un mondo esterno identifica l'essere, e il mondo esterno rimane tale in quanto diviso dall'essere dall'indurimento della superficie del corpo. Nello spessore costituito da tale superficie, il mondo esterno viene simbolizzato. Ad esso viene permessa la penetrazione all'interno del sé, esso viene interiorizzato (vissuto come "verità interiore") solo se la simbolizzazione effettuata preliminarmente indica che l'esterno può essere integrato nel sé, in primo luogo senza ledere la coerenza dello stesso, e in secondo luogo se è per il sé ritenuto vantaggioso.

Il male come "conoscenza del male". Il male come attivato dal costituirsi una teoria dell'altro fatta a proprio uso e consumo (del tipo "l'altro è un essere inferiore"); una teoria la cui intuizione non provenga dal Cielo, ma che è frutto del costituirsi di una psicosi sul contenuto emotivo, il quale non è più rimosso e simbolizzato in un anelito alla conoscenza del mondo esterno. Il male come psicosi, come organizzazione teorica di ripiego (simile per certi versi all'"elaborazione secondaria del lavoro onirico", S. Freud, *L'interpretazione dei sogni*, 1899, Vol. 3, pag. 458) di un vissuto divenuto disgregante e incontrollabile, come ribaltamento sull'altro di un proprio vissuto non rimosso, fatto di angosce, paure, vergogne.

Caratteristica del male, quando è vero male, è che esso si accanisce contro l'"essere" della vittima, non contro ciò che questa ha fatto. Cosa, infatti, avevano "fatto" le tante vittime innocenti causate dal male nel passato? Se l'essere della vittima, in quanto costituito da simbolizzazioni dei messaggi provenienti dal mondo esterno, altro non esprime che un anelito alla conoscenza dell'altro, perché l'aggressore ce l'ha tanto con questa altrui disposizione alla comunicazione e all'apertura?

La risposta sta forse nel fatto che l'aggressore, di questa comunicazione, sente, in fondo, fastidio.

Egli si rende conto che lo stabilimento di tale comunicazione verrebbe a ledere equilibri che crede indispensabili al mantenimento della coerenza del proprio sé. Quante volte, in effetti, un messaggio proveniente dall'esterno può mettere in crisi! Si pensi alla crisi creata nei sostenitori del modello tolemaico dell'universo dalla notizia delle osservazioni galileiane sul sistema dei satelliti di Giove. Il rinunciare a un'opinione consolidata nel sé porta a quello che gli psicologi chiamano "destrutturazione del sé". L'opinione cui si deve rinunciare non è infatti spesso isolata nel sé: ad essa sono legate altre convinzioni e un intero sistema teorico che regola il rapportarsi dell'uomo con il mondo esterno può entrare in crisi. L'unione con l'altro, così disposto dal canto suo alla discussione e all'apertura, si pensi al galileiano "Dialogo sopra i due massimi sistemi del mondo" (la parola "dialogo" qui è proprio indicativa della disponibilità e dell'apertura della persona giusta, che si dispone alla comunicazione e alla conoscenza) è così vissuta come una minaccia che rischia di fare entrare in crisi, ed in effetti così è, un intero personale sistema teorico che ha fin qui regolato il rapporto con il "proprio" mondo.

Ma perché la risposta violenta? Dato che l'altro non ha fatto nulla, ma si limita a "essere" sé stesso e a esprimere liberamente la sua persona proponendo, non certo imponendo, ma essendo aperto alle risposte e alle interpretazioni altrui, nuovi schemi di conoscenza, non vi sono altri metodi di difesa del sé, che consentano di evitare l'aggressione?

La risposta è che il metodo di difesa in effetti esiste. È possibile la rimozione del messaggio (o, se il lettore preferisce, della risposta al messaggio) proveniente dall'esterno, la sua simbolizzazione, l'attesa mistica dell'intuizione proveniente dal Cielo, la quale permetta di comprendere il nuovo messaggio proveniente dall'esterno in una nuova organizzazione più vantaggiosa del proprio sé. Tra rigetto dell'altro da una parte, e accettazione supina della destrutturazione del sé dall'altra, vi è la possibilità di sospendere il giudizio, e, con il giudizio, l'azione, di erigere una barriera (dall'articolo *Barriere*) simbolica tra il sé e il nuovo messaggio, di attendere pazientemente, si potrebbe dire in un atteggiamento mistico, una soluzione di conoscenza del problema, la quale risulti vantaggiosa per il sé e per l'altro.

Non c'è fretta di arrivare alla conoscenza del messaggio esterno, né di esprimere un giudizio su di esso, sembra dire il mistico. Si lasci lavorare l'inconscio, e Dio, dal suo Trono, organizzerà le difese simboliche, rappresentate dagli angeli che stanno in cerchio attorno a lui. Alla fine, come compenso di questa paziente attesa, un'intuizione proveniente dal Trono divino organizzerà, in una teoria rispettosa del sé dell'interessato, e dell'altro che ha inviato il messaggio, le difese simboliche dell'individuo che riceve il messaggio, e questi potrà integrare il messaggio nel proprio sé, "verificare interiormente il messaggio", potremmo dire.

Effettuando questa verifica interiore del messaggio proveniente dall'esterno, verifica interiore che ha alla sua base un'intuizione proveniente dal Trono divino, colui che riceve il messaggio compie a sua volta un atto creativo, fornisce una propria "interpretazione" dello stesso. Il messaggio è, nel processo conoscitivo di colui che lo riceve, interpretato, adattato al proprio sé preesistente e integrato con questo; al termine di questo processo il proprio sé è cresciuto (vi è il sé precedente, eventualmente riorganizzato per accogliere il messaggio, più il messaggio stesso).

Le resistenze, le barriere all'accettazione del messaggio, forniscono, con la loro soluzione nell'atto della realizzazione della conoscenza (della verifica interiore del messaggio), materiale per la risposta: io ho compreso così, io ho potuto comprendere così, nell'interpretare, nell'adattare a me il tuo messaggio, ho dovuto superare queste difficoltà, e le ho superate in questo modo, mi è venuto in mente questo, ho a mia volta un messaggio da inviarti, costituito attorno all'intuizione, alla teoria, che ha permesso l'interiorizzazione del tuo messaggio in me. Il tuo messaggio, insomma, ha incontrato in me delle barriere; se lo avessi espresso in quest'altro modo, esso sarebbe stato di più facile comprensione (più facilmente digeribile) per me.

Le barriere preesistenti all'atto della conoscenza, le difficoltà che ho nell'interiorizzazione del messaggio dell'altro, possono in realtà essere viste anche come difficoltà di comunicazione dell'altro, il quale non mi ha saputo fornire un messaggio direttamente digeribile (integrabile direttamente nel mio "sé", cioè in me stesso). Se l'altro, d'altronde, mi conoscesse così bene, di modo che il suo messaggio fosse immediatamente conosciuto da me, per quale motivo dovrebbe inviarmi il messaggio? Egli sarebbe, nel senso letterale del termine, già in me.

Di più, implicito in quello di "messaggio" è il concetto di simbolizzazione. Le parole, veicolo comune di messaggi, altro non possono essere se non simboli di ciò che l'altro mi vuole "veramente", secondo propri criteri di "verità interiore", secondo il suo "sentire", dire; il linguaggio è, in altri termini, sempre un linguaggio simbolico.

Come fa l'altro a trovare le parole, in modo tale che esse siano facilmente "digeribili" da me, integrabili nel mio "sé", cioè in me stesso; in altri termini, come si fa a trovare le "parole giuste" per rivolgersi all'altro? Un secondo problema: se il ricevimento del messaggio proveniente dall'esterno è una possibile fonte di disturbo (quante volte ci sentiamo infastiditi dalle parole dell'altro), perché dovrei, in primo luogo, prestare attenzione al messaggio proveniente dall'altro?

La risposta a questi due punti interrogativi sta forse nel significato stesso dell'evento costituito dall'invio di un messaggio.

L'altro che mi parla è come se volesse dirmi: "Come tu sai, non sono in te. Siamo due 'esseri' differenti. A causa di questo, ho un problema di comunicazione con te. Ciò che ora ti invio, attraverso la parola trasportata dalle onde dell'aria, sono i simboli che rappresentano le mie difficoltà di comunicazione con te, di cui questo messaggio vuole interessarsi. Per favore, ascoltalo. Le parole provenienti da me, il messaggio proveniente dal mondo esterno a te, saranno anche per te dei simboli, inizialmente astratti. Vedi se queste simbolizzazioni possono essere integrate in te stesso (nel tuo 'sé'). In questo modo il mio sentire (come 'verità interiore') sarà anche il tuo sentire, e io sarò, un po' più di prima, in te".

Io, che ricevo il messaggio, so che esso è in fondo una richiesta di aiuto. L'altro vuole essere, un po' di più, in me. Io ho il mio "sé", il mio me stesso, che si difende automaticamente erigendo delle barriere di rimozione. Le parole dell'altro, che per questi erano simboli del suo sentire interiore, magari dei suoi desideri, anche per me, in quanto barriere, sono dei simboli, si direbbe da analizzare.

Analizzare cosa? La compatibilità di tali parole con me stesso, col mio "sé". Se vi è tale compatibilità, non vi è alcun motivo per non lasciare penetrare in me le parole dell'altro.

Se ad esempio l'altro mi propone di usare con me la mia macchina per recarsi a vedere la partita di pallone, dividendo le spese della benzina, e anche a me piacerebbe vedere la partita di pallone e risparmiare sulle spese della benzina, il desiderio dell'altro è anche il mio, e il sentire dell'altro a proposito di tale prospettiva può benissimo essere anche il mio. Io e l'altro sentiamo insieme allo stesso modo, riguardo a questo oggetto, come se fossimo un'unica persona. Il messaggio dell'altro, inizialmente trattenuto allo stato simbolico all'esterno di me stesso (del mio "sé") può essere vissuto da me come mia verità interiore: sono io che voglio andare a vedere con l'altro la partita, è un mio desiderio.

L'analisi del messaggio può invece rilevare delle difficoltà. Le parole dell'altro possono non essere completamente compatibili con me stesso. In quanto individuo, ho mille problemi e mille desideri, spesso in contrasto l'uno con l'altro. Se l'altro non avesse aggiunto subito che voleva dividere le spese della benzina, per rimanere al nostro esempio, un senso di disagio (o dolore?), per quanto fuggevole, sarebbe emerso in me: questo senso di disagio è la spia che richiama il mio io alla necessità dell'elaborazione teorica, alla necessità di "interpretare" il messaggio dell'altro.

"Interpretare", cioè "scoprire e spiegare quanto in uno scritto o discorso è oscuro o oggetto di controversia", oppure, "attribuire un significato a ciò che si manifesta o è espresso in modo simbolico" (le frasi tra virgolette sono prese dal dizionario enciclopedico).

"Riesco ad attribuire un significato alla tua proposta", potrei rispondere, riesco cioè a vivere il tuo desiderio interiore, il tuo sentire interiore, "solo a patto di dividere le spese della benzina". Ho così fornito un'interpretazione del messaggio dell'altro, interpretazione che lo rende con me stesso (col mio "sé") compatibile. La risposta che fornisco all'altro in modo simbolico, cioè tramite la parola, richiede a sua volta un'analisi da parte del mio interlocutore, il quale potrà fornire una sua contro-interpretazione, ad esempio: "A me va bene, ma oggi non ho i soldi. Te li posso dare solo a fine mese".

Alla fine, il messaggio iniziale viene modificato in un messaggio verificabile interiormente, che può essere sentito come vero, da parte di entrambi gli interlocutori.

In caso di messaggi più complicati, come quello ricevuto dal lettore del presente saggio, che viene invitato a sobbarcarsi la fatica di leggerlo, una risposta al senso di disagio può essere: "Ti ringrazio per l'atto di comunicazione da te compiuto dandomi il tuo saggio da leggere. Evidentemente sei interessato alla mia interpretazione, alla mia rielaborazione teorica del tuo saggio. Sei interessato a sapere come io riesco superare il senso di disagio che sempre viene provocato nell'uomo al comparire di un messaggio dal mondo esterno". Certo, potrebbe essere la mia risposta: "Sono interessato al tuo mondo concettuale, al tuo te stesso (al tuo 'sé'). So, ad esempio, che, date le tue letture, possiedi un linguaggio in comune col mondo religioso ebraico che ti permette di entrare in comunicazione, il linguaggio è la base della comunicazione, con tale mondo, più di quanto non sia capace di fare io. Mi interessa in particolare sapere come nella letteratura mistica ebraica i concetti espressi in questo saggio siano ritrovabili. Poiché tu sei più di me in comunicazione con tale letteratura mistica, sai come 'sentono' gli autori di tale letteratura, spero, entrando in comunicazione con te, sentendo a mia volta il tuo sentire, di entrare un po' di più in comunicazione anch'io con tale mondo".

"Interpretazione" dunque, come soluzione data dall'altro per un'integrazione del messaggio proveniente dal mondo esterno in sé. Interpretazione come verifica interiore di un'intuizione che, spiegando il senso di disagio che compare al ricevimento del messaggio simbolico proveniente dal mondo esterno, permette la sua integrazione in una propria teoria, sentita interiormente come vera, e pronta nella sua forma simbolica a essere ritrasmessa all'altro tramite la parola.

Facendo questa fatica per l'altro, per dargli questa risposta ("io posso sentire così ciò che tu mi dici"), colui che interpreta e annota il testo altrui accresce anche la conoscenza di sé stesso.

Cosa è infatti la conoscenza di sé stesso, se non la conoscenza del proprio inconscio, la soluzione, in un proprio sentire interiore, dei simboli costituiti dalle parole dell'altro? Chi non riesce a comunicare con gli altri, non riesce neanche a comunicare con sé stesso (ma non è il caso che se ne faccia una colpa).

Riassumendo, il messaggio dell'altro, può in fondo essere visto come una richiesta di aiuto. Ho questo da esprimere. Non so esprimermi meglio; per favore, cerca di interpretare il mio messaggio, risolvendo le tue barriere di rimozione, e spiegandomi come avrei potuto esprimermi meglio per facilitare la comprensione del mio messaggio da parte di te adesso, e dell'altro domani.

Dentro le barriere di cela Dio; *Lui Stesso nasconde Sé Stesso, se così si può dire, fra gli ostacoli*, dall'articolo *Barriere*.

Il superamento delle barriere di rimozione, tramite l'interpretazione, nel processo della conoscenza reciproca tra i sé dei due interlocutori, riafferma l'Unità dello Shem[11].

Il bravo psicoanalista sa che è proprio dentro gli ostacoli del rapporto che egli ha col paziente, dentro le difficoltà di comunicazione tra lui e il paziente, che è da ricercare la chiave per giungere alla soluzione del problema terapeutico.

Evidentemente i persecutori di Galileo, e coloro cui bastava un nonnulla per andare su tutte le furie (come d'altronde è purtroppo il caso di molti "psicoanalisti" dei giorni nostri) e per mandare i cosiddetti "eretici" al rogo (leggi, per dare del "matto" o del "malato" al proprio paziente; vedi anche il ricovero in ospedali psichiatrici dei dissidenti, effettuato con disinvoltura dai regimi dittatoriali) non vedevano in termini così distesi il problema del dialogo, dell'interpretazione, del conseguimento della conoscenza.

---

[11] Il Nome di Dio.

Se la tecnica per il conseguimento della conoscenza reciproca tra due individui è costituita dall'interpretazione, se quello dell'interpretazione è un processo creativo in cui il messaggio dell'altro viene inquadrato in sé tramite l'intuizione di una teoria più vasta del proprio sé, che comprende adesso il sé precedente e il messaggio dell'altro, cos'è dunque che rende così difficile per l'uomo l'adozione di un atteggiamento conoscitivo positivo, di attesa, come abbiamo detto altrove mistica, a proposito dell'attesa dell'intuizione, della soluzione del problema? Perché la Santa Inquisizione usciva così facilmente dai gangheri?

Il contrario dell'atteggiamento mistico è la fretta. L'uomo non giusto non accetta così volentieri di essere messo in crisi. Il meccanismo della rimozione con simbolizzazione del messaggio proveniente dall'esterno implica un'accettazione temporanea della limitazione della propria capacità di sentire, una contrazione (c'è forse qualche relazione con lo "tzimtzum", la "contrazione", di Dio che, secondo le teorie mistiche, per creare il mondo, si contrae, per fare posto all'uomo?) temporanea del proprio sé, effettuata in nome dell'apertura verso l'altro.

Vi è la necessità infatti di accettare una sofferenza, vedi *Sulla sofferenza*, derivante dalla rottura di unità all'interno del sé, necessaria per erigere le barriere di rimozione.

Il simbolo del messaggio proveniente dall'esterno è, infatti, costituito anch'esso a spese dell'unità del proprio sé; l'indurimento nella somatizzazione simbolica corrispondente alla rimozione implica anche una riduzione del sentire della parte indurita, che diventa come un tessuto intermedio tra il sé e il mondo esterno; ciò tende ad apparire come una perdita temporanea di una parte del proprio sé. Il senso di disagio all'apparire di un messaggio proveniente dal mondo esterno è in realtà un accenno di dolore derivante dalla rottura di unità all'interno del sé.

Invece che attendere e soffrire, l'uomo preferisce a volte passare all'azione.

L'uomo sente immediatamente come male il messaggio che proviene dall'esterno, perché disturba i suoi equilibri, ancor prima di attivare i meccanismi di conoscenza basati sulla pazienza, l'attesa mistica e la rimozione, che invece funzionavano naturalmente, indisturbati, prima di toccare l'albero proibito.

Sente come bene i messaggi che sono invece in sintonia col suo essere (ad esempio l'adulazione da parte del prossimo), senza curarsi di se questi messaggi, i quali non richiedono interpretazione e non sollecitano alla creatività, accrescano veramente il suo sé, o non lo confermino piuttosto nel suo camminare su strade che poco si addicono al suo essere uomo, cui, a somiglianza di Dio, è richiesto di creare, interpretando i problemi dell'altro.

Contro questa conoscenza "immediata", questo, meglio dire per il momento, "sentire" immediato ed egocentrico, del bene e del male, il meccanismo di conoscenza che vigeva nel giardino di Eden era quello di una conoscenza senza specificazioni, una conoscenza "vera", la quale veniva elargita all'uomo, disposto in paziente attesa mistica di una soluzione del problema costituito dal messaggio proveniente dall'esterno: un'intuizione proveniente da Dio avrebbe certamente prima o poi permesso di organizzare i simboli costituiti dalle barriere di rimozione in una teoria che, immettendo alla conoscenza, avrebbe permesso di risolvere il conflitto generato dal messaggio proveniente dal mondo esterno, in un processo creativo di accrescimento di sé e dell'altro.

L'uomo che sente immediatamente il bene e il male si vede nudo.

La proibizione divina nel giardino di Eden, così come riferita dalla donna al serpente, era in realtà duplice. L'uomo non doveva mangiare del frutto dell'albero della conoscenza (lo tochlu mimenu), ma non doveva neanche toccare l'albero stesso (lo tigu bo)[12]. Dovremo fare nel seguito anche noi la distinzione tra il sentire immediatamente il male (toccare l'albero) e il conoscere il male (mangiare del suo frutto). Ci occuperemo, inoltre, da ora in poi, solo del male.

Il messaggio proveniente dal mondo esterno non trova più ad accoglierlo la disposizione dell'uomo alla sofferenza, la quale si accompagnava alla costituzione delle barriere simboliche di rimozione, e al paziente lavoro di elaborazione inconscia che porta alla vera conoscenza dell'altro (per "vera", qui, intendiamo una teoria che possa essere sentita come vera, verificata interiormente, da entrambe le persone).

Senza tali barriere, l'uomo si vede ora nudo. Il messaggio proveniente dall'esterno penetra adesso con più facilità dentro il sé. Il frutto dell'albero proibito pareva forse per questo alla donna "desiderabile perché faceva acquistare intelligenza". Ma tale penetrazione in sé non è

---

[12] Il comando di Dio (Genesi 2,17) consisteva nella sola proibizione di mangiare il frutto dell'albero della conoscenza del bene e del male. Eva vi aggiunge di propria iniziativa, nel riferire tale comando al serpente (Genesi 3,3), anche il divieto di toccare dell'albero il frutto.

Nella Parte II, nella sezione 7, Mosè dell'articolo *Essere, avere, scintille*, torneremo sul significato di questa aggiunta da parte della donna.

più mediata dal processo conoscitivo, e non risulta in un accrescimento del sé. Il messaggio penetra sì nel sé di colui che lo riceve, ma senza che vi sia una integrazione nel suo sé preesistente.

L'uomo sente ora vergogna per le reazioni aggressive che il messaggio disturbante provoca naturalmente in lui (era proprio la rimozione di tali reazioni aggressive a fornire il materiale per la simbolizzazione), per ciò che egli dunque "è" naturalmente. L'uomo prova vergogna di ciò che "è".

"Vergogna, sentimento doloroso del disonore che ci viene, o temiamo possa venirci, da nostre azioni o da fatti che comunque ci riguardano da vicino; che induce rammarico del male commesso o ritegno a commetterlo" (dal dizionario enciclopedico).

Nel suo immediato sentire del male, l'uomo prova ora questo sentimento doloroso della vergogna.

Il messaggio proveniente dall'esterno e recepito all'interno del proprio sé non è stato integrato nel sé tramite un processo di interpretazione e conoscenza. La disunità all'interno del sé dell'individuo è ora fonte di dolore (ci riferiamo ancora qui alla spiegazione del dolore come resistenza alla disunione del sé, introdotta nell'articolo *Sulla sofferenza*), che, pienamente sentito, sostituisce quel senso di disagio provocato dalla rimozione, che era uno stimolo alla ricerca della conoscenza.

L'uomo, in realtà, anche dopo aver mangiato del frutto dell'albero della conoscenza, non è infatti poi così cattivo come a volte gli piacerebbe credere.

La pulsione all'unione, l'Eros freudiano, è in lui ancora forte. La disunità che sente adesso in sé tende a essere dolorosa e fonte di sofferenza.

Che fare? Contro il dolore, se non si segue la strada del tentativo di recupero di unità del sé, vi è un'altra possibilità: quella di rassegnarsi al male, di costituire la realtà del male fuori di sé. A questo punto, il male non è più soltanto "sentito" immediatamente dentro di sé, ma la sua fonte anche "conosciuta" come oggetto reale di male esterno al sé.

Colui che ha la gamba fratturata, sente dolore; un dolore che è segnale di ribellione alla disunità nel proprio corpo. Quando la gamba gli viene amputata, il dolore cessa. Il dolore per la disunità dovuta alla frattura si trasforma nella costituzione della realtà della mancanza della gamba. Il sé si è ridotto (non vi è più la gamba), ma il dolore che costituiva un segnale della ribellione a tale riduzione scompare (la gamba non è più in grado di fargli male).

Così, per ritornare nella sfera psichica, se l'uomo è disturbato dal sentire un messaggio, se il messaggio (dopo aver toccato l'albero proibito) è sentito immediatamente come male, rimane la possibilità di compiere un ulteriore passo per sottrarsi all'accenno di sopravvenienza del dolore.

"Non mi importa nulla di integrare nel mio sé (in me) il messaggio", può pensare l'uomo, e per giustificare questa affermazione può svalutare l'importanza per lui del messaggio ricevuto, etichettando ciò che sta alla fonte del messaggio come "male". È come se l'uomo con la gamba fratturata, per non sentire il dolore costituito dalla ribellione del suo sé alla frattura, se la facesse amputare affermando "non mi importa nulla della gamba; essa è male". Per non sentire il dolore dentro di sé, esso è proiettato fuori di sé, e l'oggetto causa immediata della sensazione del dolore viene denigrato.

Nel caso di messaggi provenienti da altre persone, prendere una decisione di questo genere è più facile che non con la propria gamba.

Etichettata la fonte del messaggio come male (si pensi all'ingiustizia di questa etichettatura a proposito, ad esempio, del giusto Galileo), le pulsioni aggressive non più rimosse nella simbolizzazione inconscia possono scatenarsi contro la fonte del messaggio destabilizzante; l'eretico può essere mandato al rogo, il paziente del moderno psicoanalista etichettato come "malato". Essi cessano di essere, semplicemente, uomini. Un aggettivo spregiativo è stato attaccato al loro essere; l'altro è adesso un "essere inferiore". Ciò libera il sé dell'aggressore dal dolore per la mancanza di unità con l'altro. Perché provare dolore per la mancata vera conoscenza, per la mancata unione con colui che è stato disumanizzato?

L'inconscio è così emerso. Il sentire non è stato rimosso (l'albero proibito è stato toccato; il toccare è spesso associato al sentire). Penetrato nel sé, ha accennato a causare dolore, dovuto alla rottura di unità con l'altro. La soluzione è stata trovata costruendo una teoria (una "conoscenza del male"; il frutto dell'albero viene adesso mangiato) che deumanizza l'altro, e quindi lenisce il dolore per la disunione con l'altro. La verifica interiore di una teoria è condizione necessaria per passare all'azione. Con l'aiuto di questa teoria di male, l'altro può essere aggredito, liberando le energie che dovevano restare imbrigliate nel processo di rimozione fino a che una conoscenza vera dell'altro non fosse stata conseguita.

La teoria maligna sviluppata dalla conoscenza del male assomiglia per certi aspetti alla costruzione di teorie di copertura del sogno effettuata nel sonno, fenomeno chiamato da Freud "Revisione secondaria del sogno". Durante il sogno, come nel sentire immediato del male, i processi di rimozione tendono a indebolirsi. Ne derivano stimoli che l'individuo vive, durante il sonno, come violenti e da censurare (la tendenza alla rimozione non viene infatti completamente meno durante il sonno); per evitare di ricevere sollecitazioni emotive troppo violente e di svegliarsi a causa del sogno, una teoria di copertura del sogno viene sviluppata, il sogno viene come rivisto una seconda volta, e gli viene dato un aspetto ragionevole, il quale serve solo a distrarre l'individuo dai contenuti latenti che altrimenti lo avrebbero svegliato.

L'altro è un "essere inferiore", dice il malvagio nel suo sogno di male, e così tiene a bada la pulsione all'unione che, pur richiamandolo sulla strada del bene, causandogli dolore gli crea dei problemi che vuole evitare (continuando il paragone col sogno, chi fa del male spesso non vuole svegliarsi dal suo male, per essere ricondotto su sentieri di verità).

L'uomo si copre il pene con una cintura.

Il pene, questo strumento, questa barriera che nel suo indurimento erettivo racchiudeva però anche il nutrimento sessuale per l'altro (vedi *Intuizioni*), la possibilità di conoscenza dell'altro, viene forse coperto per vergogna, perché è diventato un'arma aggressiva di disunione verso l'altro.

La cintura è fatta cucendo "una" foglia di fico. Curioso questo uso del singolare nel Testo, che forse ci vuol dire che anche nel male l'uomo deve necessariamente tenere conto della pulsione all'unione, dell'Eros freudiano. La teoria di conoscenza del male, che potremmo chiamare, in un'analogia con i fenomeni del sogno, "revisione secondaria" del male, deve essere, nella sua patologia, unitaria.

I "grandi" dittatori del passato si sono spesso preoccupati di scrivere un testo che desse una parvenza di giustificazione unitaria al loro agire perverso.

L'uomo è stato cacciato. Un Cherubino, con la spada fiammeggiante, sbarra l'ingresso al giardino di Eden (Genesi 3,24).

Indagheremo ulteriormente sui meccanismi del male in questo libro. Alla base della possibilità di evitare di agire male, sembra comunque essere la capacità di differire l'azione.

La spontaneità di comportamento, il reagire con naturalezza e irriflessione agli stimoli provenienti dall'esterno (quale quello dell'"antipatia" provata per un altro uomo), non è più possibile. Fuori dal Giardino di Eden, se ti comporti come quando eri dentro il giardino, così tentando di entrarci nuovamente, "verrai castrato", dice l'angelo posto a guardia dell'ingresso.

Le barriere, come quella costituita dal pene, che dentro il giardino erano strumento di conoscenza e comunicazione, sono ora passibili di taglio (non si tagliano più facilmente le cose rigide che quelle elastiche?), se usate irriflessivamente (quasi che si fosse ancora in Eden) per la penetrazione violenta dell'altro e l'aggressione.

Fuori dal giardino di Eden, spensieratezza e immediatezza non sono più permesse. L'immediatezza, troppo spesso, è quella della conoscenza, non più mediata dalle barriere di rimozione, del bene e del male.

La conoscenza del male, in grado di distruggere sé stessi e gli altri, è contraria alla natura dell'uomo, creato a immagine e somiglianza dell'Eterno, e come Lui dotato del potere di creazione, l'atto ultimo che, come risultato dell'elaborazione inconscia, consente lo stabilimento della comunicazione e della conoscenza reciproca con l'altro.

Se anche dopo aver toccato l'albero proibito egli non può più evitare (ma siamo proprio certi che sia veramente così?) di sentire immediatamente come male un messaggio che lo destabilizza e gli pone dei problemi, tuttavia l'uomo ha pur sempre la capacità di sospendere il giudizio, di non basare questo, e il suo agire, sul proprio sentire immediato; in altre parole ha la possibilità di non cogliere e mangiare dell'albero proibito anche il frutto; ha la capacità di rinunciare alla conoscenza del male.

"C'eri tu quando creavo il coccodrillo e i grandi mostri marini?", Dio parla a Giobbe di mezzo alla tempesta, così, sembra, rispondendo alla domanda di questi sul perché del male che gli è capitato.

Sembra il rimbrotto di un padre a un figlio un po' ribelle: "non puoi pretendere di pensare unicamente con la tua testa; devi saper anche ascoltare".

Ascolta Israele, il Signore è il tuo Dio, il Signore è Uno.

Il comando, ripetuto giornalmente nella preghiera, ricorda come la conoscenza non possa più essere, per l'uomo cacciato dal giardino di Eden, una conoscenza immediata basata sui messaggi che il proprio corpo riceve dalle cose di questo mondo, ma debba invece essere una conoscenza mediata da un processo di rimozione, che trovi la sua soluzione in un'intuizione che proviene dal Trono di Dio, cui è necessario che l'uomo si affidi.

Barriere simboliche di rimozione

Il processo di ottenimento della conoscenza dell'ambiente è dunque essenzialmente un processo di apprendimento di una tecnica di comunicazione con l'"altro".

La persona che ancora non sa nuotare riceve degli stimoli dall'ambiente acquatico, dei "messaggi" dal mondo esterno, cui risponde immediatamente con movimenti disordinati.

Qui la parola chiave è "immediatamente".

Le risposte della persona, diciamo X, ai messaggi provenienti dall'esterno non sono mediate da un processo di conoscenza. X risponde immediatamente ai messaggi. Se sente immergersi la testa, la tira su; se desidera andare in una direzione, batte convulsamente le mani tentando di spingere l'acqua nella direzione contraria, senza preoccuparsi di ciò che fa con le gambe.

La tecnica del nuoto suggerisce invece una migliore strategia.

Quando la testa è inevitabilmente attirata verso l'acqua perché, ad esempio, si effettua un certo movimento con le gambe, il quale permette di darsi una spinta in avanti, non si reagisce alla paura dell'immersione della testa, ma si sa che è giunto il momento di emettere l'aria, in tal modo da un lato proteggendosi contro l'entrata di acqua nei polmoni, dall'altro preparandosi a reimmettere negli stessi l'ossigeno necessario quando la testa risalirà, al termine del movimento delle gambe.

Se X ha un istruttore, questi gli spiegherà tale tecnica, e X apprenderà facilmente a comunicare con l'ambiente acquatico.

Nella vita capita invece spesso di essere soli. Lo stesso X, che ha appreso la tecnica del nuoto, si potrà trovare domani in un ambiente diverso, senza un istruttore già esperto, che gli consigli come comportarsi nella nuova situazione. Che fare per apprendere da soli a comunicare con l'ambiente?

Dall'esempio costituito dalla tecnica del nuoto, X sa che rispondere immediatamente ai messaggi che provengono dall'esterno può non essere la soluzione più vantaggiosa. Tali risposte immediate altro non sono che risposte ai propri stessi stimoli di autoconservazione, creati dai messaggi che vengono dall'ambiente.

L'acqua chiede di immergere la testa come risposta al tentato movimento di X con le gambe; X ha un senso di paura; la risposta immediata di X è quella di comandare ai suoi muscoli di tirare la testa su. Un altro stimolo chiede a X di respirare; X reagisce immediatamente a questo stimolo, anche se ha la testa dentro l'acqua, con la conseguenza poco gradevole di "bere" invece che di ottenere il soddisfacimento voluto dello stimolo, il quale richiedeva l'immissione di aria, piuttosto che di acqua, nei polmoni.

Per comunicare con l'acqua, X ha bisogno anzitutto di differire la risposta agli stimoli che gli vengono dall'esterno.

Egli ha bisogno di erigere come una "barriera", dall'articolo *Barriere*, tra il proprio sé e il messaggio, barriera che gli consenta di differire la risposta allo stesso.

Al messaggio proveniente dal mondo esterno non è permessa, non deve essere permessa, la penetrazione automatica nel sé.

Il sé, per definizione uno, non può infatti accogliere al suo interno impulsi contrastanti; esso non può restare diviso neanche per un attimo; al messaggio che tende a dividerlo, il sé risponde immediatamente con un atto, volto all'ottenimento di una trasformazione del mondo esterno, la quale faccia cessare il messaggio.[13]

La barriera eretta tra il sé e il messaggio è stata chiamata in *Intuizioni* "barriera di rimozione".

Tra la fuga (ammesso che sia possibile) davanti al messaggio proveniente dal mondo esterno, e la risposta immediata, di matrice aggressiva, allo stesso, la rimozione del messaggio è un tentativo di differimento della risposta. Un modo per restare in contatto col messaggio (non si fugge), senza che nel contempo si debba necessariamente reagire allo stesso (non si aggredisce). È un tentativo di soluzione di vita, come detto in *Intuizioni*, la quale permette almeno di rimandare la messa in opera di risposte di morte.

Questo tipo di contatto tra il sé e il messaggio proveniente dall'esterno è un contatto incompleto, diremmo meglio "simbolico".

Il messaggio non penetra completamente nell'interiorità del sé; esso non può ancora essere "verificato interiormente" (si potrebbe dire,

---

[13] L'affermazione contenuta in quest'ultimo paragrafo può apparire troppo forte, e in ultima analisi errata. Su di essa ritorneremo nella Parte II, allorché consideriamo nella sezione 7, Mosè di *Essere, avere, scintille* le dinamiche psichiche nell'uomo alla cacciata dal paradiso terrestre, e poniamo in relazione la capacità della persona di contenere le emozioni in sé senza agire con il disporre in sé del senso di una trascendenza la quale consenta una gestione del materiale emerso nell'emozione, ma trattenuto dall'azione tramite il meccanismo della "repressione".

immediatamente "conosciuto come bene"), perché non è compatibile con l'organizzazione del sé preesistente al messaggio.

D'altronde, non si vogliono mettere in atto comportamenti di fuga o di aggressione atti a eludere o a eliminare la fonte del messaggio; non si vuole cioè neanche "conoscere il messaggio come male" (un'analisi del concetto di "conoscenza del bene e del male" è contenuta nell'articolo precedente, *La cacciata dal giardino di Eden*, il quale commenta il noto passo della Genesi).

Quella del contatto incompleto, "simbolico", come vedremo meglio nel seguito, col messaggio proveniente dall'esterno, deve essere una tecnica, come si ipotizzava in *Intuizioni*, apparsa precocemente nel corso dell'evoluzione della vita sulla Terra. La capacità dell'organismo di modulare secondo questa tecnica i suoi rapporti col mondo esterno è forse condizione necessaria e sufficiente perché si possa parlare di "vita", perché si possa affermare cioè che l'organismo è "vivo".

Nei "protisti" unicellulari, dei quali Freud parla in *Al di là del principio del piacere* (1920, Vol. 9, pag. 233), e su cui ci siamo soffermati in *Intuizioni*, questo contatto incompleto, la "rimozione" del messaggio proveniente dall'esterno, sarebbe avvenuto tramite un inspessimento, un rafforzamento, della pelle alla superficie del protista nella porzione di questa a diretto contatto con lo stimolo (il lettore ci perdonerà se parliamo liberamente di pelle di un organismo altrove definito "unicellulare"; stiamo parlando, come si comprenderà, di animali teorici, estremamente semplici, ma vivi, posti idealmente alla base dell'evoluzione della vita sulla terra, e che ci servono come riferimenti concettuali).

Visto dal di fuori, questo inspessimento della pelle costituisce di fatto una barriera contro la penetrazione nel sé del messaggio potenzialmente pericoloso.

Visto dal di dentro, l'inspessimento verrebbe costituito invece a spese di una parziale riduzione della capacità del sé di sentire sé stesso. La barriera frapposta tra il sé e l'altro, costituita utilizzando materiale del sé, dapprima in questo completamente integrato, in quanto barriera, di necessità dura e rigida, perderebbe in sensibilità, venendosi quindi a instaurare nel sé una frattura di rimozione[14].

---

[14] Il fatto che la barriera perda in sensibilità può apparire in contrasto con l'osservazione (per esempio, il pene è un organo estremamente sensibile allorché penetra il corpo della femmina). Il contatto consentito dalla barriera è, tuttavia, epidermico, simbolico appunto, ed ha una natura differente da quella di un contatto reso possibile dalla penetrazione dell'oggetto esterno all'interno del sé.

La barriera è rimossa dal sé, divisa dalla coscienza del sé, la quale essa non ammette fratture, e dalle sue emozioni.

La barriera, dall'esterno vista come un ostacolo alla penetrazione nel sé dell'individuo, è percepita tuttavia dall'interno come simbolo di un'istanza, l'istanza di reazione al messaggio esterno, istanza di fuga o di aggressione, istanza di morte, che si vuole per il momento differire.

Come "simbolo", quale è percepita dall'interno del sé, la barriera diventa un termine primitivo di una teoria simbolica astratta, ancora da sviluppare.

Il simbolo, per definizione "astratto" (diviso dal sé e dalle emozioni al simbolo stesso in potenza soggiacenti dalla rimozione), rappresenta la propria reazione allo stimolo, privata dell'emozione corrispondente. Essa è la parte autoconservativa della reazione, la quale è sospesa, non viene per il momento attuata, in quanto privata della componente emozionale di verifica interiore.

I simboli, le barriere per X che deve ambientarsi nell'acqua, sono in realtà più d'una.

X ha lo stimolo a respirare, a muoversi in una determinata direzione, sente freddo e vuole esercitare i suoi muscoli per riscaldarsi.

Le reazioni immediate a tutti questi stimoli sarebbero contraddittorie l'una con l'altra.

Per dirigersi verso una certa direzione, X deve muovere le gambe, probabilmente sollevandole verso la superficie dell'acqua. Ciò provoca però per contrappeso l'immersione della testa, immersione che non è compatibile con lo stimolo di X a respirare liberamente.

Le reazioni immediate agli stimoli devono così essere tenute sotto controllo, differite, finché non si trovi una soluzione in grado di soddisfare essi tutti, soluzione fornita dall'organizzazione delle risposte all'ambiente in una teoria di conoscenza di questo.

Un'organizzazione dei simboli astratti rappresentanti le risposte di X all'ambiente in una teoria che immette alla conoscenza dell'acqua e del nuoto, può essere fornita da un istruttore che insegna la tecnica del nuoto a X.

Se X invece non prende lezioni di nuoto, forse, avendo durante il giorno rinunciato a trovare una soluzione al suo problema teorico, nella notte un sogno, adeguatamente interpretato all'indomani, potrà giungere a svelargli i segreti dell'acqua.

Ma ritorniamo alla rassicurante presenza dell'istruttore che ha insegnato a X il nuoto. Tutto bene dunque? X può adesso sentire l'acqua come amica. Con l'aiuto della sua teoria, può convivere vantaggiosamente con l'elemento liquido.

In questo processo di acquisizione della conoscenza dell'acqua, X comunque a qualcosa ha dovuto rinunciare, e, precisamente, allo scarico immediato delle sue reazioni all'ambiente.

La teoria di conoscenza permette di sfruttare vantaggiosamente il differimento della reazione all'impulso, non consente di fare a meno del differimento stesso.

X sa ora di dover accettare l'immersione della testa nell'acqua, anche se la cosa magari continua a procurargli fastidio, per potersi muovere agevolmente nell'elemento liquido. Sa di non poter sentire immediatamente come male l'immersione del capo, e certamente di non potere a tale immersione reagire scompostamente, di passare subito all'azione, "conoscendola" immediatamente come male, anche se come male lui continua a sentirla (questi concetti, con la differenza tra "sentire" e "conoscere" il male, sono ripresi da *La cacciata dal giardino di Eden*).

La teoria del nuoto, che X ora conosce, è anche una teoria dell'"essere" dell'acqua.

X, in altre parole, ha imparato a conoscere la fonte dei messaggi fastidiosi che gli venivano dal suo contatto con l'elemento liquido. Ha compreso che anche l'acqua ha un "essere", che anch'essa ha le sue "barriere", le sue leggi, i suoi modi di reagire. Sa che, se tirerà su le gambe, l'elemento liquido gli farà immergere la testa.

Sa che solo rispettando l'altro, nel nostro esempio l'acqua, per ciò che egli è, costituendo la realtà dell'essere dell'altro per come egli è, potrà evitare di costituire la realtà dell'altro come male, di conoscere immediatamente l'altro come male esterno al sé.

Simbolizzazione dunque delle proprie reazioni di autoconservazione ai messaggi provenienti dall'esterno, e sviluppo di una teoria di conoscenza dell'altro, come organizzazione dei termini primitivi della teoria, costituiti dai simboli.

Se i simboli di rimozione possono essere a loro volta rappresentati dagli angeli disposti in cerchio intorno al Trono, Dio, su questo assiso, rappresenterebbe Colui il quale dispensa all'individuo, disposto al Suo ascolto, l'organizzazione teorica che immette alla conoscenza dell'altro.

X ha avuto un istruttore. Non era solo con le sue difficoltà nel nuovo ambiente. Poiché ha appreso la teoria del nuoto tramite le parole dell'istruttore, potrà a sua volta facilmente usare, magari adattando un po' le parole dell'istruttore alla propria personalità e a nuove situazioni, parole, per insegnare ad altri la conoscenza dell'acqua.

Le persone che cercano Dio nel Testo Biblico appaiono invece spesso come persone sole.

Abramo, come Mosè, si staccano, sembra improvvisamente, dalla propria terra, in seguito a rotture con l'ambiente che li circonda.

Mosè uccide, prima di fuggire in direzione di Canaan, un egiziano. Di Abramo, il Testo non dice di fratture violente, ma si narra, altrove, di come egli abbia distrutto, prima di partire per la Terra Promessa, gli idoli di cui suo padre era fabbricante.

"Lech lechà", "vai verso te stesso"; così può essere inteso l'invito volto da Dio ad Abramo a lasciare la terra politeista, a volgersi al recupero dell'unitarietà del proprio sé, trasferendosi in una nuova Terra, lontano dagli dei che nella loro molteplicità rappresentano le plurime aderenze concettuali di un sé falso e diviso, ormai divenuto insopportabile.

Delusi dai loro padri (nel caso di Mosè, i padri "adottivi", gli uomini della corte egizia), Abramo e Mosè troncano le proprie relazioni con le teorie che questi insegnano, in qualche modo comprendendo che il Dio unico che dal suo Trono coordina le barriere simboliche di rimozione è da preferire a istruttori incompetenti, i quali non sanno guidarli verso una percezione unitaria dell'altro e del sé.

A differenza dell'istruttore di nuoto di X, Dio insegna tuttavia solo raramente usando la parola.

Dall'articolo *Intuizioni*: "Intuizione: la percezione diretta, senza la mediazione della conoscenza discorsiva, di un oggetto e delle sue relazioni". È questa una descrizione di "intuizione" riportata in un dizionario filosofico. H. Bergson accentua la portata gnoseologica dell'intuizione, considerandola come una "simpatia intellettuale, per cui ci si trasporta nell'interiorità di un oggetto per coincidere con ciò che esso ha di unico e di conseguenza inesprimibile".

In entrambe le definizioni, l'"intuizione" appare estranea alla parola, o perché la prima avviene "senza la mediazione della conoscenza discorsiva", o perché essa coglie ciò che l'oggetto ha di "inesprimibile".

L'intuizione dell'essere dell'altro, dono che Dio elargisce dal suo Trono a colui che, rinunciando alla fuga e all'aggressione, *Lo cerca nelle barriere e negli ostacoli* (citato liberamente da *Barriere*), richiede altro lavoro da parte di X per potersi trasformare in teoria espressa in un linguaggio simbolico costruito su parole, la cui padronanza possa fare di X, a sua volta, un insegnante.

Abbandonando l'acqua, e prendendo come interlocutore un altro essere umano, qual è la differenza tra una conoscenza intuitiva dell'altro, tra il capire intuitivamente l'altro, e il sapere come parlargli per entrare in sintonia con lui, per "sentire interiormente" come lui, per condividere con lui la stessa "verità interiore"?

Un momento di silenzio nella Genesi è la notte della lotta di Giacobbe contro l'angelo (Genesi 32,25-33). La parola non si addice alla lotta, allo "stato di emergenza" di una persona, subitaneamente chiamata ad affrontare un'aggressione o un pericolo. Meglio in tali casi una conoscenza intuitiva dell'avversario, la quale, coordinando i differimenti delle risposte all'aggressione in modo tale che tali risposte siano più efficaci, permetta di non essere sopraffatti dall'altro.

Nel deserto, nella solitudine e nel silenzio, rotto solo in un secondo tempo dalla voce di Dio, Mosè ebbe la visione del roveto ardente.

Tra il capire intuitivamente l'altro e, come si diceva sopra, il sapere come parlargli per entrare in sintonia con lui, per "sentire interiormente" come lui, per condividere con lui la stessa "verità interiore", vi è un ulteriore passo da compiere, l'analisi della cui natura speriamo di poter concludere nel successivo articolo *Lutto, melanconia, giustizia*.

Condizione necessaria perché sia possibile compiere questo passo è però certamente che l'altro sia aperto, disponibile all'ascolto, e non chiuso a sé e al prossimo, in una psicotica follia di aggressione e di male.

Lutto, melanconia, giustizia

Il sé è dunque uno.

Come d'altronde assume l'indagine psicoanalitica della persona, nulla è casuale nell'accadere psichico dell'uomo.

L'azione, l'atto mancato, il ricordo, la dimenticanza, l'attenzione, la distrazione, ogni accadere riguardo a questo essere vivo che è l'uomo, può essere interpretato dall'altro (lo psicoanalista, un altro essere), e dal sé medesimo, reso cosciente dei perché.

Non si muove foglia che Dio non voglia. Il proverbio, presente in ogni lingua, sembra l'assunto base di una teoria della conoscenza. Dio è in tutte le cose, e, essendo Egli Uno, ogni accadere nel mondo è connesso con ogni altro accadere. Tali connessioni possono essere rese consce, "scoperte" dall'uomo, impegnato nell'indagine scientifica del mondo esterno, o psicoanalitica del proprio sé.

Dio è in tutte le cose, come l'uomo è nel suo corpo. Essendo in tutte le cose, non vi è nulla di esterno a Lui. Egli non necessita quindi di effettuare il processo di rimozione e simbolizzazione del mondo esterno.

Dio essendo in tutto, si potrebbe dire che Egli "conosce" già tutto?

Cerchiamo di seguire logicamente il filo della risposta a questa domanda. Se "conoscere" una emozione vuol dire "essere conscio" di essa e se, come dice Freud (abbiamo già citato questa caratterizzazione freudiana del "conscio" in *Intuizioni*), caratteristica del conscio è la parola (vedi *Metapsicologia, L'Inconscio*, 1915, Vol. 8, pag. 85: "...la rappresentazione conscia comprende la rappresentazione della cosa più la rappresentazione della parola corrispondente, mentre quella inconscia è la rappresentazione della cosa e basta..."), è dubbio che Dio sia conscio di qualcosa, perché non ha nessuno con cui parlare.

Dio, essendo già in tutto, non necessita di simboli di rimozione e di teorie organizzanti questi simboli, teorie che, organizzando i simboli costituiti dalle parole in frasi, sono alla base stessa dell'utilizzo della parola. Finché Dio è solo, inconscio e conscio sono concetti privi di significato per Lui.

Nel momento in cui Egli si contrae (tzimtzum) per creare il mondo, crea un altro da Sé. Come tutti coloro che hanno a che fare con un "altro", inizia a soffrire. Soffre per la diversità del mondo dal Sé, per la sua disunione col mondo. Parla all'uomo tramite la voce della coscienza, e questi non ascolta tale voce.

Dio conosce tutti i perché? Probabilmente sì. Ma la teoria con l'ausilio della quale parla all'uomo tramite la voce della coscienza troppo spesso rimane da questi inascoltata, repressa nel sé.

Come Dio dopo essersi ritirato per creare il mondo, il bambino si rende ben presto conto di non "essere" in ogni cosa. Venuto al mondo, "creato", si direbbe, per lui, il mondo esterno all'atto dell'uscita dall'utero di sua madre, egli si rende conto, come si diceva in *Intuizioni*, di non essere primariamente nel seno, tra le braccia della madre, dell'utero ormai il più immediato sostituto.

La presa di coscienza di questo non essere nella cosa, la costituzione della realtà dell'altro, è per il bambino un processo che lo accompagnerà per tutta la vita. Dal modo in cui egli saprà affrontare questo trauma, che via via gli si ripresenterà nel corso della sua esistenza, dipenderà forse in ultima analisi ciò che potremmo chiamare la qualità della sua vita.

Reagirà egli aggredendo o fuggendo l'essere dell'altro, costituito e conosciuto all'esterno del sé come male?

Tenterà invece, finché gli è possibile, di rimuovere gli stimoli all'aggressione e alla fuga, nel tentativo di giungere a una conoscenza vera dell'altro, conoscenza teorica data dall'organizzazione degli stimoli di morte in una soluzione di vita?

Oppure, verificata l'inutilità di tali sforzi, dato l'approccio non costruttivo dell'altro volto egli stesso a soluzioni di morte, abbandonerà il tentativo di entrare con lui in comunicazione, uscirà dal trauma di separazione serenamente, magari con una battuta di spirito, allontanandosi in piena coscienza dalla fonte di dolore, giudicata e condannata coscientemente come politeista e fonte di disunione, per ricercare altrove, magari in una nuova Terra, come gli ebrei all'uscita dall'Egitto, la riunificazione del proprio sé, in un contatto più giusto e finalmente praticabile con l'altro?

Aggressione e fuga da un lato, soluzioni che, passando subito all'azione, al fatto, senza che questa azione sia espressa preliminarmente al proprio sé e all'altro in un linguaggio simbolico, tramite l'uso della parola, sono soluzioni inconsce di morte.

Conoscenza vera dell'altro, o rinuncia cosciente a questa conoscenza, dopo che col proprio sé e con l'altro si è comunicato, in un messaggio di amore, o in un giudizio di condanna. Soluzioni vere queste ultime, in cui l'unitarietà del sé non è lesa, ma la sua coscienza invece allargata, in quanto la parola, rivolta al sé e all'altro, precede l'azione.

"Io e non un angelo ti ho fatto uscire dall'Egitto"[15].

Non è stata una fuga. Non è stato il repentino emergere di un'emozione di paura precedentemente rimossa, un angelo (come abbiamo ipotizzato in *Barriere simboliche di rimozione*) repentinamente trasformato in demone all'atto del suo emergere isolato come emozione non più rimossa (un angelo, si direbbe, "caduto" dal cielo, nel quale era sospeso dalla rimozione) a trarre gli ebrei dall'Egitto.

Si è trattato invece di un giudizio di condanna.

Dio, assiso al centro del coro degli angeli, le rimozioni e le sofferenze del popolo ebraico, ha organizzato le parole, i simboli di dolore, in una frase esprimente un giudizio di condanna, a seguito della quale, nella piena coscienza del sé, il Suo popolo è uscito dalla terra dell'oppressione e del politeismo.

Possiamo forse ora iniziare a tracciare meglio la distinzione che c'è tra una "intuizione" dell'altro, e una "interpretazione" dell'altro che possa essere a questi restituita tramite la parola.

L'intuizione organizza la percezione dell'altro da parte del proprio sé. Essa permette di organizzare il differimento delle proprie istanze di autoconservazione (aggressione o fuga) che appaiono al contatto con l'altro, per meglio organizzare la propria reazione e soddisfare con più efficacia a tali istanze.

L'interpretazione, nella quale, tramite la parola, ci si rivolge all'altro, tenta invece di comunicare con l'essere il quale si trova alla fonte delle istanze autoconservative insorte, per farlo cessare da un comportamento percepito non in sintonia col proprio sé.

In entrambi i casi, intuizione e parola, si parte col differire le proprie reazioni alle istanze di autoconservazione. Differire, non abrogare.

X che ha la testa sotto l'acqua ha imparato, nuotando con lo stile della rana, a differire la soddisfazione dello stimolo a respirare, ma dovrà, per quanto sia un nuotatore allenato, comunque far emergere presto la testa, per immettere l'aria nei polmoni. La barriera di rimozione interposta tra X e il suo impulso a respirare può reggere solo per un tempo limitato.

Il lottatore esperto di arti marziali orientali, chiamiamolo L, sa come, per non essere sopraffatto dall'altro, è opportuno non attuare, rimuovere, alcune delle reazioni che insorgono spontaneamente in lui quando subisce un'aggressione. Se l'altro si scaglia violentemente contro di te,

---

[15] Citato liberamente dal racconto rituale che gli ebrei recitano durante la cena di Pasqua (haggadah di Pesach).

insegnano le arti marziali, invece di opporti frontalmente a lui, aggredendolo a tua volta, e al posto di fuggire, cerca di usare il suo stesso impeto, ritorcendolo contro di lui.

La chiave del successo, in questo genere di lotta, sta in una comprensione "fredda", in qualche modo privata di gran parte del contenuto emotivo, di ciò che sta avvenendo. "Mantieni la calma", hanno insegnato a L, erigi delle barriere ai tuoi impulsi a reagire scompostamente. Organizza i simboli costituiti da tali barriere in una comprensione intuitiva fredda, scarsamente emotiva, di ciò che sta avvenendo. Forte di questa comprensione astratta della lotta, potrai finalmente meglio dar sfogo infine alle tue esigenze di autoconservazione, agendo contro l'altro, ritorcendo contro l'aggressore, con l'aiuto delle tecniche insegnate nell'arte marziale, il suo stesso impeto aggressivo.

L'esempio di X che nuota e quello del lottatore L hanno in comune il fatto che comunque un atto risponde alla fine allo stimolo contro il quale all'inizio era stata eretta una barriera.

X necessita di rimuovere l'impulso a tirare la testa fuori dall'acqua solo per breve tempo, dopo di che può finalmente rinunciare senza danno alla sua barriera, e fare emergere la testa per respirare.

Il lottatore L trattiene gli impulsi immediati di risposta all'aggressione, ma solo al fine di organizzare meglio una risposta che comunque viene data.

In entrambi i casi, la fonte dello stimolo contro cui inizialmente si era eretta la barriera viene neutralizzata: l'aria viene immessa nei polmoni e lo stimolo a respirare cessa; l'avversario contro cui L, dopo aver rimosso gli stimoli a reazioni immediate e disordinate, ha freddamente ritorto l'impeto usato nell'aggressione, finisce teatralmente a gambe all'aria, come si vede spesso nei film di azione.

Come era stato il caso per X, anche qui la fonte degli stimoli contro cui L aveva eretto le barriere di rimozione, l'aggressione la cui dinamica L ha freddamente, astrattamente dalle sue emozioni, compreso tramite l'organizzazione dei simboli di rimozione, cessa. Le barriere di rimozione di L non hanno dovuto avere una lunga vita.

X e L hanno insomma alla fine dato sfogo alle emozioni in un primo momento trattenute.

Entrambi X e L, hanno ottenuto da un piccolo sacrificio effettuato, rimandare l'azione volta a permettere immediatamente il respiro, rimuovere l'impulso a scagliarsi frontalmente contro l'aggressore, dei vantaggi.

I vantaggi ottenuti da X e L hanno anzitutto un aspetto immediato: X ha potuto completare il movimento delle gambe, in modo da portarsi nella direzione voluta; L, senza fuggire, ha schivato, deviandola, la furia dell'avversario.

Di più, il sacrificio effettuato da X e da L si rivela non più necessario.

X, ora che il movimento delle gambe è in una fase diversa, si trova addirittura in una posizione migliore di prima per respirare: al raccogliersi delle gambe nel nuoto a rana, la testa emerge da sola.

L, che ha schivato l'avversario, con l'applicazione di una forza minima, che però si somma all'impeto dell'avversario ormai privo di meta, lo fa volare a gambe all'aria.

L'assecondare la natura dell'altro, il differire le proprie risposte immediate e scomposte, il non opporsi immediatamente e frontalmente alla sua azione, ha permesso a X e a L di controllare, in una comprensione intuitiva dell'altro, il processo di interazione con questi.

Abbandoniamo ora per il resto di questo articolo X, che speriamo abbia finalmente imparato il nuoto a rana, per occuparci solo di L, il quale, invece, come vedremo, è ben lungi dal padroneggiare la nobile arte marziale orientale del Tai Chi.

In realtà, poiché desideriamo investigare i meccanismi di interazione dell'uomo con l'altro uomo, l'esempio della lotta, la quale pone in relazione tra loro persone, si presta meglio alla nostra discussione del caso di X, il quale deve invece trovare un rapporto con l'acqua.

Comprensione della dinamica della lotta, dunque, come chiave della vittoria di L. Comprensione ottenuta, come insegnano le arti marziali, mantenendo la calma, rimuovendo l'impeto emozionale, e agendo con una freddezza la quale deriva dall'astrazione del pensiero di L dalle emozioni.

Cosa succede se invece il processo di comprensione dell'altro non porta alla vittoria?

"Comprendere, contenere in sé, abbracciare, racchiudere; oppure, detto di sentimenti o passioni, sorprendere, invadere, sopraffare (es.: 'quella vista lo comprese di orrore'; 'comprendersi d'amore per una persona')" (dal dizionario enciclopedico).

L, che voleva comprendere l'altro, è stato invece dall'avversario compreso.

Nell'articolo *Intuizioni*, ipotizzavamo che in uno stadio ancora più primitivo di quello dei protisti capaci di scambio di liquido nutritivo descritti da Freud in *Al di là del principio del piacere* (Vol. 9, pag. 233) vi fossero protisti la cui unica prospettiva, all'atto dell'incontro con il loro simile, fosse quella di inglobarlo o di essere da questi inglobati. Impossibile la fuga, per la mancanza di capacità motorie, e impraticabile la comunicazione e lo scambio, per la mancanza dell'arma del pene e dell'apparato che successivamente si svilupperà in quello genitale, l'unico stimolo di questo protista era quello di inglobare il suo simile.

La costruzione dentro di sé di una immagine dell'altro, dicevamo in *Intuizioni*, la comprensione intuitiva dell'oggetto esterno, non sarebbe che il ripetersi di questo impulso arcaico all'inglobamento.

Può darsi che, dicevamo sempre in *Intuizioni*, allo stadio primitivo di sviluppo esemplificato dai protisti, non vi fosse poi uno iato molto grande tra l'inglobare e l'essere inglobato, tra il comprendere e l'essere compreso: un tentativo di inglobamento poteva trasformarsi in una pericolosa operazione nella quale si veniva invece assorbiti, e nella perdita del proprio sé.

All'altro non doveva dunque essere permessa l'invasione indiscriminata del proprio corpo; esso doveva venire sì inglobato, ma essere tenuto un po' a distanza dal sé, essere da questo "rimosso", finché non fosse stato digerito. L'isolamento dell'intuizione dell'altro nell'inconscio ripeterebbe nell'uomo questo percorso primitivo.

Il lottatore sconfitto, L, invece di abbracciare, di comprendere finalmente nella presa della vittoria l'altro, immobilizzato schiena a terra, si ritrova invece da questi abbracciato, compreso, nella situazione opposta.

Sconfitta o vittoria, in quanto fatti non preceduti da parole, sono tuttavia entrambe sempre soluzioni di morte.

Bisogna essere in due per litigare, dice la saggezza popolare. Per fissare le idee, supponiamo comunque che sia L, in un impeto di rabbia, a passare all'azione, aggredendo l'altro, dal quale si è sentito scarsamente considerato, o a sua volta aggredito.

Un impeto di rabbia, una emozione, ha dunque scagliato L contro il suo avversario. L'angelo della rabbia, inizialmente trattenuto in cielo dalla rimozione, è caduto sulla terra, ed è stato sentito da L come emozione.

L si è scagliato contro il suo avversario, ha "fatto" qualcosa, congiungendo, come in un corto circuito si congiungono i due poli opposti di una corrente elettrica, la fredda e astratta rabbia simbolizzata nell'angelo un attimo prima della caduta, con l'emozione corrispondente, improvvisamente sentita in tutta la sua pienezza.

Il "fare" qualcosa, l'agire, sembra richieda sempre questa sorta di congiungimento tra l'astratto e l'emotivo.[16]

L non ha saputo parlare. L'angelo della rabbia è sceso malamente, "caduto" dal cielo da solo, invece di discendere ordinatamente, coordinato e insieme con gli altri angeli.

Invece di una frase, costruita su parole le quali, coordinate insieme dalla sintassi, potessero avere un senso di verità per il suo avversario, è uscita dalla bocca di L una sola parola, deformata nella sua inutilità in un grido, lanciando il quale L si è scagliato contro l'altro.

L'atto di morte è ormai compiuto. Sia che L sia sconfitto, o che risulti vittorioso, il demone della rabbia in cui l'angelo, trasformatosi in emozione nel momento stesso in cui L ha agito, atto eseguito ormai nel passato, invece che differito dalla rimozione nel futuro, è penetrato nel corpo di L.

Richiederà lavoro e pazienza, come insegna il sapere popolare sui demoni, per essere da tale corpo scacciato se mai potrà esserlo del tutto. Le emozioni si possono forse reprimere, non rimuovere, una volta che siano state associate a un atto. Gli angeli caduti, non possono tornare in cielo.

Se L risulta vincitore, si sarà almeno sfogato. Ma il pianto in cui spesso il vincitore si associa al vinto nel lavoro del lutto vuole forse significare che quelle parole non dette prima del fare non potranno, nel sentire comune di due esseri, affiorare alla bocca mai più.

Perché dunque L non è riuscito a parlare? Quale è il senso della frattura avvenuta nell'organizzazione angelica, la quale ha permesso innanzitutto la caduta, l'atto consistente nello sfogo di un'emozione, la verifica come verità interiore di un angelo isolato, di una parola deformata in grido, invece che la discesa ordinata di tante parole, tanti angeli, connessi nella sintassi di una frase?

Perché la barriera eretta dal sé contro l'emozione ha ceduto, obbligando (il sé, dicevamo in *Barriere simboliche di rimozione*, per definizione uno, non può infatti accogliere al suo interno impulsi contrastanti; esso non può restare diviso neanche per un attimo; al messaggio che tende a dividerlo, il sé risponde immediatamente con un atto volto all'ottenimento di una trasformazione del mondo esterno, la quale faccia cessare il messaggio) L all'azione?

---

[16] Su questo tema dell'incontro tra astratto ed emotivo, il quale è necessario per il passaggio all'atto, ci soffermiamo a lungo più oltre nel libro, in particolare nella Parte II.

Se L non ha reagito a un atto immediato di violenza, se non si è scagliato contro l'altro perché da questi fisicamente aggredito, è probabile che la sua aggressione sia maturata lentamente, abbia avuto, diremmo, come un periodo di incubazione, prima di esplodere nell'atto aggressivo. Durante tale periodo, L ha sopportato l'altro, il suo essere e il suo fare. Forse è durante tale periodo di incubazione che L avrebbe potuto parlare all'altro, articolando le semplici parole "Agendo così, mi fai soffrire".

Vi possono essere due motivi per i quali tali parole non hanno potuto essere dette.

Il primo è che a L desse fastidio l'"essere" dell'altro, invece del suo fare; in tal caso, semplicemente, la prima parte della frase, l'"Agendo così", non ha potuto venire articolata, perché l'azione dell'altro non esisteva.

In *La cacciata dal giardino di Eden* si è parlato di Galileo, e della violenza degli inquisitori, il cui problema principale poi era, ed è tutt'oggi (si pensi alle false confessioni di delitti estorte sotto tortura dalle polizie degli stati totalitari) quello di trovare ciò che le loro vittime abbiano "fatto".

Il secondo motivo per cui la frase "Agendo così, mi fai soffrire" non ha potuto essere articolata potrebbe essere che L non abbia voluto aprirsi all'altro nella sua sofferenza. Se L è stato oggetto di violenza da parte dell'altro, l'azione da denunciare ci sarebbe stata, evidente, ma tale azione è specificamente rivolta contro l'"essere" di L, e ha per fine quello di causargli sofferenza. Dire "mi fai soffrire" a siffatto aggressore è controproducente, in quanto semplicemente lo confermerebbe nel successo della sua azione.

Non è possibile dunque, in entrambi i casi, per ragioni diverse, congiungere le due proposizioni "tu agisci così" e "tu mi fai soffrire", nella sintassi di una frase, "agendo così, mi fai soffrire", nella quale il gerundio dell'"agendo" si rivolga a una persona che fa e che potrebbe anche non fare, e l'indicativo del "mi fai soffrire" sia rivolto a un altro il cui desiderio non sia proprio quello di causare tale sofferenza.

Dopo un periodo di incubazione della violenza, L ha infine aggredito l'altro.

Se egli abbia ragione o torto, dipende in ultima analisi dal motivo per cui la frase non ha potuto essere costruita, le parole pronunciate.

Se L ha aggredito perché ce l'ha con l'"essere" dell'altro, possiamo ipotizzare che egli abbia reagito a una paura che covava dentro di sé, quella, in ultima analisi, di essere sedotto.

Tale paura deriva dalla sfiducia nel proprio apparato genitale, e nella capacità del proprio pene, delle proprie "barriere" di rimozione, di difenderlo dall'inglobamento nell'altro. Un senso di inferiorità, una minore capacità di parlare, richiama nella mente dell'aggressore la paura dell'inglobamento e della perdita del proprio sé. L'aggressore si sente attratto dall'aggredito, teme la seduzione esercitata da questi su di lui.

Occorre regredire a forme di rapporto con l'altro precedenti lo sviluppo dell'apparato genitale, nelle cui potenzialità L non ha fiducia.

La disponibilità dell'altro al dialogo, la sua apertura, quale quella di una vagina femminile pronta a comprenderlo e assorbirlo, è ciò che lo turba di più. Basta con la parola, pensa convulsamente l'aggressore, basta con l'erezione delle barriere di rimozione, basta con l'organizzazione di tali barriere simboliche in teorie che possano essere comunicate all'altro tramite il linguaggio, basta con la genitalità. Tu non mi rispetti come uomo, pensa l'aggressore, tu non hai considerazione del mio pene; tu vuoi avere un rapporto sessuale con me invece che con una donna; tu sei un "omosessuale", diceria che spesso si diffonde nei gruppi di ragazzi, i quali aggrediscono un loro compagno preso come "capro espiatorio".

Chi ha scarsa considerazione del proprio pene, dell'efficacia delle sue barriere che potrebbero nella loro soluzione consentirgli la conoscenza vera dell'altro, è invece proprio l'aggressore il quale, abbandonando la genitalità e la parola che immette tramite l'interpretazione a un rapporto di conoscenza vera con l'altro, regredisce a forme di rapporto più primitive.

Il pene, si diceva in *Intuizioni*, è un congegno molto sofisticato. Barriera tra il sé e l'altro eretta a proteggere il sé dall'assorbimento, esso contiene però anche il nutrimento sessuale per l'altro; saziato questi nell'atto della conoscenza, l'erezione può cessare, la barriera eretta per fronteggiare il problema fino a un attimo prima costituito dall'altro risolversi in una emozione di completezza e piacere.

È probabile che tale congegno così sofisticato non sia stato il primo a essere emerso sulla superficie del protista, confrontato col problema dell'altro costituito dal mondo esterno al sé.

Prima del pene, possiamo pensare che esistesse un organo il quale poteva sì ergersi a difesa del sé e ad attaccare l'altro, a percuoterlo, quale le nostre attuali mani, ma senza celare in esso il nutrimento per l'altro. Percuotendo il proprio simile, mini fratture nella pelle di questi si aprivano, dalle quali sgorgava un nutrimento sessuale per il sé.

La regressione dalla genitalità a una sessualità di tipo sado-masochistico, il passaggio alla violenza, il tirare un pugno all'altro, ripercorrerebbe a ritroso, nell'uomo di oggi, il cammino dell'evoluzione delle specie che ha portato il protista, inizialmente dotato solo di una mano con la quale sferrare il pugno, a possedere anche un pene, barriera che, proteggendolo nella sua erezione dall'altro, consente, con la soluzione di tale erezione nell'atto della conoscenza, di parlare con questi, invece che aggredirlo fisicamente.

Siamo dunque arrivati alla violenza, al pugno sferrato da L contro l'altro. Volevamo arrivare alla malattia psichica dell'uomo, e ci accorgiamo di esserne ancora lontani. Gli scontri fisici, specie tra adolescenti, sono abbastanza frequenti, e, per quanto condannati, sono considerati come fisiologici dal mondo adulto. Non si manda il figlio dallo psicoterapeuta per il semplice fatto di essere passato alla violenza nei confronti di un suo coetaneo; si tende a pensare invece: "avrà avuto le sue buone ragioni".

Più che alla malattia psichica, tale genere di violenza porta, salvo casi eccezionali, al massimo a una lieve malattia fisica, qualche livido sul corpo dei contendenti, che presto svanirà, insieme coll'instaurarsi di una percezione della realtà dell'altro col quale, pur diverso nel sentire, L prende atto di dover in qualche modo convivere nella società umana.

I due contendenti si associano spesso dopo lo scontro fisico in un pianto, l'inizio di un lavoro del lutto, nel quale essi "poco per volta" (come dice Freud in *Lutto e melanconia*, 1915, Vol. 8, pag. 104) scaricano le emozioni fastidiose che insorgono in connessione col risultato dell'"esame di realtà", il quale "ha dimostrato che l'oggetto amato", o l'oggetto che si pensava di poter amare, col quale si pensava di poter parlare in un contatto basato sull'erezione di barriere e sulla loro soluzione nel sentire comune cui giungere tramite la parola, "non c'è più" o non è da sempre esistito, se non nella fantasia del proprio sé.

Vogliamo ora cercare la strada la quale, invece che al "fisiologico" lavoro del lutto effettuato dal sé per fare i conti con l'"esame di realtà" della diversità del sentire dell'altro (le parole tra virgolette si riferiscono a termini e concetti discussi da Freud nel citato *Lutto e melanconia*) porta appunto alla malattia psichica della depressione e alla melanconia.

Il discorso si complica; speriamo che la Figura 1 (pag. 65) possa aiutare il lettore interessato a seguirne il filo. Le figure meno delle parole richiamano alla necessità di interpretare, creando, il messaggio rivolto al proprio sé dall'altro, e tuttavia il lettore può considerare la figura come uno schizzo, tracciato per sua comodità, e atto a essere restituito, certamente modificato e interpretato dal proprio sentire. La figura ci sarà di ausilio in tutta la discussione che segue in questo articolo. Tuttavia non tutto ciò che si vede nella figura verrà analizzato e interpretato nell'articolo.

Abbiamo visto sopra L fare a pugni con un proprio compagno. Sarà tuttavia capitato al lettore, a volte, di incontrare persone dal carattere fragile, sensibile, timido e timoroso, alle quali risulta difficile reagire alle offese ricevute. Introduciamo dunque un nuovo personaggio, chiamiamolo M., e supponiamo che questi, essendo stato sbeffeggiato e umiliato in pubblico, non sia riuscito a trovare la forza per reagire. Per fissare le idee, possiamo pensare a M. come un ragazzo vittima di "mobbing" e fatto oggetto di violenza da parte dei suoi compagni di classe.

M., fatto oggetto di "mobbing" e di violenza, invece di reagire con violenza, si è ammalato di melanconia.

Il collasso dell'organizzazione angelica è avvenuto, le parole non hanno potuto essere pronunciate, ma un angelo, ancorché isolato, non è disceso dal cielo provvedendo il contenuto emotivo di "verifica interiore" indispensabile a M. per compiere l'atto di sferrare un pugno all'avversario.

L'angelo che avrebbe permesso a M. di compiere questo atto di violenza non ha potuto scendere. Evidentemente i legami che lo tenevano in cielo connesso con gli altri angeli erano troppo forti. Non era così semplice per M. rinunciare alla frase, alla conoscenza vera con l'altro, all'organizzazione genitale del suo sentire. Gli angeli dovevano scendere coordinati dal cielo, ancora legati tra loro, sulla terra sì, ma uniti nella sintassi di una frase.

M. non ha potuto, o voluto, accettare che ne scendesse soltanto uno.

La Figura 1 dovrebbe servirci come supporto per trovare una spiegazione del perché sia risultato apparentemente impossibile a M. rispondere con un atto all'atto, con la violenza fisica alla violenza, e del perché in qualche modo M. abbia ritenuto più vantaggioso per sé ammalarsi di una malattia psichica, piuttosto di reagire con la violenza alla violenza, rischiando tuttalpiù una lieve malattia fisica, qualche livido sul suo corpo e su quello degli altri.

M. è dunque troppo legato (si sente, come si dice, "impacciato") alla necessità di mantenere il livello genitale di organizzazione del suo sentire.

Desidera troppo conseguire con l'altro una conoscenza vera, sentire con l'altro usando il dono della parola.

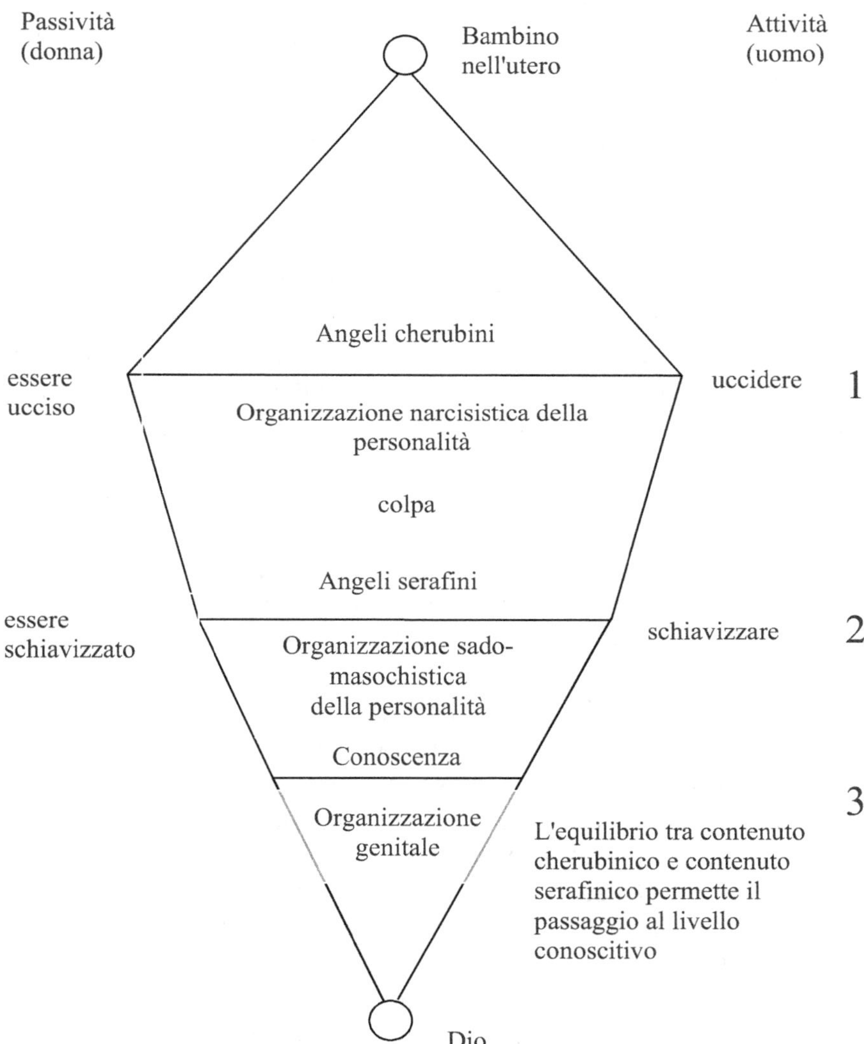

Figura 1: Lutto, melanconia, giustizia

Seguiamo, come ci ha insegnato a fare Freud, lo sviluppo individuale, o "ontogenesi", del bambino, in parallelo con lo sviluppo, nel corso dell'evoluzione della vita sulla terra, della catena di esseri viventi ("filogenesi") che all'uomo ha infine condotto ("l'ontogenesi è una ricapitolazione della filogenesi", è l'enunciato di una legge biogenetica).

Appena creata la vita sulla terra, il protista si ritrova solo, semplice animale unicellulare, privo di organi di comunicazione e possibilità di movimento. La sua vita sessuale, il suo scambio col mondo esterno, è di carattere sostanzialmente autoerotico, narcisistico: sostanze si depositano spontaneamente sulla superficie del protista, il quale, leccando il proprio corpo, e amandolo, si nutre.

Nel corso dell'evoluzione, in questo animaletto elementare (il lettore ci scuserà se continuiamo a chiamare "protista" l'animaletto, anche se il suo corpo deve ormai essere composto da diverse cellule) spunta un semplice organo, che successivamente si evolverà nel pene, ma che per il momento è solo una protuberanza, in grado di irrigidirsi in un'erezione atta a difenderlo dall'assorbimento nell'altro.

Ciò che il protista teme maggiormente, è la castrazione di quest'organo, preludio al suo inglobamento nell'altro e alla sua uccisione. Castrazione come sinonimo di uccisione, dunque.

Un altro piccolo passo avanti nell'evoluzione, e compaiono altri organi, i quali consentono al protista l'acquisizione di capacità motorie autonome.

Questi nuovi organi hanno anche una rilevanza per le funzioni che adesso vengono assegnate all'organo antesignano del pene. Dotato il protista di capacità motorie, questo pene primitivo può ora essere usato anche come arma di attacco, la quale, scagliata contro la superficie dell'altro, genera su questa mini fratture dalle quali sgorga nutrimento sessuale per il sé. Questo rapporto violento è in realtà il primo rapporto con l'altro dopo l'abbandono della solitudine costituita dall'autoerotismo.

Percuotendo lo schiavo ebreo (Esodo 2,11), la guardia egizia, ancora ignara dell'amara fine che la presenza di Mosè alla scena gli avrebbe riservato, riaffermava il diritto di schiavizzare l'altro. Percuotendolo, voleva ottenere dallo schiavo maggiori prestazioni lavorative, e, in ultima analisi, maggior nutrimento.

La vita sessuale dunque di questo protista più evoluto, che possiede una qualche capacità di movimento, ma il cui pene non contiene e non dà nutrimento all'altro, è di carattere sado-masochistico.

Percuotendo l'altro (sadismo), l'organismo si procura il proprio cibo tramite l'apertura di fratture sulla superficie dell'altro.

Se invece dall'altro l'organismo viene percosso (masochismo), è probabile che l'organo che lo percuote, antesignano del pene, liberi comunque, nella fisicità della sua azione, sostanze nutritive. Anche essendo picchiati ci si può nutrire; essere picchiato, per il masochista, è piacevole.

La schiavitù è preferibile alla morte, come sembra non si stanchino di ripetere a Mosè gli ebrei appena usciti dall'Egitto, e in cammino attraverso l'ambiente ostile del deserto.

Meglio schiavi e masochisti, ma proprio da questa logica di schiavitù e masochismo nutriti in terra di Egitto, che uccisi (castrati, come si diceva a proposito della equivalenza tra i concetti di uccisione e castrazione per il protista sulla superficie del quale era iniziata ad apparire la protuberanza che si svilupperà nel pene) nel deserto.

Finalmente, nel corso dell'evoluzione del protista, l'organo che aveva la funzione di difendere e di percuotere si sviluppa in un pene, capace di difendere dall'inglobamento nell'altro, ma anche, rilasciando nell'atto della conoscenza liquido nutritivo, all'altro di dare, così consentendo l'organizzazione genitale della sessualità.

Il bambino nella sua breve vita ripercorre la storia della catena evolutiva che all'essere umano ha portato nel corso dell'evoluzione delle specie.

Creata la vita sulla faccia della terra, il protista si ritrova, dicevamo, solo al mondo, i suoi rapporti col quale consistono solo nel depositarsi naturale di sostanze sulla propria superficie, che egli ama in un rapporto narcisistico e autoerotico.

Il bambino, creato nell'utero di sua madre, ha, dentro l'utero, tutto a sua disposizione.

Una volta nato, una volta che il mondo è stato per lui creato, tra le braccia e sul corpo della madre trova ogni sua necessità.

In fondo, però, anche il bambino, come il protista primitivo, è solo; egli non ha contatti con altri bambini, trova tutto nel corpo e tra le braccia di sua madre, e, come spesso accade anche nel mondo adulto, le persone che hanno tutto sono spesso le più sole.

Per il bambino appena nato il mondo esterno è la madre. Come lui è un po' ancora parte di sua madre, così sua madre è un po' parte di lui, per cui il rapporto del bambino con la madre è anch'esso, come quello del protista primitivo, autoerotico. Siamo al livello 1 indicato in figura (in figura troviamo indicati tre livelli, da 1 a 3, che dividono tra loro due tondini, uno in alto, denominato "Bambino nell'utero", e uno in basso).

L'interesse per il proprio pene compare presto nel bambino, insieme con il terrore edipico della castrazione dell'organo (l'arcaico terrore di venire uccisi).

Il terrore reale della vita del protista primitivo di venire ucciso una volta castrato il proprio organo che lo proteggeva dall'inglobamento, ricompare nel bambino (il quale percorre nel suo sviluppo l'evoluzione della catena di esseri viventi che a lui ha portato con l'evoluzione delle specie) sotto forma però di fantasia inconscia {1}.

Diventati più grandicelli, si inizia a giocare con gli altri bambini.

In questa fase, il narcisismo originario viene come abbandonato, e la sessualità inizia a orientarsi verso un'organizzazione sado-masochistica.

I giochi di acchiapparsi, come quelli basati sulla competizione ginnica, delineano un comportamento competitivo con l'altro, interpretabile come volto a stabilire chi sarà il percuotente e chi il percosso, chi, nella società dei grandi, il dirigente e chi l'impiegato, chi il padrone e chi lo schiavo. In questi giochi, mani e piedi sono gli organi più usati. Siamo al livello 2 indicato in figura.

Il pene continua comunque sempre anche in questa fase a interessare il bambino; riferimenti all'organo sono inclusi in modi di esprimersi verbali degli adolescenti (in genere censurati dal perbenismo), e rimandano al ruolo importante che l'antesignano del pene aveva nel sadismo e nel masochismo di esseri più primitivi.

Anche in questo stadio di sviluppo, ciò che per il protista primitivo è stato un terrore reale, quello di venire "posseduto" dall'altro, il quale effettuava tale violenza introducendo l'organo antesignano del pene nel corpo della vittima, compare nel bambino moderno come la terrorizzante fantasia edipica[17] di essere penetrato dal di dietro dall'altro (dal proprio padre), fantasia che però rimane inconscia.

Infine, con l'ingresso nella maggiore età, tende ad affermarsi l'organizzazione genitale della sessualità, e il tentativo di instaurare con l'altro un rapporto di piena e reciproca soddisfazione.

---

[17] Utilizziamo il linguaggio freudiano e il concetto di "fantasia", cui Freud assegna un ruolo tanto rilevante nella vita psichica dell'uomo. Indichiamo tuttavia al lettore che tali teorie freudiane sono state criticate, e sono ormai smentite e superate in particolare dagli studi di Alice Miller, sui quali ci soffermiamo a lungo, più oltre, nel libro (vedi Alice Miller, *Il bambino inascoltato*).

Il rapporto tra i due esseri è ora ricercato tramite l'erezione di barriere di rimozione e la loro soluzione nella conoscenza reciproca che immette a un sentire comune, il livello 3 della figura.

Essere ucciso e essere schiavizzato, dunque, i due terrori più antichi dell'uomo.

La castrazione ci rimanda alla spada dell'angelo Cherubino, posto a guardia del giardino di Eden dopo la cacciata dell'uomo.

In ebraico la parola cheruv (cherubino) ha un'assonanza con il verbo licro'a, lacerare, tagliare.[18]

Fuggito dall'Egitto dopo aver ucciso la guardia che percuoteva lo schiavo ebreo, Mosè, pascolando il gregge, sale sul monte Sinai, e ivi vede un arbusto che brucia senza consumarsi (Esodo 3,2).

I commentatori interpretano tale arbusto come una rappresentazione simbolica del popolo ebraico ridotto in schiavitù, nella quale questi è sfruttato, ma ciò nonostante sopravvive (l'arbusto non si consuma).

Bruciare si dire in ebraico lisrof, e, questa volta, la parola ha proprio la stessa radice di seraf, angelo serafino[19].

Così nella figura gli angeli cherubini sono riportati al livello del complesso di castrazione e uccisione, e gli angeli serafini al livello del complesso di essere penetrati e ridotti in schiavitù.

Nel Testo Biblico l'angelo cherubino posto a guardia del giardino di Eden minaccia un'azione attiva, quella di castrare.

Se il roveto ardente del Sinai è un angelo serafino, tale angelo simbolizza un'azione passiva, l'atto subìto dal popolo ebraico, schiavizzato dagli egizi {2}.

Mosè dunque vede la guardia egizia che percuote lo schiavo ebreo. Egli si identifica, in quanto appartenente al suo stesso popolo, con l'essere che viene percosso; è come se a essere picchiato fosse lui.

Perché a questo punto Mosè non risponde alla violenza con una violenza proporzionale, percuotendo a sua volta la guardia egizia, invece di ucciderla?

Non avendo fiducia nell'uso della parola, perché Mosè non passa nella figura dal livello 3 (quello della conoscenza), al livello 2 (quello della violenza fisica), e invece salta direttamente al livello 1 (quello dell'uccisione)?

---

[18] Parliamo semplicemente di "assonanza". Le due parole non hanno radice uguale.

[19] Per la verità nel Testo si parla di un "inviato" (malach) del Signore in una fiamma di fuoco in mezzo a un roveto, e non è usata la parola "seraf", serafino. Riteniamo che ciò sia connesso con la distinzione, che introdurremo nella seconda parte del libro, tra i due concetti di "rimozione" e "repressione" di un impulso. Per ragioni di economia generale del lavoro, l'argomento non verrà tuttavia considerato oltre in questo libro.

La ragione sta forse nel troppo amore che Mosè aveva per il livello 3, per la conoscenza vera dell'altro, basata sull'organizzazione genitale della sessualità.

Il rispetto così grande che Egli aveva per la persona umana, gli faceva aborrire il passaggio dalla forma di rapporto della conoscenza a quella, di livello inferiore, della violenza.

Prima di continuare, ci ricordiamo di M., che avevamo lasciato sopra, ponendoci lo stesso interrogativo. Perché M. non ha sferrato un pugno a chi lo sbeffeggiava in pubblico? Questi in fondo lo prendeva soltanto in giro, lo "penetrava dal di dietro", come dicevamo, regredendo dal livello 3 della conoscenza al livello 2 della violenza schiavizzante. Un pugno sarebbe stata una risposta sullo stesso livello, e avrebbe forse evitato a M. di ammalarsi di melanconia.

Quando, ad esempio, due ragazzi fanno a pugni, il dolore, salvo casi eccezionali, non dura a lungo. Si è detto come il pianto in cui spesso vincitore e vinto si associano dopo la scazzottata segni l'inizio di un lavoro del lutto, nel quale essi poco per volta portano a termine l'esame della realtà di un altro, che molto simpatico evidentemente a loro non era (se si sono presi a pugni), ma con la cui diversità da sé alla fine riescono comunque a fare i conti e a convivere.

Se il lutto è da considerare fisiologico, possiamo ipotizzare che quella che è considerata la patologia della melanconia derivi appunto dal salto di un livello, dal passaggio dalla conoscenza genitale all'isolamento dell'autoerotismo, senza passare, tramite il lavoro del lutto, dalla presa di coscienza della realtà dell'altro.

Il melanconico, ci dice Freud in *Lutto e melanconia*, ha perso qualcosa, ma non è cosciente, non vuole diventare cosciente preferiremmo dire noi, di ciò che ha perso, non vuole "costituire la realtà" della perdita dell'oggetto, non vuole costituire la realtà dell'altro.

Perché dunque tanto trambusto? Mosè, che poteva vivere, nonostante la sua condizione un po' particolare di figlio adottivo, negli agi della corte egizia, mette in piedi un'operazione sociologica, organizzativa e militare allo stesso tempo, che non ha uguali nella storia dell'umanità.

Perché regredire dal livello 3 al livello 1, invece di accettare quel po' di violenza nel sociale, che tra l'altro non tocca lui direttamente, in quanto principe di corte?

"Svegliati, impara a vivere, il mondo è sempre stato così e così sempre sarà, non tormentarti per esso!", avrebbe detto a Mosè quasi qualunque padre.

Cerchiamo dunque di fornire una risposta al perché.

Il livello 3, quello della conoscenza basata sull'organizzazione genitale della sessualità, è più vicino in figura al livello 2, quello dell'organizzazione sado-masochistica. Col livello 1 ha però in comune la maggior vicinanza a un tondino.

Il livello 1, quello dell'organizzazione narcisistica della personalità, è vicino al 'Bambino nell'utero della madre'.

Nel livello 3 l'uomo usa le barriere simboliche di rimozione per conoscere l'altro, ed "essere" quindi nell'altro in maniera non violenta (cioè non con un pugno), in un comune sentire. In quanto consente all'uomo di "essere" nell'altro, sentendo insieme a lui, la conoscenza vera basata sull'organizzazione genitale della sessualità situa l'uomo più vicino a Dio, il quale, almeno prima di contrarsi per creare il mondo (tzimtzum), è in ogni cosa.

Mosè rifiuta la logica della violenza.

Giudice rigoroso, sa che l'accettare la logica del violento, il mettersi al suo stesso livello, sarebbe già concedergli la vittoria, anche se questi poi fosse sconfitto sul piano dello scontro fisico.

"Voglio che tu mi 'senta'!", intima prepotentemente il malvagio al giusto la cui pulizia etica non può sopportare. Sentiti anche tu nudo, fai emergere alla tua coscienza il sado-masochismo edipico; trattami male, in modo da imparare anche tu che si può vivere da astuti e da malvagi.

Vedi come posso farti soffrire, dice il malvagio al giusto, proprio a causa del fatto che ti rifiuti di rinunciare alla tua tensione verso Dio, all'unitarietà del tuo sentire, unitarietà che ti ostini a perseguire non abbandonando la ricerca della conoscenza vera con me, del sentire comune con me, sentire comune che io, dice il malvagio, per parte mia rifiuto con un atto del mio libero arbitrio nel quale effettuo una scelta di male?

Non si può soffrire, differire, rimuovere per sempre. Alla fine un atto il giusto deve pur compierlo.

Ma la risposta di Mosè è l'estrazione della spada, invece che il pugno che l'avversario si aspettava e al quale era pronto a reagire.

Se non posso conoscerti in una soluzione di conoscenza vera, basata sulla genitalità e sul rispetto delle mie e delle tue barriere, non mi interessa alcuna altra forma di pseudo-conoscenza, come quella basata sul sentire sado-masochistico, che tu mi proponi. Tu per me sei come un essere inanimato, ti uccido.

Rinunciando alla presenza dell'altro, piuttosto che scendere al livello di violenza di questi, compiendo una scelta di solitudine e di interruzione delle comunicazioni con l'altro, il giusto ritorna a un'organizzazione narcisistica e autoerotica.

Tale regressione, nella quale il malvagio lo ha fatto ricadere, lo riporta a un'organizzazione del sentire che è comunque più unitaria di quella sado-masochistica cui questi aveva invece intenzione di ricondurre il giusto.

Con l'altro, col politeismo egizio, Mosè non può entrare in una comunicazione vera. Invece di mettersi al suo stesso livello, interrompe ogni tentativo di comunicazione con tale mondo, rappresentato dalla guardia che uccide. Gli si dice "sono stufo di soffrire per te!".

Non poteva e non voleva Mosè uccidere tutti gli egiziani.

Dopo l'atto, dopo la discesa dal cielo dell'angelo cherubino con la spada che castra e uccide, invece, come si aspettava e desiderava il malvagio, di un angelo serafino (un pugno) connesso con una comunicazione di livello sado-masochistico cui voleva degradare il giusto, Mosè fugge solo verso il monte Sinai.

Il suo sentire è turbato, l'atto dell'uccidere lo ha comunque scosso.

A Mosè non piacciono le regressioni, gli angeli che scendono da soli, quand'anche siano cherubini di giustizia.

Non è d'altronde completamente corretto neanche dire che l'angelo cherubino sia sceso dal cielo da solo. Un attimo prima di estrarre la spada, ha avuto, possiamo supporre, come una visione. Un altro angelo è sceso un attimo prima del cherubino, un'immagine fredda, priva di emozioni, in cui egli ha visto sé stesso nella posizione edipica, penetrato dalla violenza sadica del mondo. La mancanza di emozioni provate all'apparire di tale immagine è la ragione, possiamo supporre, per cui Mosè non ha potuto rispondere alla violenza schiavizzante della guardia egizia con un atto posto al suo stesso livello, ma ha dovuto uccidere.

Mosè, nella sua sete di giustizia, non ha potuto porsi sul livello del male.

Proprio il non poter sentire il male, il rifiutarsi di sentire come sentono gli altri, invece che insieme con l'altro, in una conoscenza vera di questi, gli ha permesso però di intuire meglio le ragioni profonde della scena cui stava assistendo. Come il lottatore esperto di arti marziali non sente emotivamente l'aggressore, ma organizza le rimozioni delle sue emozioni in una comprensione intuitiva fredda della dinamica della lotta, la quale gli consente infine di prevalere sull'avversario, così il rifiuto del male, della regressione del proprio sentire al livello sado-masochistico, gli ha permesso di vedere meglio l'altro, e l'immagine dell'angelo serafino che, nell'agire violento della guardia egizia, era caduto sulla terra.

Mosè, si diceva, è turbato. Due angeli, l'uno portatore di schiavitù, e l'altro di morte, sono caduti dal cielo.

Per il suo rifiuto di sentire il male, ora Mosè rischia la depressione, come quella in cui cade il melanconico, che rifiuta di costituire la realtà della perdita dell'oggetto di bene.

Mosè è troppo giusto, troppo lucido per rinunciare a capire ciò che è accaduto e ciò che sta accadendo.

Torna a cercare l'incontro con l'altro, anche se la sfiducia per l'egizio gli rimarrà nel cuore per tutta la vita. Prende moglie; è forse un tentativo di ricucire lo strappo con l'altro, di riannodare il discorso della conoscenza. Ma lo vediamo continuare ad aggirarsi solo e inquieto col suo gregge tra le sabbie del Neghev[20].

Prima della parola, infatti, un'altra visione Lo attende sul monte di Dio.

Se all'atto dell'uccisione dell'egizio era sceso dal cielo un cherubino, ora un angelo serafino brucia senza consumarsi nel roveto ardente.

Il popolo ebreo, schiavizzato e maltrattato, nella schiavitù non si consuma.

Riesce a sopportare il dolore infertogli dalla violenza degli egizi senza estrarre la spada. La forzata rinuncia a un rapporto di conoscenza con gli aguzzini è mitigata dal fatto che gli schiavi non sono soli nella loro sofferenza, ma possono, come popolo, conoscersi e parlarsi tra di loro.

La prospettiva di non essere più solo, isolato alla corte egizia, lontano dal suo gruppo di appartenenza, che forse stentava perfino a considerarlo uno di loro, apre di nuovo la strada alla parola, la quale fende il silenzio del deserto.

"Fai uscire il mio popolo dall'Egitto", è il comando di Dio dato a Mosè.

Parla, finalmente riunito col tuo popolo, esprimendo in piena coscienza un giudizio di condanna.

Nella piena coscienza della condanna di un politeismo ormai divenuto insopportabile, il popolo ebraico esce dall'Egitto a testa alta.

Esce non uccidendo con la spada, ma, ci dice il Testo, "spogliando" i suoi aguzzini, i quali tuttavia offrono spontaneamente doni agli ebrei (Esodo 12,36).

---

[20] Con il permesso del lettore, ci prendiamo la libertà di localizzare il Monte Sinai nel deserto del Neghev, in accordo con le recenti ricerche dell'archeologo Emmanuel Anati. Vedi Emmanuel Anati, *La montagna di Dio : Har Karkom*.

È la necessità di espiare un senso di colpa che fa apparire questi ultimi improvvisamente così simpatici agli egizi? Vi è inoltre un accostamento apparentemente assurdo, dono - spogliare. L'assurdo va interpretato, tenendo conto della bontà del Testo Biblico, la quale non può essere messa in discussione.

Condannato coscientemente, tramite la parola, invece che ucciso da un'azione, a colui che offende basta offrire un semplice dono per recuperare la propria tranquillità ed espiare la propria colpa.

L'offeso, rinunciando all'atto dell'uccisione in favore della parola della condanna, ritorce la schiavizzazione subita sull'altro.

Viene ricompensato dal dono, l'atto del quale, d'altronde, offerto con gioia dal colpevole, risulta infine liberatorio per entrambe le parti, le quali possono lasciare con serenità il rapporto regressivo basato sui fatti di male, in favore di un recupero della parola e del bene.

La condanna cosciente, la quale permette di uscire dalle relazioni senza uccidere dentro di sé, e a volte anche nei fatti, fuori di sé, l'altro, fa insorgere nel condannato il senso di una colpa, di una mancanza la quale può infine essere colmata tramite un semplice dono.

Per esprimere una condanna, invece di uccidere, è necessario tuttavia che il violentato non sia solo {3}. Lo sapeva bene un altro transfuga, Abramo, cui, generazioni prima, il Signore ripeteva che la sua discendenza sarebbe stata numerosa come le stelle del cielo.

Note a Lutto, melanconia, giustizia

nota 1

L'inconscio deriva dal passato dell'essere.

Di fronte al messaggio proveniente dall'oggetto esterno, l'erezione di barriere da parte del sé, si diceva in *Intuizioni*, è un riflesso condizionato. L'individuo cresciuto nel passato in un ambiente difficile e ostile tenderà a essere più chiuso e diffidente della persona cresciuta in un ambiente aperto e amoroso; la sua ritrosia al contatto, della quale non gli si può fare una colpa, è un riflesso condizionato delle sue esperienze, della sua storia personale, del suo passato.

Oltre che dal passato personale del bambino, dalla sua ontogenesi, dobbiamo evidentemente ora concludere come l'inconscio provenga anche dal passato di tutta la catena evolutiva che ha portato al bambino, cioè dalla sua filogenesi.

nota 2

Se il roveto ardente del Sinai è un angelo serafino, tale angelo simbolizza un'azione passiva, l'atto subìto dal popolo ebraico, schiavizzato dagli egizi.

L'angelo, dunque, sospeso in cielo dalla rimozione, rimuove proprio la pulsione ad agire violentemente contro l'aguzzino; rimuove, e in tale rimozione simboleggia, la reazione violenta contro l'altro.

Dall'haftarà[21] di Ithrò (Isaia 6,1-2): "...ho visto il Signore alto sul Trono, e i suoi lembi riempiono il tempio. Serafini stanno in piedi sopra di lui, ciascuno di essi con sei ali; con due si ricoprono la faccia, con due i piedi, e con due volano".

L'atto violento è dunque rimosso: due ali servono al serafino per restare in cielo.

Cosa vuol dire rimuovere l'atto violento?

---

[21] Porzione dei Profeti che si legge dopo la lettura della porzione settimanale del Pentateuco.

Vuol dire anzitutto non usare i piedi per portarsi vicino all'avversario (nel protista sado-masochista, animaletto ideale che abbiamo ipotizzato ai primordi della catena evolutiva della vita, la presenza di organi che consentano il movimento verso l'altro è condizione necessaria perché di violenza si possa parlare). Due ali coprono così i piedi del serafino, il movimento del quale è "censurato" dalla rimozione rappresentata appunto dalle ali.

Ora, pensando all'uomo e in analogia con la copertura dei piedi, ci aspetteremmo che le rimanenti due ali del serafino coprissero le mani, gli organi, che, una volta avvicinato l'avversario, servono a colpirlo. Le due ali, invece, dice il Testo, coprono la faccia dell'angelo. Possiamo uscire da questa difficoltà tornando all'animaletto primitivo che, a favore del sado-masochismo, ha abbandonato la solitudine autoerotica e narcisista. In esso, ricordiamo, ipotizzavamo la presenza di un organo, antesignano del pene, cui era delegata la funzione di colpire l'avversario.

Ora una soluzione al problema del perché il serafino si copra il volto potrebbe essere che tale organo, nel corso dell'evoluzione, sia diventato, negli animali superiori, il naso.

Il passato non scompare mai completamente e forse il pene che si affloscia nell'atto della conoscenza ha sostituito solo gradualmente l'altro organo, suo antesignano, che non era capace di dare nutrimento all'altro, ma che d'altronde non si afflosciava.

Così parallelamente al comparire del pene moderno un pene più antico, cui la natura non voleva rinunciare, si sarebbe evoluto nel naso. "af adonai", il furore del Signore, è il naso del Signore. Quest'organo, da cui l'animale superiore può oggigiorno espellere l'aria con una certa violenza, era forse in tempi remoti un'arma di attacco. L'identificazione naso - pene, si ritrova d'altronde nelle analisi di pazienti descritte da Freud in *Feticismo* (1927, Vol. 10, pag. 491), mentre sul problema del 'naso' esiste tutto un carteggio tra Freud e il suo amico Fliess, carteggio che, pur forse nella sua frequente sconclusionatezza, testimonia dell'interesse che l'organo del naso suscitava in Freud.

Così il serafino, sospeso in cielo da due ali, con ali copre gli organi della violenza rimossa, i due piedi e, nel volto, il naso.

Solo un artista geniale, ispirato magari da un sogno, avrebbe potuto rendere con tanta grazia figurativa l'immagine della rimozione della violenza sado-masochistica rappresentata dal serafino.

nota 3

La necessità che ha l'individuo di non trovarsi solo di fronte al male è illustrata nell'opera di Alice Miller.

La persona che subisce violenza deve avere al proprio fianco un "Testimone Consapevole", la cui presenza le consenta di condannare il torto subìto, così risolvendo il trauma.

Sulla importante opera di Alice Miller, la quale è intimamente connessa con i concetti della teologia, ritorniamo con note nel corso del libro.

La colonna di nube e la colonna di fuoco

Durante il giorno il Signore cammina davanti al popolo che esce dall'Egitto in una colonna di nube per indicare loro il cammino (lanchotam haderech). Durante la notte in una colonna di fuoco, per far loro luce (lehair lachem), in modo che potessero marciare giorno e notte (Esodo 13,21).

Dio, si diceva in *Lutto, melanconia, giustizia,* assiso al centro del coro degli angeli, le rimozioni e le sofferenze del popolo ebraico, ha organizzato le parole, i simboli di dolore, in una frase esprimente un giudizio di condanna, a seguito della quale, nella piena coscienza del sé, il Suo popolo esce finalmente dalla terra dell'oppressione e del politeismo.

Il popolo, con Mosè, ha appreso a parlare. Un angelo cherubino, la colonna di nube, e un serafino, quella di fuoco, si alternano alla sua guida ordinatamente, come la notte si alterna al giorno, come, nel respiro, l'espirazione segue inevitabilmente all'inspirazione. Mentre è notte non è giorno, mentre si espira, non si inspira l'aria.

Il rapporto, reso cosciente dalla parola, con l'altro richiede un equilibrio di attività e passività, quasi che la coscienza basata sulla parola fosse una sintesi dei due stadi che la precedono in Figura 1 di *Lutto, melanconia, giustizia,* (pag. 65), lo stadio della solitudine, e quello della violenza.

Se la solitudine è procurata dall'angelo cherubino, che, spada in pugno, agisce tranciando i legami con l'altro percepito come violento, la percezione di tale violenza viene intuita in un angelo serafino, il quale si manifesta con una immagine, è Dio che rischiara la via (lehair lachem), e permette di vedere, come nel roveto ardente, la passività della schiavitù.

Il rapporto con l'altro richiede di consentire almeno un poco a questi la penetrazione nel proprio sé. Esso è reso possibile solo da una qualche misura di passività, nella coscienza che non della passività dello schiavo si tratta, ma della disponibilità dell'uomo libero, in grado di impugnare la spada dell'angelo cherubino qualora l'intuizione dell'altro come violento richieda il troncamento della relazione.

"Agendo così, mi fai soffrire", è necessario poter dire all'altro da uomo libero, qualora il tentativo di integrare nel mio sé un comportamento di questi irrispettoso del mio passato, di ciò che sono, provochi in me una sofferenza, con la quale posso resistere solo per un tempo limitato, soffrendo per me e per l'altro, alla frattura che l'altrui comportamento penetrando in me tende a generare.

L'altro sta di fronte al popolo ebraico che marcia libero a testa alta.

Davanti al popolo, la colonna di fuoco è un simbolo dell'accoglimento dell'altro in sé, quella di nube che, nella foschia generata, pur mostrando anch'essa la via, rescinde il rapporto con l'altro, è il simbolo della possibilità dell'uomo libero di troncare un rapporto per il quale non valga più la pena di soffrire.

Nella calma, la quale sola consente l'espressione della parola, nella regolarità di un respiro che immette l'aria nei polmoni, permettendo al mondo esterno di entrare in sé, e restituisce quindi l'aria immessa, ma modificata all'interno di sé, così come la risposta all'altro data tramite la parola interpreta, modificandole secondo il proprio sentire, le altrui parole, il popolo ebraico marcia a testa alta.

Una simile calma non regna evidentemente alla corte egizia.

Si sa come i governanti delle nazioni siano così spesso, anche se non sempre, peggiori del popolo che sono chiamati a dirigere.

Se al popolo egizio gli ebrei, con i quali si sono riconciliati con dei semplici doni, sono ormai simpatici, un gran trambusto regna sovrano a palazzo.

"Gli ebrei sono fuggiti", si agitano gridando i funzionari di corte, e il faraone ritiene di non poter evitare di lanciarsi all'inseguimento dei "fuggitivi" trascinandosi dietro tutta la cavalleria.

Il faraone si ritiene molto astuto (arum); come tutte le persone astute guarda nel futuro, e sulla base di questo futuro, che prevede, come crede, con precisione millimetrica, agisce. "Inseguirò, raggiungerò, dividerò il bottino, il mio animo sarà riempito di lui, sguainerò la mia spada, lo sterminerò" (vedi Esodo 15,9). Così guarda nel futuro, e passa all'azione il faraone.

Guarda lontano, ma non vede {1}.

L'astuto sa, crede di sapere, come va il mondo. Egli "sente" molto l'altro. Non ha problemi a far emergere le sue emozioni attivando, nell'incontro tra queste e contenuti astratti, comportamenti di conoscenza del male. Non ha problemi di rimozione, è più abituato a consentire la discesa degli angeli dal cielo, e la loro trasformazione in demoni.

Sentendo emotivamente con facilità l'altro, essendo meno pronto a provare nel contatto con l'altro dolore, il malvagio si adatta meglio del giusto alla vita sociale, sembra, per così dire, socialmente più "maturo".

Ciò che proprio gli dà noia è la maggiore difficoltà che ha il giusto nel rapporto col sociale, i differimenti che questi effettua nei confronti del proprio sentire. Nella sua naturale tendenza a una maggiore apertura verso il messaggio proveniente dall'esterno, il giusto è proprio per questo più guardingo nel "sentirlo", nel timore di esprimere un rifiuto prima di aver esplorato, eventualmente sospendendo il giudizio in un atteggiamento mistico di attesa, tutte le vie di interpretazione e integrazione del messaggio nel proprio sé.

Il silenzio e la distanza del giusto, la sua "asocialità", irritano il malvagio.

Così il malvagio spesso stuzzica il giusto, lo prende in giro. Evoca in lui le fantasie edipiche di schiavizzazione, con tanta noncuranza dal malvagio vissute, in tal modo tentando di renderle consce anche al giusto, di fare conoscere anche a questi il male, rendendolo più simile a lui, più malvagio.

In questa operazione, il malvagio non sa che un male ben peggiore può essere in agguato per lui.

Abituato com'è al sociale, egli non può supporre nel giusto la possibilità di effettuare una ulteriore regressione, dall'aspirazione genitale alla conoscenza, fino all'isolamento narcisista, senza accettare la logica di violenza sado-masochista sulla quale il malvagio vorrebbe portarlo.

Le idee e le previsioni, così chiare nella mente del faraone che guarda lontano, stanno forse per confondersi. Un caos, simboleggiato da quello che si impadronisce delle schiere egizie, le ruote dei cui carri si impantanano nell'inseguimento di Israele attraverso il mare di canne, sta per precipitare nella mente, così apparentemente lucida, del malvagio.

L'astuto dunque giunge sul luogo della battaglia con le idee molto chiare e un piano predeterminato.

Sembra di sentire echeggiare i discorsi dei generali russo - prussiani che nei consigli di guerra dipinti da Tolstoj in Guerra e Pace prevedono minuziosamente ogni eventualità, e naturalmente il modo di farle fronte. Kutuzov, il saggio comandante in capo degli eserciti alleati, sa che tali piani tanto dettagliati rimangono vuoti di realtà e privi di effetti, se non quello di generare una grande confusione e spesso, come accadrà nella battaglia di Austerlitz, di portare al disastro. Egli sa che ciò che conta è qualcos'altro, e, non potendo abbandonare le riunioni, durante i consigli di guerra si addormenta.

Come ogni astuto, comunque, il faraone attacca la sua vittima dal di dietro, ove questa non ha la barriera di protezione costituita dal pene, barriera che egli vuole prendere in giro, aggirare.

L'organo della genitalità, capace di proteggere nella sua erezione, ma anche di dare all'altro nell'atto della conoscenza, è svalutato dal faraone, il quale, in una regressione di male, lo vede soltanto, in sé e nell'altro, come l'organo progenitore del pene, quell'organo atto a colpire penetrando violentemente nelle parti più indifese dell'altro, ma non a dare, organo di cui il protista ancora incapace di genitalità, ma solo di violenza sado-masochistica, era, come abbiamo supposto in *Lutto, melanconia, giustizia*, dotato. Infatti è proprio la schiavitù dell'altro ciò a cui l'astuto faraone mira.

La violenza altrui genera nel giusto, legato a un'organizzazione genitale del suo rapporto con l'altro, una reazione di sofferenza, resistenza alla frattura del sé e alla conoscenza del male.

Gli angeli cherubino e serafino che guardano in avanti alternandosi con regolarità i compiti per guidare il giusto sulla strada della conoscenza, devono, di fronte al sopravvenire della violenza, separarsi.

Il cherubino, la colonna di nube, va a interporsi tra il popolo ebraico e la cavalleria egiziana.

Se tu mi penetri violentemente dal di dietro io ti castro, reagisce il giusto interponendo le proprie difese di giustizia tra sé e il violento. Il giusto è pronto a rescindere i suoi legami col violento, rimanendo solo, in una ulteriore regressione del rapporto con l'altro alla solitudine del protista autoerotico. Meglio la solitudine, piuttosto che il rapporto sado-masochistico con l'altro. Una prima sorpresa per l'astuto.

La colonna di nube e quella di fuoco si separano, ma gli angeli non cadono sulla terra. Il popolo ebraico non reagisce per il momento all'aggressione. La reazione, atto che richiede, come abbiamo ipotizzato, la discesa di un angelo sulla terra e la verifica del contenuto di verità astratta rappresentato dall'angelo con un contenuto emotivo di verità interiore, per il momento non c'è. Il popolo ebraico continua placidamente per la sua strada, come se niente fosse.

Il giusto non è pronto a porsi sullo stesso piano del violento. La colonna di fuoco rimane al suo posto. Non si scaglia, almeno per ora, violentemente contro gli egizi, ma continua a rischiarare la notte, lontana da questi.

Durante la notte, l'altro viene accolto più facilmente in sé che non durante il giorno. Nella notte, un faraone predecessore, sul trono di Egitto, di quello che ora insegue Mosè aveva sognato i sogni interpretati da Giuseppe, i quali, aprendogli gli occhi sulla realtà dell'altro, facendo vedere al faraone, con l'aiuto dell'interpretazione di Giuseppe, la realtà della carestia che si sarebbe abbattuta sull'Egitto, gli avevano permesso di farvi fronte per tempo. La colonna di fuoco, dunque, continua a rischiarare la notte, permettendo al popolo ebraico di vedere con calma le immagini di ciò che sta avvenendo intorno a lui, un po' come l'esperto di arti marziali percepisce nitidamente, allenato com'è alla calma dall'istruzione ricevuta, l'immagine dell'aggressore che si scaglia violentemente contro di lui.

Gli angeli, cherubino e serafino, si separano, ma non scendono ancora sulla terra. La frattura che il malvagio vuole creare con la sua azione nel sentire unitario del giusto, avviene, ma rimane, inconscia, in cielo.

La sofferenza del giusto di fronte all'aggressione del malvagio deriva proprio, come abbiamo ipotizzato in *Sulla sofferenza*, dalla resistenza opposta dal giusto alla costituzione di realtà dell'altro come male, resistenza alla verifica del male, alla conoscenza di una realtà sado-masochistica e violenta, che il giusto si rifiuta di accettare.

Ma, in questo caso, forse il popolo ebraico non soffre nemmeno. Gli angeli stanno manovrando in cielo, e la colonna di nube si è interposta tra il popolo e il faraone, impedendo con questi ogni contatto. È il momento in cui il giusto, rischiarato dalla luce della sua giustizia (la colonna di fuoco) scruta l'impeto del malvagio {2}, limitandosi a scansarne i colpi o a deviarli, interponendo tra lui e il malvagio come un velo di nube, senza agire ed aggredire a sua volta. Il malvagio, che si aspetta nella vittima invece una reazione aggressiva (come farebbe lui) o di fuga posta al livello sado-masochistico, inizia a essere confuso; come se una colonna di nube si fosse interposta tra lui e la sua vittima.

Il popolo ebraico continua per la sua strada, avviandosi attraverso il mare di canne, spazzato da un vento impetuoso.

Al mattino, essendo ormai l'alba (beashmoret haboker), la colonna di fuoco non è più necessaria per rischiarare la via.

Durante la notte, il faraone, che non ha una sua colonna di fuoco, che non può, nell'effettuazione di una rimozione della propria violenza e del proprio agire, dei propri impulsi sado-masochistici, vedere chiaramente l'altro, non ha invece visto né capito niente.

Così sicuro di sé nel suo guardare lontano, l'astuto cade poi facilmente nella oscurità e nella confusione della sorpresa, come l'aggressore violento viene sorpreso dalla reazione della vittima, che, mantenendo la calma, non facendosi travolgere dalle emozioni, applica contro di lui le tecniche di difesa delle arti marziali.

È l'alba. Terminata la fase nella quale si percepisce l'altro, in cui si inspira l'aria, è giunto il momento dell'azione.

Con la luce dell'alba, sembra che anche gli egizi inizino finalmente a vedere qualcosa. Hanno però perso il magico momento della notte, nella quale, come avviene nel sogno profetico, i contorni della realtà sono più chiari. Il giorno è d'altronde il momento dell'azione, e faraone e cavalleria al seguito non possono fare a meno di continuare l'inseguimento degli ebrei attraverso il mare di canne.

Il malvagio agisce con impeto, trascinato dai propri angeli di morte. Non conosce il cherubino, la possibilità della solitudine, ma solo il fuoco del serafino, il quale, non rimosso dentro di lui (e come potrebbe mai il malvagio rimuovere, differire qualche cosa?), cessa di essere l'angelo della passività.

Caduto sulla terra, il serafino si trasforma da passivo in attivo, e trascina il malvagio in un'attività di aggressione, volta alla schiavizzazione dell'altro (gli egizi continuano ad attaccare dal di dietro), in un impeto irrefrenabile che solo la conoscenza del male data dalla verifica emotiva di un contenuto sado-masochistico (serafinico) non rimosso può realizzare.

L'angelo serafino, passivo in cielo, diviene attivo al suo cadere sulla terra.

La passività è data dalla rimozione. Se la paura della violenza, rimossa, può essere percepita solo come immagine (la vista, il senso più lontano dalle nostre emozioni, è quello che meglio si presta a penetrare le profondità dell'inconscio, vedi nota {2}), immagine contemplando la quale la persona rimane passiva come osservando un bel dipinto, una volta che la rimozione sia cessata, e l'emozione di paura emersa, la necessità di un atto, di fuga o di aggressione, emerge invece imperiosa nell'individuo minacciato.

È giunto il mattino, e la colonna di fuoco non è più necessaria per rischiarare la via.

Dopo tanto soffrire, dopo tanto rimuovere, la vittima percepisce ora nitidamente, rischiarato dalla propria rimozione serafinica, l'agire del malvagio. Seguire il corso delle fantasie sado-masochiste del malvagio è sempre più facile per la vittima, la quale le contempla come immagini che emergono dal proprio inconscio, nella serenità della rimozione serafinica, che durante la notte della sofferenza le ha illuminate e ne ha delineato i contorni, un po' come la luna la notte "rivela serena ogni montagna".

Con la chiarezza di tale visione, simile alla comprensione della dinamica della lotta che ha la persona aggredita, ma allenata alle arti marziali, la vittima può ora iniziare a passare all'azione, sempre che questa sia necessaria, e che il Signore non si appresti invece ad agire per lei.

Durante la notte, la colonna di nube è andata a interporsi tra il giusto e il malvagio. Questi si aspetta sempre le reazioni della sua vittima, e al solito crede di prevederle con la massima esattezza. Intuendo ormai le reazioni che il nemico si aspetta, per il giusto è facile non metterle in atto, celarle almeno al malvagio. Queste reazioni essendo l'unica certezza che ha l'astuto, l'unica sua luce, un certo disorientamento inizia a pervaderlo.

Mentre il giusto si rimette in cammino, percorrendo la strada, inconcepibile per il malvagio, che porta alla solitudine del deserto, il malvagio non può esimersi dall'inseguirlo anche su quella via, trascinato dall'impeto del suo sogno di male, consistente nel ridurre l'altro in schiavitù.

La strada verso la solitudine non si addice però al malvagio. I suoi percorsi difficili poco si addicono alla pesantezza del suo pensare. I carri pesanti degli egizi si impantanano nel mare di canne.

Colonna di nube che genera confusione e colonna di fuoco infine si ricongiungono, dietro alla vittima designata. Anche il giusto, o meglio gli angeli di Dio che per il giusto combattono, passano all'azione.

Se prima le due colonne si alternavano davanti al popolo di Israele in marcia per consentire una conoscenza vera di un altro, il quale, rispettoso della genitalità, gli si presentava dal davanti, ora agiscono contemporaneamente contro un avversario che nel suo sogno di male attacca dal di dietro, irrispettoso del diritto di ogni uomo a vivere da persona libera la propria vita.

Le due colonne di nube e di fuoco attaccano l'esercito egizio. La colonna di nube permette alla vittima di scansare e confondere l'avversario; quella di fuoco si getta sull'avversario confuso. Dopo averne deviato il colpo, la vittima usa la forza stessa che tale colpo alimentava, aggiungendovi solo un altro poco di potenza, per sopraffare l'avversario. Sono gli angeli che stanno combattendo, dal cielo, per Israele. La cavalleria egizia va incontro alla morte senza che il giusto debba alzare un solo dito. Egli si limita solo a proseguire per la sua strada.

Confuso dal venir meno delle certezze circa il comportamento delle sua vittima (il malvagio si rende conto di non conoscere poi il mondo così bene come riteneva), aggredito a sua volta da questa per la quale con la luce del giorno è venuto il momento di espirare l'aria, di cessare di trattenere, col respiro, l'azione (ma abbiamo visto che nel passaggio del mare di canne la vittima designata non ha neanche bisogno di alzare un dito), al malvagio non rimane che lo sprofondamento in una depressione che il richiudersi delle acque del mare di canne sull'esercito egizio simbolicamente rappresenta.

Gli ebrei giungono liberi e incolumi sull'altra sponda del mare. Cantano le lodi del Signore per la salvezza ricevuta. Ma i commentatori insegnano che non è ancora venuto il momento di gioire. La morte, sia pure quella del malvagio, non è gradita al Signore.

È perché il ritorno del popolo alla Terra Promessa non è ancora completato che il male continua a devastare il mondo?

L'essersi riuniti come popolo ha permesso agli ebrei di condannare coscientemente la schiavitù e di uscire dall'Egitto a testa alta. Il popolo egizio ha offerto dei doni agli ebrei, in atto di riconciliazione, ma i signori, i padroni, più ligi alla logica della schiavitù e della violenza, non hanno voluto intraprendere la strada del bene e del rispetto dell'altro, hanno represso in loro la parola.

Questa volta il popolo ebraico, riunito, non ha dovuto porre mano alla spada contro il malvagio. Mosè, solo, alla ricerca della sua identità, aveva estratto la spada e ucciso la guardia egizia.

Riuniti come popolo, gli ebrei possono ora coscientemente invece esprimere nella parola un giudizio di condanna, lasciando che l'atto di morte sia compiuto dal Signore.

Ma i signori dell'Egitto, nella ancora relativa debolezza di un popolo appena riunitosi, hanno intravisto la possibilità di reprimere sul nascere le parole di condanna e con esse il proprio senso di colpa, e di ristabilire l'ordine antico e regressivo del male.

Solo il rifiorire completo di Israele, sicuro sulla sua Terra, potrà, così insegna la Tradizione, confondere definitivamente i piani del malvagio.

Senza più la possibilità di illudersi e ingannare sé stesso in un sogno allucinatorio di violenza, anche il malvagio, col mondo intero, ascolterà la parola di bene che giunge da Israele.

Note a La colonna di nube e la colonna di fuoco

nota 1

Coloro nati, come l'autore di questo libro, intorno alla metà del secolo scorso sono stati spesso impressionati dai rivolgimenti della fisica moderna, le cui scoperte della prima metà del secolo, esposte in modo divulgativo ai profani su giornali e altri mezzi di comunicazione, colpivano l'immaginario delle persone mentalmente vivaci nell'età in cui più avido di apprendere e più disposto a stupirsi è l'intelletto.

Tra tali scoperte, il "principio di indeterminazione" prende le mosse dalla considerazione che se si vuole osservare posizione e moto di una particella è necessario non disturbare l'oggetto di osservazione con lo strumento usato per effettuare le misurazioni.

L'astuto faraone avrebbe forse dovuto riflettere sull'affidabilità del proprio pensiero, suo strumento di osservazione della realtà.

Ciò che al faraone sarebbe convenuto vedere sarebbe stata una immagine nitida della situazione, nella quale, come in un'intuizione, il mondo circostante fosse stato compreso nella sua realtà effettiva, per ciò, diremmo, che effettivamente era.

Il faraone percepisce invece un'immagine nella quale la situazione per come essa è viene disturbata dal suo proprio desiderio e brama di agire.

Come la particella da osservare viene disturbata dal moto dello stesso strumento di osservazione (un'altra particella), in modo tale che alla fine si deve giungere alla conclusione che la realtà costituita dalle coordinate di posizione e moto precise della particella osservata semplicemente non esiste, così per il faraone ciò che non esiste è l'altro; non lo può vedere a causa del suo proprio moto, dell'impulso (di origine sado-masochista, abbiamo detto) a schiavizzare, non trattenuto dalla rimozione.

"Inseguirò, raggiungerò, dividerò il bottino...": mescolata con la visione della realtà, il faraone percepisce un'allucinazione, nella quale vede realizzato il proprio desiderio.

Anche le allucinazioni dell'astuto, al pari dell'intuizione dell'altro ottenuta dal giusto trattenendo le proprie emozioni, disturbando il meno possibile col proprio agire, col proprio moto, l'altro, in uno sforzo di rispetto per la realtà dell'oggetto osservato, possono apparire nitide.

Una colonna di nube verrà presto tuttavia a offuscare sulla riva del mare di canne l'allucinazione di desiderio del faraone.

nota 2

Agli albori della psicoanalisi, Freud ricerca il metodo per penetrare le profondità dell'inconscio.

L'isterico soffre di ricordi a lui non coscienti. La sua paralisi sembra dovuta alla paura che l'azione trascini con sé tali ricordi, e con essi emozioni che lo psiconevrotico teme di non poter controllare.

L'antica ricetta per la sopravvivenza, quella di rimuovere le proprie emozioni finché la loro scarica non sia possibile senza danno per l'individuo, prende nello psiconevrotico una piega patologica. Il problema, conclude Freud, è che il ricordo è così disturbante perché la sua rimozione è parzialmente fallita. L'angelo è come sospeso tra cielo e terra. Non è rimasto, rimosso completamente alla coscienza, in cielo. Non è caduto sulla terra, da solo concretizzandosi in un atto di fuga o di aggressione, ovvero insieme con altri angeli, nell'espressione ordinata consentita dalla parola. Occorre far parlare il paziente, concluderà Freud, per restituirgli l'unità del suo sentire, e lo inviterà a stendersi, in una posizione che ricorda quella della persona immersa nel sonno, sul suo lettino. La posizione sembra voglia rassicurare il paziente. "Non temere le tue emozioni", sembra suggerire questa posizione al paziente. Vedi come sei disteso, impotente ad agire, quasi tu stessi sognando. Parla pure; sei solo con me, lo psicoanalista vincolato al segreto, nessun danno sociale potrà venirti dalla sconnessione delle tue parole, dì pure liberamente tutto ciò che ti passa per la testa. Lascia cadere gli angeli che, sospesi tra cielo e terra in un fallimento parziale della rimozione, tanto ti disturbano. Una volta resi consci, dopo che ne avremo parlato insieme, non ti sembreranno più così minacciosi, potremo riderne, come di fantasie, che i primi raggi del giorno disperdono.

È nata la terapia della parola.

Prima di volgersi all'utilizzo sistematico della parola, lasciata libera di affluire alla bocca a piacimento del paziente, Freud tenta altri metodi.

Negli *Studi sull'isteria* di Freud-Breuer, Freud descrive un metodo che usava per ottenere informazioni dai suoi pazienti quando risultava difficile porre gli stessi in stato ipnotico. Quando aveva problemi a ottenere le comunicazioni desiderate dal paziente "agivo così", racconta

Freud nel caso di Miss Lucy R. (1892-95, Vol. 1, pag. 266): "mettevo la mano sulla fronte della paziente o prendevo il suo capo tra le mie mani, affermando 'Le verrà in mente sotto la pressione della mia mano. Nel momento in cui cesserò di premere, lei vedrà qualcosa davanti a sé, o le passerà qualcosa per la testa, e questa cosa lei la deve afferrare. È proprio ciò che noi cerchiamo. - Ebbene, che cosa ha visto o cosa le è passato per la mente?'".

La vista dunque, come il senso che, essendo il più lontano dalle nostre emozioni, sembra essere per ciò stesso quello che meglio si presta a vedere più lontano, a penetrare le profondità dell'inconscio.

La mano imposta da Freud, come in un atto di benedizione, sul capo del paziente, quasi a volergli suggerire: "Non temere le tue emozioni. Tra esse e il tuo agire, tra esse e il tuo conoscere il male, il tuo fare di testa propria, si interpone la mia mano, quasi fosse una benedizione di Dio".

Narcisismo, Cherubini, Etica

"Tutto o niente", era questo il rapporto con l'altro nella vita primordiale.

Possiamo forse ipotizzare, dicevamo in *Intuizioni*, che in uno stadio ancora più primitivo di quello dei protisti capaci di scambio di liquido nutritivo descritti da Freud in *Al di là del principio del piacere* (1920, Vol. 9, pag. 233), vi fossero protisti la cui unica prospettiva, all'atto dell'incontro con il loro simile, fosse quella di inglobarlo o di essere da questi inglobati. Impossibile la fuga, per la mancanza di capacità motorie, e impraticabile la comunicazione e lo scambio, per la mancanza dell'arma del pene e dell'apparato che successivamente si svilupperà in quello genitale, l'unico stimolo di questo protista era quello di inglobare il suo simile.

La costruzione dentro di sé di una immagine dell'altro, l'ottenimento dell'intuizione dell'oggetto esterno, dicevamo, non sarebbe che il ripetersi di questo impulso arcaico all'inglobamento.

Può darsi che, sempre a questo stadio primitivo di sviluppo, non vi fosse poi uno iato molto grande tra l'inglobare e l'essere inglobato: un tentativo di inglobamento poteva trasformarsi in una pericolosa operazione nella quale si veniva invece assorbiti, e nella perdita del proprio sé. All'altro non doveva dunque essere permessa l'invasione indiscriminata del proprio corpo; esso doveva venire sì inglobato, ma essere tenuto un po' a distanza dal sé, essere da questo "rimosso", finché non fosse stato digerito. L'isolamento dell'intuizione dell'altro nell'inconscio ripeterebbe nell'uomo questo percorso primitivo.

Tra la mania, che desidera tutto essere, tutto inglobare, e la depressione che, nello svilimento del sentimento di sé, porta a credersi niente, a ritenersi, diremmo, dal mondo esterno inglobati, l'evoluzione delle specie ha dato alla vita strumenti i quali permettono un rapporto con l'altro che non debba essere necessariamente distruttivo di uno dei due interlocutori.

Il bambino, che nel corso del suo sviluppo personale (ontogenesi) ricapitola le tappe percorse dalla catena evolutiva delle specie che ha portato all'uomo (filogenesi), è inizialmente solo al mondo. La madre, che gli ha dato la luce, è vista ancora come parte di sé.

Quando la mamma è assente, il neonato la sogna nel sonno, o piange, nell'apprendimento di un lavoro del lutto, il quale, permettendo di riconoscere l'altro come appunto altro dal sé, libera, nella piena coscienza della costituzione di una realtà, l'essere dalla sofferenza.

Il vano tentativo di rimuovere la realtà, mantenendo l'unitarietà del sé nella sofferenza, finirebbe col far precipitare nella depressione.

Troppe altre realtà sono infatti legate a quella che si vorrebbe negare. Alla fine l'esito è una perdita di contatto con una fetta troppo grande di mondo. Per non aver voluto rinunciare a qualcosa, per aver voluto tutto, si finisce col tutto perdere, col dover rinunciare, nella depressione, ad essere in alcunché, a sentirsi realizzato e appagato in ogni, sia pur piccola, cosa ("chi troppo vuole nulla stringe", come si suol dire).

Le ali a coprire le mani, che ci aspettavamo di trovare nell'angelo serafino della haftarà di Ithrò, e che invece sono usate da questi per coprirsi il volto, vedi la nota 2 a *Lutto, melanconia, giustizia* (pag. 75), possiamo supporle, per considerazioni di dualità, presenti nel cherubino il quale le userebbe appunto per coprirsi le mani.

Se, come apprendiamo dal Testo Biblico, l'uomo è stato cacciato dal giardino di Eden, e se il bambino ricapitola nel suo sviluppo le tappe dell'evoluzione delle specie che all'uomo hanno portato, il giardino di Eden deve corrispondere nello sviluppo del bambino a quello stadio della vita nel quale, ancora nel grembo della madre, egli coglieva a piacimento i frutti del suo seno.

Quando nel protendere le mani non incontra la terra materna, il giardino nel cui seno si nutre, al bimbo non rimane che cessare dall'azione di protendere le mani, e rilassarsi nel pianto da una tensione al seno, la cui mancanza non può che essere costituita come realtà; occorre ripiegare le ali, e, sotto le ali non più distese nella rimozione[22], ritirare le mani dal loro inutile protendere alla madre.

La rinuncia alla rimozione genera l'emozione, che si scarica nel pianto. Se la mamma è vicina e premurosa, accorrerà al pianto del bambino, il quale così apprende che la costituzione della realtà esterna al sé non è necessariamente svantaggiosa, e che le emozioni liberate dalla rinuncia alla rimozione possono essere anch'esse di aiuto nel rapporto con l'altro, appena riconosciuto come tale.

---

[22] Così associamo l'aprirsi delle ali (e, sotto di esse, delle mani) del cherubino alla rimozione. Su questo punto ritorniamo più in dettaglio nella Parte II del libro, nella sezione 4, Misticismo dell'articolo *Essere, avere, scintille*, dove identifichiamo le pulsioni narcisistiche del sé (i cherubini attivi) come responsabili della rimozione delle emozioni (cioè del librarsi in cielo degli angeli serafini).

Il protista primitivo non era, al contrario del bambino, così fortunato da avere una mamma ad accudirlo. Nell'incontro col suo simile, abbiamo ipotizzato, egli non aveva altre alternative che l'inglobamento dell'altro o la sua propria morte. La rinuncia alla rimozione dell'altro, a protendere le mani (Figura 1) tese nell'atto dell'inglobamento verso di questi, poteva essergli fatale (Figura 2).

Amore e odio erano gli unici sentimenti di cui era capace il protista narcisista. Non potendo essere io in te, non potendo inglobarti, è questo l'amore del narcisista, che, capace di amare solo sé stesso, non può amare l'altro se non prima distruggendone in sé l'identità, mi chiudo completamente a te, ti odio.

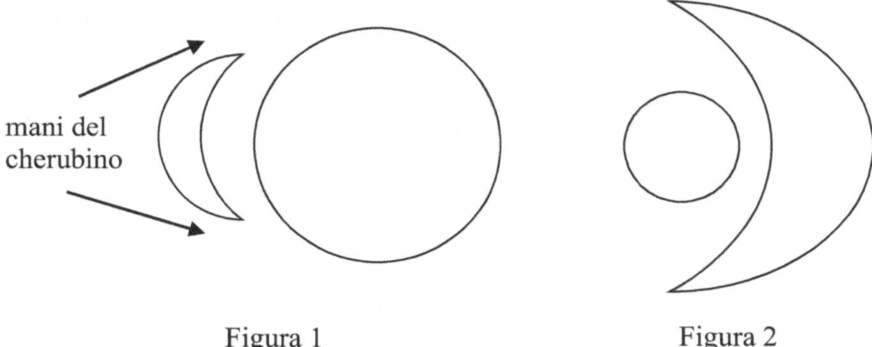

Figura 1   Figura 2

L'alternativa all'odio, costituita dal pianto, non era possibile. La situazione di pericolo subentrata, come indicato in Figura 2, al fallimento del tentativo di inglobamento dell'altro, non lascia spazio allo sfogarsi di energie le quali, non più rimosse nel tentativo di mantenere l'unitarietà del sé, possano essere liberate, nel riso della battuta di spirito, o nel pianto di un lutto, che porta comunque a riconoscere come si possa sopravvivere anche data la costituzione di realtà dell'altro da sé.

O impegnato in un'attività di morte, o solo. La chiusura del protista primitivo all'altro di cui ha fallito l'inglobamento è rappresentata in Figura 2 dall'assunzione di una forma sferica la quale, riducendo la misura della propria superficie di contatto col mondo esterno (pur mantenendo come necessario inalterato il volume racchiuso), sembra costituire un tentativo estremo di difesa del sé minacciato. L'odio, la ripulsa, l'esterno, sono identici (vedi S. Freud, *Pulsioni e loro destini*, 1915, Vol. 8, pag. 31).

Questa chiusura fredda e distruttrice all'altro, che caratterizza le grandi tragedie dell'umanità, è l'odio catalizzato da tiranni la cui mania narcisista, non ammettendo limitazioni al proprio sé, si avventa contro ogni altro uomo, la cui diversità viene vissuta come una limitazione insopportabile.

La costituzione della realtà dell'altro in quanto inevitabilmente diverso dal sé, avviene per il narcisista, non con la liberazione di un'emozione di cui non è capace, ma nella passività di un odio freddo, in fondo non poi così differente dall'amore, anch'esso inglobante e distruttore.

In effetti questo odio, piuttosto che un'emozione di per sé, sembra essere definibile come la chiusura ad ogni emozione che si possa provare nella comunicazione con l'altro, gli strumenti per effettuare la quale mancano nel protista primitivo. "Emozione", derivato da "mettere in movimento". Ma il protista primitivo non ha organi con i quali spostarsi, o che gli permettano di avvicinare l'altro in una relazione di vita e non di morte.

"Tutto o niente", sembra dire il narcisista nella sua chiusura all'emotività che solo può emergere in una relazione di scambio, ancorché violento e di male, se non, con ancora maggiore completezza, nelle parole del bene.

Il cherubino disceso, nella costituzione di realtà del mondo esterno, sulla terra, ritrae le ali. La rimozione, rappresentata dal librarsi con le ali nel cielo, è cessata. Ma le ali coprono adesso, con le mani, l'azione[23]. Non vi è atto verso l'altro, il quale sarebbe reso possibile solo dall'emergere di un'emozione, ma soltanto una chiusura a riccio al mondo.

L'odio non è classificabile direttamente come una emozione. È solo una mancanza di sé nell'altro, che alle emozioni associate all'aggressione, alla fuga o al lavoro del lutto può eventualmente aprire la strada. Ma le emozioni sono un lusso, che non è concesso alle persone sole.

Il narcisista vive dunque in un mondo costituito da oggetti inanimati. L'incontro con l'altro, oggetto animato, porterà presto alla distruzione dell'altro o alla propria, ricostituendo la natura inanimata del mondo con cui la vita dell'individuo si relaziona.

Le mani, coperte dalle ali del cherubino, dopo il fallimento nel loro uso, sono in fondo gli arti con i quali l'uomo primariamente plasma gli oggetti inanimati. Se per comunicare con l'altro si usa la parola, per lavorare la materia inanimata e per agire su questa si usano le mani.

---

[23] La logica del nostro discorso ci porta dunque ad assumere che il cherubino, al contrario del serafino, sia attivo in cielo e passivo sulla terra. Le mani del cherubino sono infatti solidali con le ali.

Mosè pone mano alla spada nell'atto di uccidere la guardia egizia, provocandone la morte e quindi rendendola parte del mondo degli esseri non vivi.

La colonna di nube, che indica al popolo ebraico la via attraverso il deserto della solitudine, lo fa deviare (il verbo lanchot, indicare la via, ha forse una qualche affinità col verbo lenachem, pentirsi, cambiare idea) dalla strada intrapresa.

Se, durante il giorno, nel momento dunque dell'azione, un ostacolo inanimato viene a pararsi sulla via, e le mani non sono bastanti a rimuoverlo, non rimane che deviare (azione così frequente nella via verso la Terra Promessa), sottraendosi al contatto con l'ostacolo, al quale, oggetto inanimato e disturbante come è l'altro diverso da sé per il narcisista, non è il caso dedicare sforzo né cura, se non per scansarlo.

Il rapporto violento con l'altro, reso possibile da un pene primitivo, incapace magari di dare nel rilassamento della conoscenza, ma capace di percuotere, e di difendere, nella sua erezione, dall'assorbimento, segna un progresso nella relazione con l'altro rispetto al deserto costituito dal narcisismo.

All'assorbimento, si sostituisce il percuotere, prima forma di riconoscimento, quantunque violento, dell'esistenza dell'altro. Alla morte, la schiavitù.

Mani protese, quali quelle di un cherubino che non ha ancora fallito nella intuizione dell'altro, le troviamo in un capolavoro di Leonardo conservato al Louvre (pagina seguente), in cui la Vergine protende appunto le mani per afferrare un bambino, il cui paradiso terrestre pare affollato e insolitamente movimentato.

L'artista lavora alla raffigurazione di un tema che gli è stato commissionato, o che da solo si è proposto di rappresentare. Il tema dell'opera viene percepito dall'artista come un messaggio proveniente dal mondo esterno, il quale richiede una interpretazione da parte del proprio sé, integrato nel quale esso viene infine al mondo esterno restituito. "Io posso sentire così il tuo messaggio", risponde l'artista al mondo esterno, io posso, dipingendo, agendo in questo modo, sentire integrato in me questo tema.

Sant'Anna, La Vergine e
il Bambino con
l'agnellino
(Museo del Louvre)

È dunque probabile che il dipinto ci voglia dire qualcosa anche dell'infanzia dell'artista, del periodo della vita in cui Leonardo, mentre tentava di giocare con l'animaletto, veniva invece ghermito alle spalle da una donna la quale, apparentemente senza alcun motivo, protende le braccia verso di lui.

Leonardo, il bimbo del dipinto, ha il pieno controllo della situazione; sta afferrando l'animaletto per le corna. Nel suo gioco sta apprendendo il mestiere dell'adulto, quello di relazionarsi con l'altro, toccando, afferrando, provando nel contatto con l'altro le proprie e altrui reazioni. Protetto nel proprio paradiso, il bambino comincia a esplorare il mondo, con cui dovrà inevitabilmente fare i conti una volta che il suo naturale sviluppo lo costringerà dalla prima infanzia a uscire.

Questo tentativo di conquistare la sua autonomia non piace evidentemente alla donna (la Vergine nel dipinto), la quale sembra volere il bimbo tutto per sé[24]. La donna ha come "fame" del bimbo; nel suo viso ci sembra di scorgere come un'ansia, un anelito a ricongiungersi con lui, diremmo come ad assorbirlo e inglobarlo. Il bimbo si volta sorpreso, ma non potrà scrollarsi di dosso le mani protese, attentarsi a rischiare nel rifiuto. Egli teme infatti la chiusura in sé stessa della presenza femminile, il suo odio, come dicevamo più sopra. D'altronde, in questo paradiso movimentato, il bambino appare come inspiegabilmente solo. Sant'Anna, relegata in secondo piano, ha il volto contratto in quello che sembra un dolce sorriso, ma è lontana, in secondo piano appunto, e come misteriosamente fredda e assente al significato della scena che si dipana sotto i suoi occhi. Il padre è assente anche fisicamente, in altre faccende o pensieri presumibilmente affaccendato. Il bimbo sembra dunque come solo con la donna che lo ghermisce per sé. Ella ne ha bisogno, in un atto maniacale di congiunzione con l'altro, per non cadere in uno stato depressivo.

Ciò che con un adulto sarebbe inconcepibile azzardare, viene messo in opera col bambino, facile preda, e comunque impossibilitato a ribellarsi perché, anche a causa dell'assenza delle altre figure, della donna che sta protendendo verso di lui le braccia ha bisogno per essere sfamato, accudito, vezzeggiato. Non può rischiare il di lei odio.

---

[24] Per questa analisi del narcisismo come connesso alla presenza nell'infanzia di una figura femminile disturbata, siamo debitori agli studi di Alice Miller, i cui bei libri, da *Il dramma del bambino dotato* a *La rivolta del corpo*, fanno riflettere il lettore sui tanti aspetti e problemi, spesso celati all'occhio non allenato all'osservazione, del rapporto del bambino con gli adulti che lo circondano durante l'infanzia.

Anche la donna che nel dipinto rappresenta la Vergine, a cui probabilmente durante la propria infanzia è stato riservato un trattamento simile, è in fondo innocente. Ella mette in atto quello che è il suo comportamento naturale di relazionarsi con l'altro. Tenta di congiungersi con l'altro, col bambino, accaparrandosi i di lui favori, benevolenza e attenzione, perché di questi favori il suo sé, sull'orlo continuo della depressione, ha un disperato bisogno {1}. Inoltre dobbiamo tenere conto del fatto che le braccia protese della Vergine non sono in fondo una minaccia fisica per il bambino. Né la donna né il bambino sono protisti primitivi che rischiano l'assorbimento nell'altro. Ciò che il bambino rischia, è una sorta di seduzione da parte della donna. È l'apprendimento di un tipo di rapporto basato sull'unione e la conoscenza dell'altro, prima di essere lui stesso conscio dei suoi bisogni, che lo porterebbero invece anzitutto a usare l'altro invece di conoscerlo, a schiavizzare il piccolo animale prendendolo per le corna, invece che a unirsi con una donna, in un rapporto di conoscenza cui non è preparato.

Leonardo nella sua vita da adulto avrà scarso senso dei suoi bisogni. Il genio cercherà l'unione con l'altro in una sete inestinguibile di conoscenza, durante tutta la sua vita, mentre gli altri bimbi, i quali hanno potuto prendere per le corna e sperimentare tranquillamente con l'animaletto, schiavizzare un poco l'altro, così percorrendo nel corso del loro sviluppo anche la tappa che nell'evoluzione delle specie è stata del protista capace solo di rapporti violenti con l'altro, potranno avere con il mondo circostante un rapporto più empirico, più sentito, meno mediato dalla ricerca dell'unione e di conoscenza, e dalle necessità di rimozione che tale ricerca porta inevitabilmente con sé.

Anche Mosè, come il bimbo del quadro di Leonardo, aveva due madri, e anche la sua infanzia ci viene descritta dal Testo come movimentata, fin dal suo salvataggio nel canestro che galleggia sulle acque del Nilo.

La madre adottiva, la principessa egizia, la riconosciamo nel quadro di Leonardo nella figura in secondo piano. Il volto, atteggiato in un dolce sorriso, denota un affetto il quale aprirà al bambino gli spazi e le possibilità della corte egizia. In tale affetto permane però, ci pare di intravedere, una distanza, che una vera madre non potrebbe avere per il suo figlio.

Gli uomini sono assenti. Non sapendo se essere più irritati con l'intruso Mosè o con la principessa, dal carattere buono, ma forse per questo un po' estraneo al politeismo egizio, hanno deciso saggiamente di togliersi dai piedi, per occuparsi delle loro faccende.

La madre vera di Mosè tende verso il bimbo le mani.

La vicenda di Mosè coglie il popolo ebraico in piena tragedia, una delle tante della sua lunga storia. Dopo un periodo di floridezza e prosperità, la violenza egizia si è ritorta contro il popolo di Israele. È possibile che la donna abbia risentito di un subitaneo crollo di fortuna ("solo l'impoverimento assume una posizione di rilievo tra i timori o le dichiarazioni del malato" di melanconia; S. Freud, *Lutto e melanconia*, 1915, Vol. 8, pag. 107), collegato alle vicende del suo popolo. Il trauma, troppo grande per essere elaborato nel lavoro del lutto, ha portato la madre di Mosè sull'orlo di una depressione. Quando era ricca e rispettata, non aveva bisogno di protendere le mani a cercare l'altro, il quale si presentava spontaneamente a lei e del quale aveva semmai il problema di come disfarsi. Ora, sminuita nel suo sé dall'incapacità di elaborare nel lutto la perdita di una disponibilità altrui che a un osservatore esterno sarebbe forse parsa un po' falsa, ma che lei viveva come vera, non le resta che il bambino per tentare di ricostruire un rapporto con la realtà dell'altro e per resistere alla depressione.

Il suo amore per il bambino è fin troppo grande per questo mondo malato di violenza. Ella distoglie il bimbo da un comportamento non propriamente rispettoso verso il piccolo animale, ma che avrebbe a Mosè permesso di prendere più confidenza con l'aspetto violento della vita. Se Mosè non può schiavizzare l'animale, tanto meno può permettersi un atteggiamento meno che rispettoso verso la sua mamma, sempre sull'orlo di una crisi depressiva. Prima di conoscere il rapporto violento con l'altro, come richiederebbe l'evoluzione naturale del bambino che ricapitola nella sua ontogenesi la filogenesi che all'uomo ha portato nell'evoluzione delle specie, Mosè sperimenta la conoscenza rispettosa dell'altro, un tipo di rapporto al quale non è ancora preparato, tanto è vero che ne viene subito sedotto. Di Leonardo, e più di quella di Leonardo, sarà l'intelligenza di Mosè. La ricerca dell'unitarietà nel suo rapporto col mondo lo porterà a formulare l'etica di un monoteismo che nulla concede alla frammentazione e al male.

Mosè dunque cresce solo alla corte egizia. Già a priori visto con sospetto, la sua educazione, così differente da quella di violenza impartita ai coetanei egizi dalle loro madri, non potrà che isolarlo sempre più. Guarda con ammirazione e desiderio di identificazione gli uomini di corte, intenti alle loro occupazioni marziali. Rimane tuttavia sbalordito dal male non motivato da ragioni di autodifesa, dal male come scherzo, dal male come stupida regola di vita. Lo sguardo sbalordito di Kafka di fronte alla legge del male, di fronte alle regole incomprensibili del Castello, è stato, prima, quello di Mosè. Questi non è però tipo da perdersi d'animo, o d'abbandonarsi con arrendevolezza a depressione e melanconia. A corte ha assimilato la ferrea fierezza dell'uomo d'armi. Dalla vera madre, forgiata probabilmente a sua volta dalle persecuzioni, ha imparato la sopportazione paziente, e l'attesa, nel dolore ma non nell'arrendevolezza, di un domani migliore. Mosè cerca di capire. Non ha potuto sentire il male, non ha potuto alla violenza partecipare, del male rendersi complice.

Cacciato dal paradiso terrestre dell'infanzia è stato risucchiato nella seduzione della conoscenza, unico rapporto ora per lui accettabile. Non resta che rimuovere, nel dolore, l'impossibilità di comprendere il kafkiano mondo egizio. Nella sua solitudine, gli pare di intravedere un altro mondo, nel quale spera di risolvere il problema della sua socializzazione: è il mondo della vera madre, dal quale è però separato dal suo rango di dignitario di corte.

Per quanto tempo si può sopportare il dolore? A un certo punto, Mosè pone mano alla spada.

L'uccisione della guardia egizia da parte di Mosè sembra come un estremo atto di amore verso un mondo con cui si rinuncia per sempre a entrare in contatto. Non posso conoscerti in un rapporto rispettoso di conoscenza a causa della tua tendenza alla violenza. Ti uccido allora in un atto di amore, come quello del protista narcisista il quale, amando, uccideva.

Mosè ricercherà nella Terra Promessa quel paradiso terrestre dell'infanzia da cui è uscito così malamente, senza ripercorrere, nella sua ontogenesi, la filogenesi dello sviluppo delle specie.

Come un angelo caduto malamente dal cielo (una emozione la cui rimozione è solo parzialmente fallita, direbbe Freud) rimane sospeso tra cielo e terra, demone che non cessa di inquietare l'individuo, Mosè, angelo uscito male dal paradiso, tenta in questo di rientrare, trasformando la terra, o una porzione di essa, la Terra Promessa, in un paradiso terrestre, privo di prevaricazione e di violenza.

Sulla strada verso la Terra Promessa, Dio detterà per bocca di Mosè le norme di un monoteismo la cui etica trova la sua sola ragione di esistere nell'opporsi alla frammentazione e al male.

Note a Narcisismo, Cherubini, Etica

nota 1

Agli importanti libri di Alice Miller (di cui *Il dramma del bambino dotato* è forse il più noto) dobbiamo la comprensione e, finalmente, anche la possibilità di trattare, la patologia del disturbo narcisistico della persona.

Dalla logica del discorso compiuto da Alice Miller, tende a trasparire un rancore nei confronti del genitore disturbato, che risulta tuttavia difficile risolvere esprimendo dentro di sé un sentimento di condanna. La ragione per cui risulta difficile esprimere tale condanna è, secondo noi, che purtroppo la colpa, spesso, in realtà non esiste.

Non siamo in presenza di un atteggiamento aggressivo di natura violenta, schiavizzante, messo in opera da parte della Vergine verso il bambino, di cui ella vorrebbe, in un atto di conoscenza del male, approfittarsi, celandosi magari in un atteggiamento di disprezzo verso il piccolo deumanizzato.

La Vergine in realtà ama veramente il bimbo, dell'unico amore di cui ella è capace: si tratta di un amore "narcisista", che per lei è l'unica forma di amore possibile, e vero.

A causa di tale amore, tuttavia, l'infanzia di Leonardo sarà un poco diversa dall'infanzia di altri bambini, il cui paradiso terrestre non è in genere caratterizzato da un rapporto così assorbente con l'adulto che li accudisce.

Leonardo cercherà l'unione con l'altro, in una sete inestinguibile di conoscenza, durante tutta la sua vita, mentre gli altri bimbi, i quali hanno potuto prendere per le corna e sperimentare tranquillamente con l'animaletto, schiavizzare un poco l'altro dal quale Leonardo è distolto, potranno avere con il mondo circostante un rapporto più empirico, più sentito, meno mediato dalla ricerca dell'unione, e dalle necessità di rimozione che tale ricerca porta inevitabilmente con sé.

La colpa nasce, come abbiamo cercato di indicare nella figura dell'articolo *Lutto, melanconia, giustizia* (pag. 65) nello spazio compreso tra la violenza e la solitudine. La persona che si è approfittata dell'altro in un impeto di possesso schiavizzante, venendo da questi subitaneamente lasciato solo, sente nascere in sé un senso di colpa e di rimorso per il male commesso. Era preferibile, pensa l'aggressore, rinunciare al male (sado-masochistico) e percorrere le vie della conoscenza (genitale) e del bene, che nella loro difficoltà sono pur sempre preferibili alla solitudine e alla minaccia che ora incombe su di lui.

La Vergine del dipinto ha invece amato, per come poteva, veramente, il bambino. Forse è il troppo amore[25] che è inadeguato a questo mondo ancora troppo percorso dal male.[26]

---

[25] Sul concetto di "troppo bene" (tov meod) si sofferma l'articolo *vehinneh*, di Carlo Franchetti.

[26] L'autore stesso è perplesso sul contenuto di questa nota, probabilmente troppo assolutorio nei confronti del comportamento del genitore disturbato. Segnaliamo così l'analisi presentata da Alice Miller in *La rivolta del corpo*, la quale si sofferma sulla necessità che ha il paziente di prendere decisamente le distanze dalla figura disturbata per recuperare a sé la propria vita.

Ci pare, tuttavia, che una certa difficoltà teorica a condannare il genitore disturbato permanga, almeno in determinati casi, e sentiamo, in qualche modo, che la nota appartiene, così come sopra espressa, a questo libro.

Dato che abbiamo citato *La rivolta del corpo*, vogliamo indicare la necessità di effettuare una precisazione su un punto del libro di Alice Miller. Si tratta della polemica contro il comandamento "Onora il padre e la madre", il quale viene accusato in *La rivolta del corpo* di suggerire la repressione dei sentimenti ostili ai genitori. Ciò è certamente vero se si interpreta il comandamento come rivolto a indicare alla persona ciò che ella dovrebbe "sentire". Dal momento, tuttavia, che, almeno per la teologia ebraica, si è più meritevoli se si esegue un comandamento non avendone voglia, piuttosto che se lo si esegue volentieri, il comandamento viene ad avere l'effetto opposto a quello suggerito, e cioè quello di permettere la piena liberazione emotiva dei contenuti ostili (i quali, solo, in obbedienza alla Legge, non vengono agiti). Su questo punto si ritorna nella sezione 7, Mosè di *Essere, avere, scintille*, nella Parte II.

L'Aron hakodesh

E darai all'Aron la testimonianza che ti darò. Farai un coperchio (capporet) d'oro puro della lunghezza di due cubiti e mezzo e largo un cubito e mezzo. Farai due cherubini d'oro massiccio sui due lati del coperchio. Farai un cherubino a un estremo e l'altro a un estremo del coperchio; farai i due cherubini tutti di un pezzo sulle due estremità del coperchio. I cherubini dispiegheranno le ali verso l'alto coprendo con le loro ali il coperchio e i loro volti, l'uno verso il suo fratello, verso il coperchio saranno i volti dei cherubini. Metterai il coperchio sull'Aron dal di sopra, e all'Aron darai la testimonianza che a te darò. E mi manifesterò a te là e parlerò con te dal coperchio tra i due cherubini che stanno sull'Aron della testimonianza, tutto ciò che comanderò a te, ai figli di Israele.[27]

Le ali dei cherubini sono distese sopra il coperchio (capporet) dell'espiazione (capparah).

Ognuno dei due vorrebbe comunicare con l'altro, le mani, con le ali, distese in una tensione alla comprensione, in modo che l'altro diventi un po' di più come sé stesso.

I due cherubini, i due interlocutori, si guardano in faccia, come Narcisi che ricercano infatti nell'altro, invece che nell'acqua, sé stessi.

Le loro ali sono distese, con le mani, nell'atto della rimozione della castrazione[28], la cui paura turberebbe la tensione alla comunicazione con l'altro.

---

[27] Esodo 25,16-22. L'Aron hakodesh ("armadio sacro") è la struttura che contiene le Tavole della Legge. Questo articolo è basato sul fatto che nella lingua ebraica le due parole, coperchio (che si chiama "capporet") ed espiazione (che si dice "capparah"), hanno la stessa radice, e sono quindi accostabili tra di loro.

[28] Il dispiegarsi delle ali del cherubino, che presumibilmente sostiene questi in cielo, viene così associato alla 'rimozione' della paura della castrazione (la paura di essere ucciso). Questa paura dovrebbe tuttavia essere posta al livello del narcisismo, e preferiremmo riservare il termine 'rimozione' alla rimozione del contenuto sado-masochistico, cioè serafinico. In ogni caso, come spiegato nella Parte II, nelle sezioni 4, Misticismo e 6, Eboidofrenia dell'articolo *Essere, avere, scintille*, la rimozione dei contenuti sado-masochistici dovrebbe essere considerata strettamente connessa alle richieste delle pulsioni narcisistiche dell'io (cioè al dispiegarsi delle ali del cherubino).

I volti, oltre che verso il prossimo (ach), sono rivolti anche verso il coperchio dell'espiazione.

Non basta infatti tendere verso l'altro le mani, a comprendere questi in un atto di intelligenza intuitiva.

Dopo l'intuizione, occorre il messaggio, dopo l'immagine dell'intelligenza, il suono della parola. I messaggi simbolici che le due persone si scambiano devono poter essere sentiti, verificati interiormente, in sé e nell'altro, perché i due esseri possano giungere a un comune sentire che li unifichi in un rapporto di conoscenza.

L'intelligenza, con le intuizioni che essa provvede, può anche essere usata a fin di male, contro il prossimo. La comprensione del problema del proprio fratello, delle difficoltà di comunicazione tra la sua anima e il suo corpo, può essere contro l'altro usata, come ben sanno gli astuti di tutti i tempi.

Il rapporto vero con l'altro, sempre sull'orlo di regredire nella violenza, che etichetta questi, in un atto di conoscenza del male, come diverso e spregevole, è reso possibile solo dalla continua espiazione dei propri istinti violenti, che coprono, come un coperchio, la legge di Dio.

La non-violenza, il cui testo è contenuto all'interno dell'Aron, passa nell'uomo in un atto di espiazione del proprio sentire violento.

Il coperchio (capporet) dei propri istinti violenti, col quale l'uomo è continuamente tentato di coprire il Testo di Dio, diventa coperchio di espiazione (capparah), allorché, sottraendosi a tali istinti, l'uomo, impegnato in un atto di espiazione, permette al Testo di passare attraverso il coperchio e di parlare a lui tramite la voce della coscienza.

La voce di Dio, la voce della coscienza, parla dunque tra i due interlocutori narcisisti.

Solo ponendosi all'ascolto di tale voce, parlando all'altro con la voce della coscienza che proviene da Dio, l'uomo può rivolgersi al suo simile nel bene della parola di giustizia di questi rispettosa, invece che in una regressione al male, compiuto con un atto di violenza.

Le ali distese dei cherubini coprono il coperchio dell'espiazione. Fin tanto che l'intelligenza opera, finché, sotto le ali, i cherubini stendono le mani in un tentativo di comprensione dell'altro (l'organizzazione narcisistica della personalità, che in *Lutto, melanconia, giustizia* abbiamo collegato con la rimozione della castrazione cherubinica[29], è la motrice dell'intelligenza, i prodotti della quale, in *Intuizioni*, abbiamo ipotizzato, in quanto costruzione dentro di sé di una immagine dell'altro,

---

[29] Si noti che quando il cherubino dispiega le ali il protista primitivo assume la forma a mezzaluna, ed è più difficile inglobarlo (ucciderlo - castrarlo).

essere il ripetersi dell'impulso arcaico all'inglobamento dell'altro, che era la sola modalità di rapportarsi col mondo esterno da parte del protista narcisista primitivo), non è permesso al coperchio della violenza di chiudersi del tutto, impermeabile alla legge di Dio e alla Sua parola.

Quando invece un cattivo uso del libero arbitrio pone l'intelligenza al servizio del male, anche le ali del cherubino, che fanno volare alto l'intelletto e la capacità di comprensione dell'individuo, non tarderanno a richiudersi.

Non più rimossa dal dispiegarsi delle ali, si staglierà nel sentire della persona la paura, paralizzante per l'intelletto, e debilitante per il fisico della persona, della castrazione e dell'uccisione.

Le interpretazioni simboliche dei sogni

Le interpretazioni simboliche dei sogni vengono considerate da Freud all'inizio del capitolo 2 della sua *L'interpretazione dei sogni* (1899, Vol. 3, pag. 100). Il mondo dei "profani" (contrapposti agli scienziati del tempo in cui Freud scriveva, i quali negavano in genere ogni valore al sogno) si è sforzato, scrive Freud, da tempo immemorabile di "interpretare" il sogno, tentando a questo scopo due metodi essenzialmente diversi.

L'interpretazione simbolica considera il contenuto del sogno nella sua totalità, e cerca di sostituirlo con un altro contenuto comprensibile e sotto certi aspetti analogo. Come esempio Freud porta il noto sogno del Faraone, con le sette vacche grasse e le sette magre, in cui l'interprete Giuseppe vede simboli di sette anni di abbondanza e sette di carestia.

Quale sia la via per giungere a una tale interpretazione simbolica, scrive Freud, non può naturalmente formare oggetto di insegnamento: "La riuscita è legata all'ingegnosità, all'*intuizione immediata*, e per questa ragione l'interpretazione del sogno riuscì mediante la simbolistica a elevarsi a esercizio d'arte legato in apparenza a doti particolari" (il corsivo è nostro).

Il secondo metodo "popolare", continua Freud, potrebbe essere definito di *decifrazione*, perché tratta il sogno come una specie di linguaggio cifrato in cui ogni segno viene tradotto, secondo una chiave prestabilita, in un altro segno di significato conosciuto.

A differenza dell'interpretazione simbolica, questo secondo metodo non aggredisce il sogno nella sua totalità, tentando di interpretarlo "en-masse". Il metodo si posa invece sulle parti, sui frammenti, sui dettagli.

Dei frammenti e dei dettagli fa tesoro la tecnica analitica (si pensi all'analisi dei dettagli costituiti dall'"atto mancato" e dal lapsus nella *Psicopatologia della vita quotidiana*), questo procedimento sviluppato tentativamente da Freud, a partire da un metodo ipnotico del quale comprendeva i limiti e le difficoltà.

Quasi cento anni dopo la pubblicazione de *L'interpretazione dei sogni*, la tecnica analitica ha alle spalle un passato: è stata applicata, studiata, discussa, modificata; l'autore confessa la sua ignoranza, e non sa se il termine "tecnica analitica" abbia ancora un significato univoco e ben definito nel mondo delle scienze psichiche, ammesso che mai lo abbia avuto.

Riferiamoci così direttamente all'opera di Freud, il quale, nel tentativo di superare le angustie e i problemi del metodo ipnotico, chiede al paziente disteso sul lettino di rilasciare ogni censura su ciò che gli viene in mente, apprestandosi a cogliere le "idee involontarie" che, appunto, ponendosi artificialmente in uno stato psichico che ha qualche analogia con lo stato anteriore all'addormentarsi e con l'ipnosi, si presenteranno alla sua mente.

Disteso sul lettino di Freud, il paziente coglie i frammenti del suo accadere psichico, quali cocci di vasi rotti che lo psicoanalista si incarica di aiutare a ricomporre. In tale ricomposizione, le scintille imprigionate nella psiche del paziente dalla rottura dei vasi saranno liberate, e l'energia resa disponibile all'io dell'individuo, il quale, con rinnovato slancio e fiducia, potrà riavviarsi sul cammino della vita.

La vita degli ebrei non è stata in genere facile, come poteva apparire alla condizione borghese della Vienna di fine '800.

Le materialmente povere condizioni delle comunità ebraiche dell'est europeo, ad esempio, escludevano il lusso del pagarsi uno psicoanalista, ma all'anelito alla liberazione delle scintille non per questo i pii uomini rinunciavano.

Lo stesso Giuseppe, condotto, vestito per l'occasione con abiti nuovi, davanti al Faraone, si dovette trovare nella condizione di interpretare il sogno letteralmente su due piedi. Ancora carcerato, cui eccezionalmente veniva richiesto un servizio particolare, non poteva certo accomodarsi sulla poltrona dello psicoanalista, né chiedere al Faraone, impegnato negli affari di stato, di distendersi sul lettino per impegnarsi in curiose operazioni psichiche.

Doveva, Giuseppe, affrontare il sogno nella sua totalità, e interpretarlo "en-masse", simbolicamente, facendo conto solamente sulle proprie conoscenze, sulla "intuizione immediata", sulle proprie forze.

"Non io, ma Dio interpreterà il sogno per il Faraone" (Genesi 41,16). Nel momento della solitudine e dell'emergenza, Giuseppe conosce la fonte cui rivolgersi: Dio può fornire, tramite un'intuizione, la chiave interpretativa del sogno.

L'uomo, essere sociale per eccellenza, è in effetti costretto a volte a stare solo.

Abituato a parlare col prossimo, a collaborare con l'altro nella soluzione dei propri e altrui problemi, l'uomo sa anche rinunciare alla parola, al ragionamento da condividere con l'altro, quando un mondo esterno inclemente non gli lasci il lusso di un po' di calma e tempo, o quando un prossimo ostile chiuda a lui con cattiveria ogni possibilità di comunicazione. Questa capacità di stare solo è d'altronde forse il retaggio dei primi passi dell'evoluzione della vita sulla terra, allorquando la rarità della vita stessa, e la povertà degli strumenti di comunicazione, rendeva il sé circondato da cose che erano o apparivano inanimate.

Ma l'uomo non è mai solo. Dio è con lui; è sufficiente cercarlo.

La visione di Giacobbe è stata discussa innumerevoli volte. Forse possiamo dire che anche qui ci sono allusioni al libero arbitrio.

*"**Ed ecco una scala**" : un mezzo di comunicazione che colleghi la terra col cielo (il primo passo a nostra scelta).*

*"**ed ecco angeli di Dio salivano e scendevano**" : le nostre preghiere salgono a Lui, la Sua risposta discende su di noi (il secondo passo, ancora dipende da noi: in effetti la risposta di Dio, se così è permesso esprimersi, è sollecitata e quindi causata da noi).*

*"**Ed ecco il Signore stava su di essa**" : non solo la Sua risposta ma anche la Sua Presenza e la Sua Parola indirizzata a noi (un terzo più difficile passo: addirittura possiamo ascoltarLo).*

*"**ed ecco Io sono con te**" : non solo la Sua Risposta, la Sua Presenza, la Sua Parola, ma anche la promessa del Suo Intervento a nostro favore (quarto passo).[30]*

Nello sforzo di non lasciare solo il paziente nei suoi problemi, anche Freud tentava diverse vie.

In *Studi sull'isteria* di Freud-Breuer, Freud descrive un metodo che appare un po' come l'opposto, o forse meglio potremmo dire il "duale", del metodo del rilassamento psicoanalitico. Leggiamo sui primi scritti di Freud, il quale tentava nuove strade, insoddisfatto del metodo ipnotico. Da *Studi sull'isteria* (1892-95, Vol. 1, pag. 265), Caso III, Miss Lucy R.: "Dunque, quando il primo tentativo non conduceva né al sonnambulismo né a un grado di ipnosi, tale da comportare rilevanti modificazioni fisiche, abbandonavo ostentatamente l'ipnosi e richiedevo solo 'concentrazione'. Ordinavo al paziente di distendersi e di chiudere volontariamente gli occhi come mezzo per ottenere questa concentrazione. È possibile che in questo modo ottenessi, solo con un

---

[30] I passi in corsivo sono tratti dal commento, contenuto nell'articolo *vehinneh*, di Carlo Franchetti, alla visione di Giacobbe della scala stesa tra il cielo e la terra (Genesi 28,12).

leggero sforzo, il più profondo livello di ipnosi raggiungibile in quel particolare caso". E più oltre: "Mettevo la mano sulla fronte della paziente o le prendevo la testa fra le mani e dicevo: - Lei ci penserà sotto la pressione della mia mano. Nell'istante in cui rilascerò la pressione, lei vedrà qualcosa davanti a sé o qualcosa le verrà in mente. La fermi, è ciò che stiamo cercando. – Bene, che cosa ha veduto o cosa le è venuto in mente?".

In queste istruzioni, date da Freud a Miss Lucy R., risalta e colpisce la parola "concentrazione". Il concentrarsi appare infatti indicare uno stato di attività; ci si concentra attivamente su qualcosa, ci si concentra quando si è in uno stato di angustia, o quando, al sopravvenire di un pericolo, ci si pone in uno stato di emergenza. Difficilmente la concentrazione aiuta a prendere sonno; eppure, abbandonato il metodo della "pressione della mano", Freud inviterà invece il paziente a riferirgli, abbandonata ogni censura, "le idee involontarie che ottiene ponendosi artificialmente in uno stato psichico che ha qualche analogia con lo stato anteriore all'addormentarsi e con l'ipnosi".

Una concentrazione e un'attività forzata, così come un rilassamento simile a quello che precede lo stato del sonno, appaiono entrambi come stati psichici nei quali è facilitato l'accesso all'inconscio.

Abbandonato il normale avvicendarsi delle emozioni e dei pensieri, sia che ciò avvenga all'approssimarsi del sonno, sia al presentarsi di situazioni di emergenza che richiedano tutta la sua attenzione e vigile concentrazione, l'uomo è più vero con sé stesso: è il momento della verità, e il tempo dell'inconscio.

Freud poneva la sua mano sul capo del paziente, in un gesto che viene da accostare a quello antico dell'impartizione di una benedizione. "Non temere, io sono con te", sembra voler significare questo gesto. L'uomo non è solo di fronte all'inconscio, all'esterno, all'ambiente ostile. Davanti al timore della solitudine:

"ed ecco Io sono con te" : non solo la Sua Risposta, la Sua Presenza, la Sua Parola, ma anche la promessa del Suo Intervento a nostro favore (quarto passo).

"Quando rilascerò la pressione lei vedrà qualcosa davanti a sé…" dice Freud a Miss Lucy R.

La vista, il senso che più apre l'uomo all'esterno, che più ci fa, con un gioco di parole, vedere lontano, è anche quello più vicino all'inconscio. L'inconscio, l'esterno, l'altro che prima di conoscere, e come tappa preliminare per conoscere in modo vero, occorre mantenere dapprima un po' distante dal sé, inconscio appunto (vedi *Intuizioni*).

Possiamo provare ora, a distanza di più di cento anni, a riesaminare, su noi stessi prima di tutto, il metodo della "pressione della mano" il quale attraversa gli *Studi sull'isteria*?

Possiamo certo assumere artificialmente uno stato di concentrazione, una sorta di stato di emergenza attento, invece che al pericolo esterno, alle immagini che sorgeranno dall'interno. Ma, se siamo veramente soli, cosa possiamo sostituire alla pressione della mano di Freud?

È possibile che il "pensare a Dio", l'affidarsi a Lui, faciliti il processo di formazione e percezione delle immagini?

Se le immagini sono prodotti dell'inconscio, se il motivo per cui non percepiamo l'inconscio è in fondo la nostra paura di esso, della sua sconvenienza sociale, forse l'uomo che sa di essere nel giusto può mettere meglio a fuoco le figure del proprio inconscio, affidandosi, per lenire ansia e paura, al Signore.

Questo è comunque ciò che sembra ritenere Giuseppe: "Non io, ma Dio interpreterà il sogno per il Faraone".

Il signore dell'Egitto è turbato; sa in cuor suo che agli anni di abbondanza farà seguito la carestia, ma non ne vuole prendere atto. Mille crucci militano in lui contro la costituzione di questa realtà.

La necessità di riorganizzare radicalmente il paese, come in seguito farà Giuseppe, urta forse contro interessi costituiti. Le istanze di sconvenienza sociale, possiamo supporre col senno che ci è stato fornito da cento anni di psicoanalisi, si mescolano in Faraone a esperienze infantili inconsce, col risultato che il tutto risulta appunto inconscio, confuso e poco chiaro. "Non c'è un interprete di sogni!", si disperano a corte prima di sapere di Giuseppe.

Questi sa ascoltare. Ha appreso dal respiro della madre Rachele a modulare l'interazione col mondo esterno. Di Giacobbe ha la giustizia, e da lui ha appreso ad affidarsi a Dio.

"Non io, ma Dio interpreterà il sogno per il Faraone". Gli elementi del sogno si trasfigurano davanti a Giuseppe, le vacche e le spighe in anni, e la prospettiva della siccità si staglia chiaramente nella sua mente. Insieme all'interpretazione del sogno, Giuseppe fornisce a Faraone anche la soluzione del problema: erano proprio le resistenze ad accettare la necessità di tale soluzione a mantenere forse celato il significato del sogno a Faraone e all'Egitto.

Ci è consentito chiamare "intuizioni" queste immagini, e intelligenza la capacità di lavorare su di esse, fino a interpretarne il significato?

Lasciamo in sospeso la risposta a questa domanda, per illustrare l'utilizzo della piccola modifica suggerita (l'affidarsi a Dio) della tecnica della "pressione della mano" in una situazione analitica.

<u>Premessa</u> Il paziente si sentiva a disagio; aveva cioè dentro di sé una sensazione sgradevole, la cui origine e il cui significato non riusciva a decifrare.

<u>Immagine</u> Ponendosi nello stato di emergenza e concentrazione, gli si presentò la seguente immagine: vi sono due figure che camminano faticosamente tenendosi per braccio lungo una strada tortuosa; una di queste due persone ha la faccia bianca.

<u>Analisi</u> *Le due persone* sono due componenti della sua famiglia. Che una delle figure rappresenti una particolare componente della sua famiglia, risulta dalla faccia bianca; ciò richiede una breve spiegazione: il paziente soffriva, durante il periodo in cui ha avuto l'esperienza, di una paura irrazionale; temeva, in particolare, di trovare, al buio, dietro le porte, un essere extraterrestre con la faccia bianca; tale essere, come è risultato chiaro in seguito al lavoro analitico svolto, era appunto tale persona.

Le due figure *camminano faticosamente*; tra di esse, esiste nella realtà uno stato di tensione, tanto che sembra facciano una gran fatica a percorrere insieme il cammino della vita. La *strada tortuosa* dà anch'essa un'idea di fatica.

<u>Conclusione</u> A causa della tensione tra questi due familiari, il paziente ha sentito in passato un senso di disagio, che era quella sensazione sgradevole il cui significato non riusciva a definire.

La descrizione delle immagini può essere spinta fino al livello di dettaglio e completezza voluto. Questo è facile da verificare; è sufficiente mantenere lo stato di concentrazione e continuare a ricercare. La scena in questione, in particolare, si collocava contro lo sfondo di montagne. Tali montagne stanno a rappresentare il nonno morto, che il paziente cerca in lontananza come per sfuggire al senso di disagio. Le immagini, se osservate attentamente con gli "occhi della mente", tendono a volte a trasfigurarsi; persone senza volto assumono lineamenti noti; figure di vacche e spighe diventarono agli occhi di Giuseppe immagini di abbondanza e carestia.{1}

Queste immagini, dunque, figure dell'inconscio, sono, come sapeva Giuseppe, suscettibili di interpretazione, e l'interpretazione tende a confermare come il loro carattere sia quello di un'organizzazione astratta di sensazioni.

Al loro presentarsi, le immagini sono prive della componente emotiva, "astratte" da questa, proprio in virtù del processo di concentrazione e assunzione di uno stato psichico artificiale che tende a escludere le emozioni[31]. Nella concentrazione e nell'emergenza, vi è scarso spazio per le emozioni, ma solo quello per un'organizzazione astratta del pericolo incombente.

Data la loro natura di organizzazione, e quindi di sintesi, di una massa di materiale interiore, l'interpretazione di tali immagini presenta la caratteristica dell'interpretazione "en masse", propria del metodo popolare storico e leggendario delle interpretazioni simboliche dei sogni.

L'uomo è di fatto abituato a convivere con due tipi sostanzialmente differenti di immagini; il primo è il tipo di immagine la quale si propone di esprimere un sentimento interiore; si tratta delle immagini che i pittori di ogni tempo hanno tracciato sulle loro tele; il secondo, è il tipo di immagine intesa come organizzazione astratta di sensazioni: è l'immagine dell'aggressore, improvvisamente percepita dalla persona aggredita.

In campo pittorico, Leonardo, più di altri artisti, sembra rifuggire dal tentativo di comunicare immediatamente sentimenti ed emozioni. Il senso di mistero trasmesso spesso da un paesaggio (un monte) sfuocato in lontananza, indica che c'è ancora qualcosa di irrisolto nel sentire. La cura del dettaglio nelle figure in primo piano sembra una ricerca, quasi scientifica, su immagini ancora astratte dalle emozioni, come erano le vacche grasse e magre e le spighe del sogno prima dell'interpretazione di Giuseppe, ricerca accurata e mistica dalla quale l'artista si attende in fondo la soluzione del mistero.

Due tipi di immagini, dunque, forse per due tipi di verità? Da un lato una verità frammentaria ma sentita emotivamente.

Dall'altro una verità astratta, in cui l'esterno è compreso nelle sue connessioni, ma a condizione che una "barriera" contro le proprie emozioni lo spogli per il momento del contenuto, appunto, emotivo.

Nella vita di tutti i giorni dobbiamo spesso scegliere tra questi due tipi di verità. Di fronte a un atto del prossimo percepito come uno sgarbo, ad esempio, decidiamo di sentire in modo pieno emotivamente la nostra rabbia e passare all'azione, per magari colpire l'altro con un pugno, o

---

[31] Nel seguito del libro indicheremo questo stato psichico col nome di "stato di emergenza".

comunque per rispondere con un atto violento, o erigiamo una barriera contro la nostra reazione emotiva, cercando di comprendere meglio l'altro, di "vedere" meglio con gli occhi della mente la sua immagine, rischiarata magari da una colonna di fuoco (vedi *La colonna di nube e la colonna di fuoco*), differendo l'azione, per sentire solo il proprio dolore (il dolore non è un'emozione: si pensi all'analisi letterale della parola e-mozione, la quale indica un atto volto verso l'esterno, mentre il dolore è tutto proprio, e rivolto verso l'interno del sé), la propria sofferenza, indice di una resistenza alla costituzione di realtà dell'altro come male (vedi *Sulla sofferenza*)?

Infine, quando affermiamo che una cosa è "vera", non intendiamo forse che essa ha per noi una verità sia astratta, che emotiva?

Possiamo tentare di convincerci della verità della proposizione "Quell'uomo è cattivo", a proposito di un nostro nemico. La costruzione astratta incontrerà però delle difficoltà a essere verificata interiormente. In cuor nostro fatichiamo a considerare il prossimo come completamente cattivo. La proposizione "Quell'uomo ha agito in un modo tale che mi reca dolore" sarà più facilmente verificata interiormente, perché più vera.

Dualità del concetto di verità. Davanti a una proposizione del linguaggio della quale la persona desidera "conoscere" lo status di verità, cioè se essa è vera, o falsa, o incerta, ci pare che ella proceda a due verifiche le quali mirano a due obiettivi diversi.

Da un lato, la persona mira a stabilire la "verità interiore", emotiva, che ha per lei la proposizione, dall'altro la sua "verità astratta". La "conoscenza" della proposizione si conclude solo quando le due verifiche sono entrambe concluse, e per affermare che la conoscenza della proposizione ha stabilito la sua verità occorre che esse entrambe diano esito positivo.

La proposizione "le due diagonali di un quadrato si intersecano ad angolo retto" verrà verificata interiormente mediante il ricordo della figura di un quadrato il quale aveva tracciate le diagonali.

La persona alla quale la proposizione è presentata non sarà però probabilmente soddisfatta di tale verifica, e, per conoscere la proposizione, procederà anche a una sua verifica astratta.

Il modo più semplice in cui la verifica astratta può avvenire, è il seguente: la persona si pone in uno stato di concentrazione e ottiene l'immagine astratta di un quadrato le cui diagonali si intersecano ad angolo retto.

Tali semplici verifiche possono fallire; il ricordo può non sorgere, l'immagine astratta può non comparire. Ciò sarebbe probabilmente il caso se la proposizione in questione fosse un teorema complicato della matematica; in tali casi, il pensiero segue strade più complicate, ragionando, riflettendo, per giungere alle due verifiche di verità.[32]

Le intuizioni, le immagini che Freud cercava di ottenere col metodo della pressione della mano dal paziente, elementi psichici astratti dalle emozioni, sarebbero dunque solo metà conoscenza, la sua parte astratta (di qui la nota locuzione "verificare un'intuizione": si tratta infatti di ricercare la verità interiore corrispondente alla verità astratta costituita dall'intuizione).

Possiamo forse supporre che l'agire richieda sempre, condizione necessaria e sufficiente per esso, una sorta di incontro tra i due tipi di verità: la verifica sia interiore che astratta dell'atto che si compie.

"Ed ecco una scala" : un mezzo di comunicazione che colleghi la terra col cielo (il primo passo a nostra scelta).

Di fronte a un moto emotivo (una "verità interiore") diretto ad esempio contro l'altro, l'uomo può decidere in che modo percorrere la scala, il mezzo di comunicazione che collega la terra col cielo. Può porsi all'ascolto della voce di Dio, invocarlo nella preghiera:

"ed ecco angeli di Dio salivano e scendevano" : le nostre preghiere salgono a Lui, la Sua risposta discende su di noi (il secondo passo, ancora dipende da noi: in effetti la risposta di Dio, se così è permesso esprimersi, è sollecitata e quindi causata da noi).

Egli risponderà, negando la verifica astratta all'atto aggressivo contro l'altro (se l'atto è ingiusto e non uno di autodifesa):

"Ed ecco il Signore stava su di essa" : non solo la Sua risposta ma anche la Sua Presenza e la Sua Parola indirizzata a noi (un terzo più difficile passo: addirittura possiamo ascoltarLo).

Ma possiamo anche decidere, con un uso scorretto del libero arbitrio, di percorrere la scala disposta tra terra e cielo a modo nostro.

---

[32] Questo tema dell'incontro tra astratto e emotivo, il quale genera la conoscenza ed è necessario per il passaggio all'atto, viene ripreso più in dettaglio nella Parte II.

Invece di chiedere consiglio a Dio e porsi all'ascolto della Sua risposta, l'uomo può forzare egli stesso, con un atto di "conoscenza del male", la conoscenza astratta dell'altro, etichettandolo: "egli 'è' male", e in tal modo passare, verifica di verità interiore (il moto emotivo contro l'altro) eseguita, e astratta (egli "è" male) forzata contro l'altro, all'azione ingiusta contro il proprio prossimo.

Egli "è" male. L'altro è etichettato nella sua globalità, mentre le ali cherubiniche (vedi *Narcisismo, Cherubini, Etica*) tese alla comprensione di un prossimo cui viene negata ogni possibilità di bene, non hanno più ragione di rimanere distese nella rimozione dell'azione ostile. Non vi è più niente da comprendere.

L'altro "è", nella sua totalità, male. La totalità, il molto, la troppa pienezza delle emozioni può essere indice di male, di una verità astratta personale posta al servizio del proprio sentire, invece che invocata e suggerita dalla voce del Cielo.

L'altro "è" male. L'essere, la qualifica del nome di Dio, viene attribuito politeisticamente, subito seguito dalla parola "male" a un altro uomo.

La realtà costituita nell'azione di male, resa possibile dall'incontro tra le due verifiche di verità astratta e interiore, incontro forzato, in un uso maligno del libero arbitrio, mediante la costituzione da parte dell'uomo di una propria componente astratta di verità di comodo (egli "è" male), permarrà sempre un po' instabile nella mente di colui che la genera nell'atto.

"Sto solo scherzando", dice spesso il malvagio. "Lo faccio a fin di bene per questo e questo altro motivo", puntella egli, ragionando tra sé e sé, la verità del male.

Una coazione a ripetere l'atto di male (come i dittatori della realtà dei tempi moderni, i quali mai si stancano di attaccare e rinnovare le proprie aggressioni) testimonia forse come di un bisogno di ricreare nella realtà, a guisa di rassicurazione, una verità nella quale il malvagio stesso non crede.

La verifica astratta dell'atto di male non provenendo dalla voce del Signore, la verità dell'atto risulta come instabile, mal fondata, appunto forzata, tanto che in fin dei conti neanche il malvagio crede nelle sue teorie e nelle sue azioni.

Un uso malvagio del libero arbitrio, il "male", starebbe anzitutto dunque nel forzare dentro di sé una verifica di verità, cui, se l'uomo l'ascoltasse, la voce della coscienza si ribellerebbe.

Il male sta nell'accettare dentro di sé il falso per vero, la frattura e il politeismo al posto dell'anelito all'unità e al monoteismo, e agire quindi sulla base di tale falsità.

Il male sta nel ripiegare le ali cherubiniche tese, nella rimozione del sé, all'intelligenza dell'altro, prima che tale comprensione sia effettivamente raggiunta e che l'unione con l'altro possa avvenire in un atto di conoscenza reciproca di entrambi rispettoso, nel bene.

Le immagini ottenute dai pazienti di Freud ponendosi in stato di concentrazione, in quanto elementi di verità astratta, sono dunque immagini "fredde" che non coinvolgono realmente la persona, le cui emozioni (da cui appunto le intuizioni sono "astratte") non vengono sollevate.

Si tratta della stessa freddezza dell'immagine che la persona improvvisamente aggredita percepisce dell'aggressore: non c'è spazio per le emozioni, ma solo per un'organizzazione astratta del pericolo incombente.

Solo privato l'altro delle emozioni che egli suscita in me, posso io in fondo comprenderlo pienamente dentro di me.

È una comprensione "fredda", privata dell'emotività, come tramite l'erezione di una barriera, tra me e l'altro, tra me e le mie emozioni.

È la comprensione dell'intuizione e dell'intelligenza (vedi *Barriere simboliche di rimozione*). La comprensione dell'altro che tramite la di lui intuizione Dio mi elargisce; l'intelligenza dell'altro che, nel giardino di Eden, operando indisturbata da un uso malvagio del libero arbitrio, rendeva in esso tanto semplice la vita all'uomo.

Questa intelligenza dell'altro, dapprima fredda, diventa piena di emozione nell'amore tra due persone. Nell'orgasmo, la barriera tra sé e l'altro, costituita dall'indurimento ed erezione del pene, improvvisamente viene meno, nella pienezza dell'emozione dell'amore, dello scambio di liquidi tra i due esseri, nella loro conoscenza e unione completa.

Al di fuori di questo atto di conoscenza primitivo (vedi *Intuizioni*) vi è sempre qualcosa di irrisolto nella conoscenza dell'altro. Freud parlava di "ombelico del sogno", a significare che in ogni interpretazione, in ogni atto di conoscenza, rimane sempre qualcosa di irrisolto, di incompleto. La pienezza delle emozioni e della conoscenza non è data all'uomo che nell'amore, e nella falsità auto-costruita del male.

Nella "freddezza" delle intuizioni, nell'assenza di emotività delle immagini di cui Freud chiedeva ai suoi pazienti, risiederebbe dunque, per ritornare a una terminologia psicoanalitica, la loro capacità di penetrazione nell'inconscio, le cui difese non entrano in funzione; di fatto, le difese entrerebbero in funzione solo in un secondo tempo, allorché si cerca di verificare emotivamente le intuizioni.

Possiamo così finalmente tentare di descrivere il processo dell'interpretazione simbolica di un sogno.

In una tale interpretazione, a partire dagli elementi costituenti il ricordo del sogno, viene ottenuta un'intuizione, la quale può ad esempio essere costituita da una trasfigurazione (come quella delle vacche e spighe sognate dal Faraone in abbondanza e carestia viste da Giuseppe) degli elementi figurativi narrati nel ricordo.

Tale intuizione, suggerita al sognatore (o rappresentata a sé stessi, se si sta interpretando un sogno proprio), penetra nell'inconscio, dal quale estrae il contenuto latente del sogno.

A questo punto, si verifica qualcosa di molto simile a ciò che avverrebbe in una situazione analitica, allorquando l'analista suggerisce al paziente l'interpretazione di un sogno da questi raccontatogli.

L'intuizione, se si sta interpretando un proprio sogno, può essere paragonata infatti alla voce dello psicoanalista. Essa viene recepita, e l'azione combinata dell'intuizione e degli elementi di verità interiore costituenti il ricordo del sogno hanno per effetto di liberare dall'inconscio il contenuto latente del sogno, che viene recepito come una verità interiore.

La verità astratta del contenuto latente del sogno era d'altronde già stata stabilita dall'intuizione, così che entrambe le verifiche sono effettuate, e il contenuto latente del sogno è conosciuto, cioè il sogno è interpretato.

Il pensiero mistico si proporrebbe, per giungere alla conoscenza, di non preoccuparsi esplicitamente del contatto tra i due tipi di verità che genera la conoscenza stessa.

Il mistico, nella sua forma classica, appare infatti forse come una persona che non si preoccupa di verificare le intuizioni: egli attende la conoscenza dall'incontro tra i due tipi di verità che si aspetta avvenga quando abbastanza intuizioni saranno state allineate, e elaborate nell'inconscio (vedi *Intuizioni*, L'Elaborazione Inconscia).[33]

Leonardo non si stanca di dipingere il dettaglio delle sue figure, quasi che la figura nella sua globalità non lo interessasse. Il fatto è che forse la

---

[33] Su questo punto ritorniamo nella Parte II e ci correggiamo. Il pensiero mistico non lavorerebbe sul "rimosso", in quella che abbiamo chiamato l'"elaborazione inconscia", bensì sul "represso", materiale generato dalla "repressione", una sorta di "rimozione di seconda istanza", differente dalla "rimozione".

figura lo interessa troppo. Ma, come la persona aggredita vede anzitutto mani e piedi dell'aggressore, i dettagli che potranno colpirlo, così il pittore si occupa con cura del dettaglio, anelando alla soluzione, peraltro rimandata e misticamente trattenuta dal punto di vista emotivo, del problema costituito dal tutto.

Accanto al misticismo che non si preoccupa di verificare le intuizioni, esiste forse anche un misticismo duale. Si tratta del misticismo che non si preoccupa di verificare astrattamente gli elementi di verità interiore. L'analisi è in tal senso una procedura mistica di questo secondo tipo: durante l'analisi, il paziente raccoglie infatti elementi di verità interiore, provvisti di contenuto emotivo, le "idee involontarie" di Freud, senza preoccuparsi del problema della conoscenza.

Questa viene improvvisamente, in genere non mediante un'intuizione, ma tramite il suggerimento dello psicoanalista, il quale evidentemente si dà carico di ottenere le intuizioni e la comprensione al posto del paziente.

Quando non si è soli (ma si dispone ad esempio del lusso di potersi pagare uno psicoanalista), ci si può più abbandonare all'emotività, e all'espressione libera e allegra del frammento (confronta l'accostamento fatto sopra, a proposito delle interpretazioni simboliche dei sogni, tra la voce dello psicoanalista e l'intuizione ottenuta dall'interprete solitario dei propri sogni).

Il mistero che è associato al concetto di misticismo, insieme col senso di mistero trasmesso dai paesaggi di Leonardo, è forse spiegabile col fatto che "c'è qualcosa che non si conosce"; la conoscenza avverrà improvvisamente quando abbastanza elementi di uno dei due tipi di verità (a seconda del tipo di misticismo) saranno stati raccolti.

L'etica è anzitutto una distanza dalle cose.

È uno "stato di emergenza" di fronte al mondo, che permette di valutare le cose non meramente secondo le emozioni, o le verità interiori, che esse suscitano in noi, ma anche secondo parametri di verità astratta che scendono dal Cielo.

Abbiamo suggerito come il processo di ottenimento delle immagini venga facilitato se, oltre a porsi in uno stato di concentrazione, si compie un'altra operazione mentale, difficile da descrivere se non ricorrendo a termini teologici: pensare, affidarsi, a Dio.

All'etica è tradizionalmente attribuito un ruolo di salvaguardia dell'io.

Alla luce di quanto detto, vediamo come il porsi in uno stato di concentrazione e di emergenza artificiale, quale quello della tecnica della "pressione della mano" degli *Studi sull'isteria*, sia un'attività che, come sapeva Freud, consente una vicinanza con l'inconscio suscettibile di essere usata per preservare l'integrità dell'io.

Per tutto il Testo Biblico, si ritrova il concetto secondo il quale "la parola appartiene a Dio"; ciò è forse interpretabile notando come, nell'astrattizzare il messaggio da inviare, affidandolo alle onde dell'aria, l'uomo compia quasi impercettibilmente, ma inequivocabilmente, l'operazione di porsi in stato di concentrazione.

Se condizione necessaria per passare all'azione è la verifica sia astratta che interiore dell'atto che si compie, l'uomo che lotta deve agire in rapida successione.

La seguente interpretazione, espressa con una terminologia psicoanalitica, che proponiamo dell'episodio della lotta di Giacobbe contro l'Angelo (Genesi 32,25-32) come un tipo particolare di crisi psichica, sembra confermare come gli elementi della dualità del concetto di verità su cui ci siamo soffermati siano ben presenti al respiro della Genesi.

Quando quella notte Giacobbe restò solo, le immagini cominciarono ad affluire alla sua mente.

Come un uomo in lotta riceve le immagini dell'aggressore, e deve verificare subitaneamente queste immagini per conoscere la lotta e potersi difendere, così quella notte le immagini nella mente di Giacobbe venivano verificate mediante contenuti di verità inconscia man mano che sorgevano.

Il nome di Giacobbe fu mutato in Israele perché egli non fu travolto dai contenuti dell'inconscio.

La ferita alla sua coscia è la ferita dell'uomo che ha familiarità col proprio inconscio, e non può più "fare una cosa e basta", ma gli viene da porsi la domanda del perché l'ha fatta, e del se ciò che ha fatto è bene o male.

Note a Le interpretazioni simboliche dei sogni

nota 1

Freud non era persona da abbandonare una tecnica senza prima averne esplorate fino in fondo tutte le potenzialità, e si era accorto anche di come immagini scarsamente definite viste dal paziente sotto la pressione della mano potessero essere rese più nitide e ricche di particolari se solo si invitava il paziente a continuare a fissarle con gli occhi della mente.

Tra i particolari che più si prestano a essere messi a fuoco continuando l'osservazione, vi sono, riteniamo, i lineamenti di volti di persone.

Proviamo a pensare dunque alla morte, e a ricercare, quasi che Freud stesse ponendoci una mano sul capo, l'immagine che ci viene in mente se ci concentriamo su questo concetto.

Come un pittore al quale un committente abbia commissionato un quadro raffigurante il tema, in fondo abbastanza astratto per la vita normale delle persone vive, della morte, deve cercare dentro di sé un'immagine da riportare sulla tela, così ciascuno di noi ha la possibilità di tradurre in immagini i concetti più astratti e apparentemente refrattari alla rappresentazione visiva.

La figura di una donna si presenterà allora, probabilmente vestita di nero, in risposta alla nostra disponibilità e apertura alla visione.

I lineamenti del volto non saranno riconoscibili. Se fissiamo gli occhi della mente sul volto di tale immagine, tuttavia, i lineamenti della madre appariranno sul volto precedentemente vuoto.

L'immagine non ha coinvolto le nostre emozioni. Intuizione isolata, l'immagine richiede di essere interpretata per essere integrata nel sentire della persona.

Nel caso della morte, l'interpretazione è facile: la madre viene a riprendersi l'uomo, che era una volta il bambino a cui ha dato la vita.

Spinti dalla voglia di sapere, ci chiediamo se altre immagini, che spesso si trovano dipinte sui quadri degli artisti, non siano ottenibili a partire da concetti astratti, con un procedimento simile a quello che abbiamo descritto sopra e che conduce alla figura della morte.

Tra queste immagini, quella del Trono di Dio, naturalmente, è quella che più ci interessa.

Se la morte è lo stato psichico di assenza di sensazioni, esiste forse uno stato psichico assumendo volontariamente il quale, e contemplandolo quindi con gli occhi della mente, si possa vedere e descrivere l'immagine del Trono di Dio?

Abbiamo cercato tentativamente la risposta nei dintorni di uno stato psichico che potremmo definire come quello assunto da una persona alla quale è richiesto di fronteggiare un'emergenza.

Non vi è, di fronte all'emergenza, tempo per le emozioni, che devono essere rimosse proprio per la loro troppo grande e disturbante intensità; vi è solo spazio per un'organizzazione astratta del pericolo incombente.

Un'altra strada conduce a ritenere che lo stato psichico che porta con la mente a Dio sarebbe proprio quello da assumere per vedere meglio le immagini, la cui esistenza, alla pari di quella delle visioni dei profeti antichi, Freud ha svelato all'uomo moderno.

Stiamo forse andando tuttavia troppo oltre, e pensiamo di dover lasciare queste e altre ripostissime questioni allo studio dei mistici, le cui scuole crediamo lavorino fin dai tempi più remoti alla conservazione e allo sviluppo di una tradizione di conoscenza, la quale forse troppo superficialmente l'uomo moderno tende a sottovalutare, e che rifiuta così spesso di integrare pienamente nel proprio sentire e nella propria vita.

PARTE II
Essere, avere, scintille

Essere, avere, scintille

1 Essere

"Soffro dunque sono", dice il filosofo.[34]

Vi sono però tante cose che esistono, e non soffrono. Il tavolo su cui si sta facendo lezione indubitabilmente esiste, ma, essendo, come si dice, un "oggetto inanimato", è dubbio che gli si possa attribuire una qualche coscienza di una propria sofferenza.

E tuttavia il tavolo, se non esiste per sé stesso, esiste per me, che appunto lo sto adoperando.

Possiamo proporre una definizione per questa parola, "esistere", tanto basilare per il discorso sul mondo?

Ciò che *per me* "esiste", proponiamo di dire, è ciò che può causarmi dolore.

Sembra forse una definizione troppo ampia e incerta di un concetto di esistenza, oggetto dello studio esatto delle scienze fisiche. Eppure da questa ipotesi di definizione, etica potremmo dire, piuttosto che fisica, del concetto di "esistenza" desideriamo partire per proseguire la nostra indagine sull'"essere".

Iniziamo con un esempio.

Vi "è" in cucina un sacchetto della spazzatura la cui permanenza nella stanza è incompatibile col desiderio di avere una casa ordinata. La presenza, l'"essere" di questo sacchetto in cucina, mi dà fastidio. L'"essere" del sacchetto è incompatibile, stride col mio desiderio di vivere, di "essere" in un ambiente pulito e ordinato. Il messaggio di disordine che ricevo dall'esistenza del sacchetto non si integra nel mio sé, nel mio essere, come esso è, come è stato costruito dal passato[35].

La ricezione di un messaggio dall'esterno il quale non può essere integrato, "digerito" dicevamo in *Intuizioni*, dal mio essere, fa insorgere in me impulsi all'azione inizialmente rimossi e differiti in un tentativo di vedere dapprima se l'esistenza dell'altro può essere compatibile col mio

---

[34] Bernard Henry Lévy, *Il testamento di Dio*.

[35] Per questo concetto di "essere" come risultato del passato dell'individuo, si veda in particolare *Intuizioni*.

essere (se posso arrivare a "conoscere" l'altro)[36], e ove ciò non sia possibile a ottimizzare l'impiego delle risorse fisiche impiegate nell'azione[37].

Nel caso del sacchetto della spazzatura c'è poco da fare. Occorre alzarsi dalla poltrona, prelevare il sacchetto, e depositarlo nel contenitore sulla strada. Non vi è scelta: in fondo si tratta di un'impotenza del mio essere, il quale ha dei limiti e necessita di ordine. Un essere più grande e potente (quello di Dio ad esempio) potrebbe più facilmente convivere col disordine e integrare in sé l'essere dell'altro (del sacchetto) senza necessità di passare all'azione.

L'azione è dunque anzitutto un fallimento dell'essere. Il lavoro all'agire associato, un lavoro del lutto di un sé il quale riconosce i propri limiti[38] e agisce di conseguenza in un atto di trasformazione di un mondo sentito come incompatibile col proprio essere limitato. Dio, essendo in tutte le cose, non ha mai bisogno di agire[39].

Lavoro, dunque, sempre come lavoro del lutto.

Durante il Sabato sarebbe proibito prendere il sacchetto e portarlo fuori dalla casa, sulla strada. Il rispetto dell'"essere" altrui, fosse anche quello di un sacchetto che disturba colla sua mera presenza il mio proprio essere, ha la precedenza sui miei desideri. L'azione è sospesa, il suo differimento stabilito da una Legge, la quale ricorda la necessità che una rimozione venga posta alla base dei rapporti dell'uomo col creato.

Un secondo esempio. Il tavolo su cui stiamo facendo lezione indubitabilmente esiste. Esso, a differenza del sacchetto, non mi infastidisce; tuttavia potrebbe farmi soffrire. Se una sua gamba si rompesse[40], proverei dolore, per la frattura nell'integrità di un essere, il tavolo, cui sono affezionato, e che è un poco integrato nel mio. Nuovamente un'azione, un lavoro di riparazione proibito il Sabato, sarebbe necessario per ripristinare l'integrità del tavolo, per creare

---

[36] Il concetto di rimozione come passo il quale immette alla conoscenza dell'altro, è stato sviluppato in particolare negli articoli *Intuizioni* e *Barriere simboliche di rimozione.*

[37] Questo concetto di differimento dell'azione, di sua rimozione, al fine di ottenere un migliore risultato dagli sforzi alla fine messi in opera, si trova in particolare in *Lutto, melanconia, giustizia*, ove ci si sofferma sulla calma e apparente sospensione della reazione messe in opera dal lottatore esperto di arti marziali.

[38] Sul "lavoro del lutto" ci siamo soffermati in *Lutto, melanconia, giustizia*, il quale riprende i concetti esposti da Freud in *Lutto e melanconia* (1915, Vol. 8).

[39] Gli dei greci sono invece rappresentati negli scritti di Omero continuamente impegnati nell'azione.

[40] Continuiamo a usare l'esempio della frattura della gamba, introdotto in *Sulla sofferenza.*

questa volta, invece che per distruggere (come nel caso del sacchetto), ma comunque per introdurre delle modifiche nell'ordine dell'essere. La proibizione sabbatica del lavoro, di creazione questa volta, di nuovo stabilisce il differimento dell'azione, ricorda la necessità di saper convivere col proprio dolore per la perdita dell'essere dell'altro, che costituisce anche una frattura in noi stessi, almeno per un tempo limitato.

Ci siamo occupati nei due esempi di oggetti inanimati, ma chi ha qualche esperienza di vita sa probabilmente purtroppo che poche cose possono fare soffrire quanto l'agire di un altro uomo.

Il tradimento di un amico, l'agire ostile a sé e continuato di un'altra persona verso la quale, appunto in quanto uomo, non possiamo rinunciare a mantenere una qualche apertura, possono causare sofferenze pari a quelle di gravi malattie che aggrediscono dall'interno il nostro corpo.

Se di fronte a un oggetto inanimato parliamo in genere di "fastidio" che esso dà, il termine "sofferenza" sembra riservato a un dolore di natura diversa, da un punto di vista qualitativo, oltre che quantitativo. Si tratta di un dolore che, come quello associato alla malattia, attacca l'uomo dal di dentro invece che dal di fuori, e con il quale anche il "lavoro del lutto", associato alla perdita di un oggetto esterno, pare avere poco a che fare.

2 Avere

Il fallimento dell'essere nell'altro apre la via a una frattura tra il sé e il mondo ormai al sé esterno.

Questo processo dell'accettazione di una frattura, nella costituzione della realtà di un oggetto al sé esterno, è tuttavia quanto mai arduo.

Non sono nel seno, pensa il bambino, e se la prende in primo luogo con sé stesso. La prima reazione, in realtà, possiamo supporre non sia quella di pensare di non essere nel seno; più esattamente il bimbo ritiene che pur trovandosi una parte del suo sé nel seno, egli non riesca a controllare quella parte del proprio sé che è nell'oggetto.

Prima di pensare all'esistenza di un oggetto esterno, di una frattura tra questo e il proprio sé, supponiamo che il bambino concepisca, in altri termini, l'esistenza di una frattura nel suo sé.

La tentazione di denigrare l'oggetto esterno che causa dolore, così caratteristica del male[41], trarrebbe origine dalla denigrazione di quella parte del proprio sé così incapace di esercitare sull'oggetto un controllo.

È aperta la via allo svilimento del sé, che il melanconico mantiene pervicacemente perché non vuole o non può proiettare la frattura del proprio sé sul mondo, riconoscendo che la divisione esiste al di fuori di lui, tra il proprio sé e l'oggetto, e non dentro di lui.

La frattura, percepita con rabbia dentro il proprio sé, tenderebbe quindi, successivamente, a scaricarsi verso l'oggetto esterno, nella violenza di una percussione generatrice di fratture nell'altro.[42]

Tale percussione è, possiamo ipotizzare, la prima azione che sia apparsa al mondo.

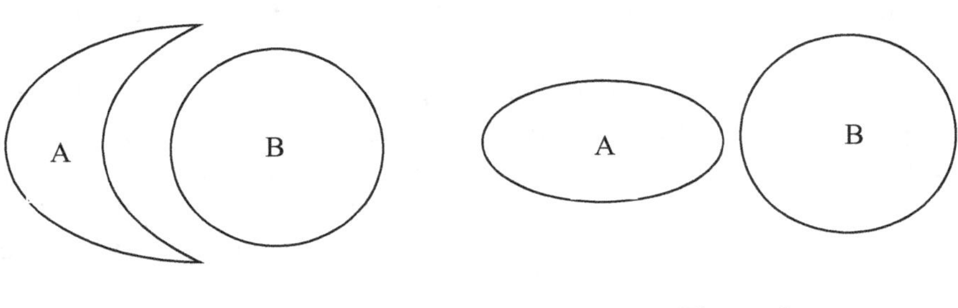

Figura 1

Figura 2

Si tratta di una violenza tramite la quale, avendo rinunciato a essere nel corpo dell'altro, si cerca di creare fratture nel proprio prossimo per appropriarsi almeno di parti del corpo di questi.

Il fallimento dell'essere apre la strada all'avere.

L'avere dunque come una deviazione dovuta ad un insuccesso dell'essere, il male come reazione al fallimento del bene.

L'essere A a forma di mezzaluna di Figura 1, avendo fallito nella comprensione di B, nel suo essere in B, potremmo dire, assume nella Figura 2 una forma ellittica protesa a percuotere il prossimo.

Un po' di geometria. Possiamo forse supporre che l'indurimento della superficie del corpo sia maggiore in prossimità dei punti di maggiore

---

[41] Si veda *La cacciata dal giardino di Eden*.

[42] In *Lutto, melanconia, giustizia* abbiamo ricondotto il sadismo, l'azione violenta contro l'altro volta a causare in questi sofferenza (cioè fratture, vedi *Sulla sofferenza*), a uno stadio pre-genitale di organizzazione della vita, nel quale, al posto dell'organo del pene, vi era un organo simile, eretto a protezione del sé e capace di percuotere l'altro, ma il quale nulla dava al prossimo nel rilassamento dell'atto di amore.

curvatura della stessa; A così tende ad assumere questa forma ellittica per indurire la sua parte a contatto con B e poterlo colpire più efficacemente.

La forma ellittica assunta da A in Figura 2 appare come una compensazione per eccesso della forma a mezzaluna di Figura 1. Il punto in prossimità di B ove si aveva la curvatura minima in Figura 1 ora è quello in corrispondenza del quale la curvatura superficiale è massima. Le curvature minime in Figura 2 si hanno invece in corrispondenza dei bordi più piatti dell'ellisse; in Figura 1 i punti corrispondenti sono gli spigoli della mezzaluna (la superficie curva bruscamente a fare uno spigolo), i punti nei quali la curvatura era massima.

L'avere, dunque, come una compensazione per eccesso del fallimento dell'essere. Come una deformazione geometrica complementare e di compensazione di quella assunta dal protista[43] narcisista primitivo nel suo tentativo di comprensione del prossimo[44].

Sorge tuttavia qui un problema.

Abbiamo affermato come nella posizione di Figura 1 il protista A cerchi di "essere" in B, mentre nella posizione di Figura 2 A cerchi di "avere" delle parti di B.

Ora tuttavia, dal punto di vista di B la situazione è migliorata nella Figura 2 rispetto a quella rappresentata in Figura 1: egli rischia infatti, in Figura 2, sotto i colpi di A, di perdere solo qualche frammento di sé, invece che, con l'inglobamento da parte di A prospettato in Figura 1, l'intero proprio essere. Di più, in Figura 1, B è come "sedotto" da A, indotto da questi a portarsi verso il centro della mezzaluna (la parte ove, la superficie di A avendo curvatura minima, questi è più indifeso). Il cedere alla tentazione sarà però per B fatale.

Il miglioramento della situazione di B nella Figura 2 rispetto alla Figura 1 contrasta singolarmente col nostro senso comune, per il quale consideriamo l'"essere" un atteggiamento più eticamente valido e giusto dell'"avere".

---

[43] Per noi, forse con un piccolo abuso di terminologia, un "protista" è un essere teorico elementare, molto semplice, ma vivo, posto idealmente alla base dell'evoluzione della vita.

[44] Si veda anche *Narcisismo, Cherubini, Etica*.

La Gioconda – Leonardo da Vinci - Louvre

Abbiamo sbagliato a qualificare come "essere" l'atto di comprensione di B che A tenta di mettere in atto in Figura 1 ?

Siamo tuttavia certi di giudicare correttamente quando qualifichiamo come "avere" l'atto di violenza messo in opera in Figura 2, e abbiamo visto sopra che la posizione di A in Figura 1 è, in termini geometrici, come "duale" di quella assunta in Figura 2, mentre "essere" e "avere" sembrano proprio anch'essi termini che si pongono tra loro in una relazione di dualità.

Ancora, la "comprensione" dell'altro, come quella messa in atto da A in Figura 1, il capire l'altro, sono aspetti considerati eticamente come bene, e associati col concetto di "essere" nell'altro.

Possiamo forse ipotizzare, dicevamo in *Intuizioni*, che, in uno stadio ancora più primitivo di quello dei protisti capaci di scambio di liquido nutritivo descritti da Freud in *Al di là del principio del piacere* (1920, Vol. 9, pag. 233), vi fossero protisti la cui unica prospettiva, all'atto dell'incontro con il loro simile, fosse quella di inglobarlo o di essere da questi inglobati. Impossibile la fuga, per la mancanza di capacità motorie, e impraticabile la comunicazione e lo scambio, per la mancanza dell'arma del pene e dell'apparato che successivamente si svilupperà in quello genitale, l'unico stimolo di questo protista era quello di inglobare il suo simile.

La costruzione dentro di sé di una immagine dell'altro, l'ottenimento dell'intuizione dell'oggetto esterno, dicevamo, non sarebbe che il ripetersi di questo impulso arcaico all'inglobamento.[45]

Ora, come ritorneremo ad analizzare più approfonditamente nelle seguenti sezioni, possiamo probabilmente ritenere che l'intuizione dell'altro, la parte della conoscenza dell'altro ancora astratta dalle nostre emozioni[46], vada associata col concetto di "essere": l'intuizione dell'altro appare in fondo come l'intuizione di una teoria dell'altro, costituisce una percezione di come l'altro "è", di come egli funziona. Intuizione come comprensione dell'"essere" dell'altro; di nuovo comprensione, di nuovo la posizione di A in Figura 1.

Un'ultima osservazione. Pochi altri concetti sono associati con l'"essere" come quello di narcisismo e il protista A di Figura 1 si comporta in modo narcisista[47]: "o tutto o niente", desidera il narcisista, e A, in Figura 1, vuole tutto.

---

[45] Il paragrafo è ripreso da *Narcisismo, Cherubini, Etica.*
[46] Come dicevamo in *Le interpretazioni simboliche dei sogni.*
[47] Vedi *Narcisismo, Cherubini, Etica.*

Se riconsideriamo la figura presentata in *Lutto, melanconia, giustizia*[48], e pensiamo di specificarla ulteriormente, inserendo in essa i concetti di "essere" e di "avere", allora dovremmo, in base a quanto detto, riportare l'"essere" al livello 1 della figura (quello degli angeli cherubini) e l'"avere" al livello 2 (quello degli angeli serafini).

Così abbiamo allineato molti buoni motivi per qualificare come "essere" l'atto di comprensione di B che A tenta di mettere in opera in Figura 1. E tuttavia tale atto appare così terrificante per B, il quale avrebbe buoni motivi per preferire la violenza portata contro di lui in Figura 2.

Questo enigma, di come l'assenza di violenza da parte dell'altro possa non essere vantaggioso per colui che con questi si relaziona, doveva inconsciamente incuriosire ed emotivamente angosciare Leonardo. Avanziamo qui, certo un po' arditamente, l'ipotesi che l'artista l'abbia rappresentato proprio nel suo più noto ritratto.

Il volto calmo e placido della Gioconda non lascia trapelare alcuna tendenza all'aggressività e all'emotività.

Il celebre sorriso, forma accennata di riso, sembra rivelare una soddisfazione della donna, paga della seduzione messa in atto (come quella di A in Figura 1) e cui ha dato adito la mancata scarica della propria aggressività; su di esso l'artista colse secondo noi l'enigma di come la rinuncia dell'altro alla violenza possa, per colui che con questi si relaziona, costituire fonte di angoscia, legata al timore della perdita del proprio sé.

La quiete della Gioconda, sul cui volto e nel cui sorriso l'artista ha colto forse i contorni enigmatici di una relazione con un adulto che nella sua infanzia lo accudiva[49], sembra in effetti fin troppo pronunciata per essere vera.

Come A in Figura 1 reprime la sua aggressività e si apre alla comprensione dell'altro, così il volto della Gioconda è disteso, in una quiete che sembra compensare per eccesso un'aggressività eccessiva.

Cos'altro cela questa donna? Possiamo supporre che essa sia periodicamente squassata da scoppi di rabbia, quali eruzioni di un vulcano rimasto troppo tempo in quiete, scoppi (posizione di A in

---

[48] *Lutto, melanconia, giustizia*, pag. 65.
[49] In *Narcisismo, Cherubini, Etica* ci siamo soffermati su un altro capolavoro di Leonardo, Sant'Anna, e abbiamo provato a comprendere il dipinto come espressione di una relazione problematica del fanciullo Leonardo con donne della sua infanzia.

Figura 2) dei quali ella rapidamente riprenderà il controllo, tanto che quasi passeranno inosservati sul suo corpo impersonante la calma?[50]

La frenetica attività intellettuale di Leonardo è forse collegata a quella di una figura femminile, anch'essa impegnata in un defatigante lavoro intellettivo per tenere in qualche modo sotto controllo un sé sempre in procinto di scoppiare?

Se così fosse, troverebbe conferma l'ipotesi che l'intelletto altro non sia che un'attività volta al superamento e alla gestione delle fratture di rimozione[51], delle barriere poste tra noi e le nostre stesse emozioni.[52]

Messo così, il problema sembra comunque consistere nella carenza di armonizzazione e di equilibrio tra l'"essere" e l'"avere" tra le due posizioni del protista A in Figura 1 e Figura 2.

Dopo La Gioconda, sarà difficile per il lettore tornare a posare gli occhi sui nostri schemi fatti di cerchi e mezzelune.

Noi tuttavia abbiamo alle spalle gli strumenti concettuali sviluppati nel mezzo millennio trascorso dalla morte di Leonardo, e in particolare l'opera di Freud, e ciò ci consente di tentare di comunicare consciamente tramite la parola le inquietudini del nostro inconscio[53].

Leonardo dovette sentirsi invece costretto ad esprimere le figure del proprio inconscio in un'arte, la necessità di apprendere la cui tecnica gli apparve, probabilmente fin da giovane, condizione imprescindibile per comunicare appunto i propri turbamenti e curiosità più riposte.

---

[50] Scoppi di rabbia letterari sono quelli di Kutuzov, comandante delle truppe alleate in *Guerra e Pace*. Anche il generale riprendeva però molto rapidamente il controllo di sé stesso. A Kutuzov, come dipinto da Tolstoj, si è accennato in *La colonna di nube e la colonna di fuoco*.

[51] Tuttavia, come vedremo nella sezione 5, Scintille, il modo di operare del pensiero della Gioconda è mistico; si tratta di un tipo di pensiero il quale trae le sue energie non dal processo della rimozione delle pulsioni sadiche, bensì da un processo diverso, quello della loro "repressione".

[52] Si veda *Barriere simboliche di rimozione* e in generale i primi cinque articoli della Parte I.

[53] Abbiamo già citato questa caratterizzazione freudiana del "conscio": caratteristica del conscio è la parola. Vedi *Metapsicologia, L'Inconscio*, 1915, Vol. 8, pag. 85: "...la rappresentazione conscia comprende la rappresentazione della cosa più la rappresentazione della parola corrispondente, mentre quella inconscia è la rappresentazione della cosa e basta...".

3 Genitalità

Se dobbiamo parlare di genitalità, è d'obbligo iniziare dal pene.

Non siamo medici, e molti particolari che la scienza certamente conosce sull'anatomia e fisiologia di quest'organo non rientrano nel nostro bagaglio culturale. Dobbiamo perciò affrontare l'argomento un po' da profani, rimpiangendo di non potere sistemare tanti particolari la cui importanza certamente non sfuggirebbe a un medico il quale fosse come noi interessato alle questioni della mistica.

In *Intuizioni* abbiamo proposto di vedere la sessualità come la fissazione di una fame primitiva, e abbiamo ipotizzato come in tale quadro i liquidi rilasciati da maschio e femmina nell'atto del sesso potessero essere considerati alla stregua di un "nutrimento" per l'altro.

L'antichità di quello che adesso è l'atto sessuale e il suo fondamento, alle origini, su uno stimolo di fame, darebbero conto della fondamentalità e della forza delle pulsioni sessuali nell'uomo.

In qualche punto nel cammino dell'evoluzione, la natura inventa dunque la relazione con l'altro, e con essa lo scambio di liquidi che in seguito si fisserà nella sessualità. Il motto del protista narcisista di Figura 1 (pag. 126), "o tutto o niente", lascia il posto alla possibilità di un "qualcosa". L'altro inizia a interessare anche se si riconosce che egli è un essere diverso da me, e che tale rimarrà anche dopo che sarò entrato in relazione con lui.

In quale modo il protista narcisista di Figura 1 inventa dunque in sé la sessualità? Come avviene esattamente il passaggio dal narcisismo originario alla relazione con il prossimo?

A differenza della superficie del corpo di A in Figura 1, la quale avvolge il proprio prossimo (il povero B) dall'esterno, il pene penetra rigido all'interno del corpo dell'altro.

Abbiamo in *Intuizioni* messo in relazione l'indurimento di parti della superficie del corpo con la necessità di proteggere il sé dell'esterno[54]. Sia il protista A di Figura 1 che l'animale capace di genitalità induriscono così le parti più in contatto con l'ambiente esterno, ma mentre A in Figura 1 è interessato a comprendere l'altro dal di fuori, la genitalità punta a capire l'altro dal di dentro, e indurisce così il pene.

---

[54] Ciò è in linea con la discussione che Freud fa in *Al di là del principio del piacere* sulla "vescichetta vivente" (1920, Vol. 9, pag. 212), il nostro protista, lo stesso animaletto elementare teorico sul quale volentieri ci soffermiamo.

Si tratta di una differenza importante dal punto di vista psicologico, sulla quale vorremmo soffermarci.

Di fronte a un oggetto ignoto, ad esempio una nuova macchina, abbiamo due modi, ci pare, di rapportarci ad esso.

Secondo il primo, possiamo chiederci cosa è "per noi" la macchina. Cosa possiamo avere da essa. Ci basterà imparare, ad esempio da un manuale di istruzioni per l'utente, quali tasti pigiare per ottenere certi risultati.

Nel secondo modo, invece, ci chiediamo cosa è la macchina "per sé stessa". Come funziona al suo interno e perché funziona. Ci interesseremo alle relazioni tra le sue parti, a come essa si connette cioè internamente.

Mentre scrivo ad esempio questo testo al computer, sono poco interessato al funzionamento interno della macchina; crediamo sia l'approccio più consueto da parte dell'uomo alle macchine. Vi sono però persone (e ognuno di noi, seppure in minima misura, è anch'egli un po' così) le quali, davanti a una macchina della quale potrebbero semplicemente servirsi, vogliono anche carpirne i segreti del funzionamento.

Alla fine conosceremo comunque la macchina. Si tratta però di due tipi di conoscenza diversa. Non essendo linguisti, siamo guardinghi nell'avanzare considerazioni riguardo appunto all'uso delle parole.

Ci proponiamo però nel seguito, in tutta umiltà e per quel che strettamente ci riguarda, di usare due termini diversi per indicare i due tipi di relazione conoscitiva con l'oggetto.

Useremo "comprensione" per indicare il primo tipo di approccio all'oggetto esterno (cosa è l'oggetto "per noi"); "conoscenza interiore" per indicare il secondo (cosa è l'oggetto "per sé stesso").

Ci pare allora di iniziare a comprendere meglio la differenza che vi è tra il rapporto del narcisista (A in Figura 1) con l'oggetto, e quello di un essere sul quale l'evoluzione abbia sviluppato il pene e con esso la genitalità.

Il narcisista vuole "comprendere" l'oggetto dall'esterno, tramite la superficie dello stesso.

L'essere dotato del pene penetra invece all'interno dell'oggetto per "conoscerlo interiormente".

Con la morte, l'organismo si decompone; i legami che in vita tenevano insieme le cellule e le molecole a formare il corpo vengono recisi: la morte come perdita della connessione del sé, come rinuncia alla sofferenza. Se la morte coincide con la perdita della connessione del sé, la vita deve consistere allora nel mantenimento di tale connessione.

Il pene penetrando all'interno del corpo del prossimo, verrebbe dunque visto come un oggetto esterno il quale rischia di compromettere la connessione dell'altro. La reazione spontanea dell'organismo penetrato a tale pericolo rivelerebbe allora alla sensibilità estremamente sviluppata del pene proprio i segreti di tale connessione: come l'organismo penetrato rimane connesso, come egli vive, come funziona. Tramite la genitalità la vita dell'altro è conosciuta dall'interno, nella sua connessione, appunto, nelle relazioni tra le sue parti.

Il protista narcisista A di Figura 1 nulla sa in fondo della vita di B. Penetrerà al suo interno solo dopo che esso, essendo già stato interamente inglobato, sarà verosimilmente morto.

Quale scandalo, che rivoluzione, deve aver contrassegnato sulla terra la comparsa della genitalità!

Il mondo in fondo per il protista narcisista di Figura 1 è bidimensionale. Per lui l'esterno è la superficie, a due dimensioni appunto, di B.

Per l'essere dotato di pene, il mondo diventa tridimensionale. Egli può non solo spaziare sulla superficie del suo prossimo, ma anche penetrare, perpendicolarmente alla superficie del proprio prossimo, all'interno di questi.

Lo scandalo, il pudore, che ancora oggi l'uomo associa alla sessualità, è forse un'eco remota della rivoluzionarietà di quest'evoluzione primitiva? Vi sono altre rivoluzioni di tale portata in attesa dell'uomo sul suo cammino evolutivo?

Figura 3: porzione della
superficie di un protista
narcisista

Figura 4: porzione della
superficie di un protista
dotato del pene

Normalità, perpendicolarità, dunque del pene alla superficie dei corpi, sia quello del suo possessore, che quello del prossimo penetrato. Le

Figure 3 e 4 mostrano una porzione della superficie del protista narcisista e di quello dotato di genitalità.

Quest'ultimo ha però un problema. La punta del pene è per forza di cose, per ragioni geometriche, molto curva. Possiamo forse supporre che l'indurimento della superficie del corpo, dicevamo sopra, sia maggiore in prossimità dei punti di maggiore curvatura della stessa. Di nuovo, che il glande del pene sia duro, anche quando il pene è a riposo, è un fatto. Gli oggetti molto curvi sono anche i più fragili; la loro durezza ne aumenta la fragilità (oggetti morbidi ed elastici resistono meglio alle tensioni). Il pene primitivo, dunque, doveva tendere a rompersi sulla cima, specie se il pene era molto teso.

L'eiaculazione che conosciamo oggigiorno, la quale avviene al culmine della tensione del pene nel rapporto genitale, altro non sarebbe se non l'erede di tale fragilità primitiva, dovuta a considerazioni geometriche o, se si preferisce, a quelli che un ingegnere chiamerebbe dati di calcolo delle strutture.

Se il pene rompendosi fornisce nutrimento alla femmina, allora da ciò discende l'importante corollario che la genitalità, la conoscenza dell'altro dall'interno, la conoscenza della vita dell'altro, è possibile solo a condizione di essere disposti a dare.

"Dare", dunque, ultima conseguenza del nuovo modo di conoscere, dal di dentro invece che dal di fuori, apparso sulla terra con la genitalità.

"Dare", termine sconosciuto al narcisismo, il quale invece vuole, in fondo, tutto prendere.

La perplessità della natura di fronte a questo nuovo concetto, a questa nuova esigenza, è probabilmente la causa prima, sta all'origine di quella che oggi conosciamo come la rimozione delle pulsioni sessuali.

Questo "dare" è ancora più sconcertante nella sessualità come oggi noi la conosciamo.

Dal punto di vista del maschio, infatti, il compenso al liquido eiaculato nel corpo della femmina non è altro liquido, che il maschio riceva in cambio. Tutto ciò che il maschio ha in cambio dal rapporto si situa in fondo, come ipotizzavamo sopra, sul piano dell'"essere", della conoscenza cioè della vita dell'altro, non su quello dell'avere.

Naturalmente, potremmo supporre che anche la conoscenza dell'altro abbia un valore: chi conosce una macchina dall'interno potrà ripararla quando si rompe, o migliorarla.

Vi sono però altri due modi di considerare il problema costituito da questo scambio essere-avere.

Da un lato tale genere di scambio appare coerente con l'ipotesi che formulavamo in *Intuizioni*, di una unitarietà della pulsione all'unione originaria. Se le pulsioni sessuali (avere) si sono differenziate dalle pulsioni dell'Io (essere) solo successivamente allo stadio del narcisismo originario, è abbastanza plausibile che "essere" e "avere" vengano misurati con la stessa moneta, potremmo dire, e che vengano scambiati l'uno per l'altro.

Un secondo e più importante modo di vedere la cosa è che, nel momento in cui conosco l'altro dall'interno, possiamo forse dire che egli diventa un po' parte di me. Dare all'altro, dunque, è un po' allora come dare a me stesso.

Ancora un passo, e poi ci fermiamo. Se "dare" all'altro è possibile da un punto di vista psicologico solo se, dando all'altro, penso un po' di dare a me stesso, allora per essere in grado di dare devo ammettere una sorta di unitarietà esistente tra me e il mio prossimo.

Ora, il modo per vedere il mondo come un tutto unico appare essere solo quello di ipotizzare l'esistenza di una trascendenza, quella di Dio, il quale, essendo in tutte le cose, ed essendo Egli uno, appunto le unifichi.

Dobbiamo così concludere che la possibilità di dare al prossimo è strettamente legata al mio credere, se non proprio al Dio unico di Abramo, a una trascendenza unificante me con colui a cui do (ad esempio l'appartenenza ad uno stesso gruppo di persone o a una stessa tribù)?

È questo comunque probabilmente il significato delle offerte e dei sacrifici, tanto basilari al rito del Tempio. Essi ricordano che alla "conoscenza interiore" dell'altro, a Dio che, essendo in ogni cosa, è anche conoscenza interiore del mondo, occorre essere disposti a sacrificare, a dare qualcosa di proprio.

La persona sofferente di disturbi narcisistici soffrirebbe, secondo questo modo di vedere, di un'incapacità di dare, e del conseguente disturbo della genitalità che dalla disponibilità al dare dipende.

Da cosa possa derivare questa incapacità di dare, le cause del disturbo narcisistico della persona, saranno oggetto di studio delle prossime sezioni. Ora vorremmo, dopo tanta fatica teorica, considerare due esempi, che d'altronde già conosciamo.

Il primo è il solito Leonardo. Il genio studiò per tutta la vita. Fosse stata la sua vita infinita, avrebbe potuto studiare per l'eternità, oggetto dopo oggetto, disciplina dopo disciplina, assorbendo, inglobando, come il protista A di Figura 1 (pag. 126), tutto lo scibile umano.

Dubitiamo però che la sua sete di sapere sarebbe stata saziata; ciò di cui probabilmente era alla ricerca non si trovava sulla superficie degli oggetti.

Ciò che cercava era la possibilità di una normalità (intesa come perpendicolarità del pene), la possibilità di esprimere una sessualità ed emozioni (ricordiamo la freddezza, già altrove citata, dei quadri dell'artista), che il rapporto con una persona adulta disturbata gli aveva sempre precluso.

Ciò che gli mancava era una capacità di dare, che egli non trovò per tutta la vita.

La cercò infatti sui libri, tramite l'intelletto, come era abituato a fare fin dalla più tenera età, prevalentemente intellettuale essendo stato il rapporto con la persona o le persone che lo accudirono durante l'infanzia.

La cercò tramite l'intelligenza, la "comprensione" dell'altro, come proponevamo di dire a proposito dell'atteggiamento relazionale del narcisista con gli oggetti {1}.

La "conoscenza interiore" dell'altro non si può invece evidentemente conseguire meramente tramite l'intelletto. Essa richiede una capacità di dare, che solo il riconoscimento di una trascendenza, la perdita del senso della quale è il vero problema del narcisista, consente.

Il sorriso della Gioconda, di tutto capace nella sua freddezza, fuorché di sessualità, emozioni e dare, continuò a stagliarsi enigmatico sul cuore di Leonardo per tutta la vita {2}.

Giobbe, il nostro secondo esempio, il Biblico Giobbe, soggetto di tante pene, fu più fortunato.

Al termine di un lungo periodo di sofferenza, Dio gli parla.

"C'eri tu quando creavo il coccodrillo e i grandi mostri marini?", Dio parla a Giobbe di mezzo alla tempesta, così indicandogli la strada di una trascendenza che gli apre la via del dare.

Le fortune di Giobbe vengono quindi ripristinate in misura molto maggiore di quelle che aveva prima della sua consegna ai poteri delle forze del male.

Vorremmo così chiudere questa sezione. Molte altre domande potremmo porci, altri fili di pensiero seguire. Le nostre energie sono però appena sufficienti per percorrere un unico cammino, scegliendo di tappa in tappa quello che ci sembra più promettente per condurci più vicino a ciò che in fondo ci interessa, e cioè il problema del male.

E sembra proprio che tale cammino voglia continuare a ricondurci alla necessità dell'uomo di affidarsi, contro il male, a una trascendenza la quale unifichi il creato.

Tra i fili, i percorsi del pensiero che non abbiamo potuto seguire, c'è quello che conduce alla questione della genitalità femminile.

Il fatto è che già capiamo poco del pene, che, essendo maschi, bene o male, abbiamo.

Figuriamoci dunque se possiamo attentarci a dire qualcosa della vagina. Solo una donna, pensiamo, potrebbe forse tentare di studiare la mistica della genitalità femminile.

Se quella effettuata dal glande (la parte anteriore) del pene su e giù nella vagina sembra, comunque, una percussione di natura sadica, la donna si troverebbe simmetricamente in una situazione masochista.

La violenza, l'"avere" del sado-masochismo, messa in scena dalla genitalità, sarebbe però posta anche in questo caso al servizio dell'"essere" e della "conoscenza" (la donna tuttavia dal rapporto ottiene effettivamente anche qualcosa di concreto sul piano dell'"avere", lo sperma maschile).

Perché la natura ha scelto la strada della differenziazione tra i sessi, invece che quella dell'ermafroditismo? Forse qualche studioso dell'evoluzione potrebbe rispondere. Noi con gli strumenti della mistica non ce la sentiamo di avventurarci a ricercare la risposta (né in fondo pensiamo, a dire il vero, che valga la pena di fare la fatica).

Il fatto che abbiamo potuto seguire un unico filo di pensiero rende tuttavia la strada percorsa un po' insicura. È come se nel corso di un'avanzata un esercito seguisse semplicemente una strada, senza curarsi della ricognizione del territorio circostante[55]. C'è qualche questione appena dietro l'angolo che abbiamo trascurato e che rischia di invalidare tutto il discorso? Potrebbero esserci domande che ci mettono in crisi, errori che rischiano di far crollare la fragile impalcatura che abbiamo appena iniziato a costruire.

Nelle prossime sezioni utilizzeremo tuttavia gli strumenti in questa sviluppati, e la dimostrazione della loro utilità teorica ci renderà via via più sicuri nel cammino intrapreso.

---

[55] Ci scusiamo per il paragone apparentemente militarista. Il fatto è che anche questo genere di paragone è preso da Freud, del quale il biografo Jones narra anche una propria identificazione col condottiero cartaginese Annibale.

4 Misticismo

Due modalità, "comprensione" e "conoscenza interiore", di relazionarsi con l'oggetto, si diceva dunque nella sezione precedente, associando la prima al narcisismo, la seconda alla sessualità del sé.

Ora vogliamo qui stabilire l'equivalenza, nell'uomo come lo conosciamo oggi, della prima di tali modalità conoscitive, quella della "comprensione", col concetto di "misticismo", nel contempo rilevando così il contributo fondamentale che il narcisismo della persona fornisce all'approccio mistico al problema conoscitivo.

Del concetto di misticismo abbiamo cominciato a parlare ne *Le interpretazioni simboliche dei sogni*. Riportiamo per intero il passo.

Il pensiero mistico si proporrebbe, per giungere alla conoscenza, di non preoccuparsi esplicitamente del contatto tra i due tipi di verità che genera la conoscenza stessa.

Il mistico, nella sua forma classica, appare infatti forse come una persona che non si preoccupa di verificare le intuizioni: egli attende la conoscenza dall'incontro tra i due tipi di verità che si aspetta avvenga quando abbastanza intuizioni saranno state allineate, ed elaborate nell'inconscio (vedi *Intuizioni*, L'"Elaborazione inconscia").

Leonardo non si stanca di dipingere il dettaglio delle sue figure, quasi che la figura nella sua globalità non lo interessasse. Il fatto è che forse la figura lo interessa troppo. Ma, come la persona aggredita vede anzitutto mani e piedi dell'aggressore, i dettagli che potranno colpirlo, così il pittore si occupa con cura del dettaglio, anelando alla soluzione, peraltro rimandata e misticamente trattenuta dal punto di vista emotivo, del problema costituito dal tutto.[56]

In *Le interpretazioni simboliche dei sogni* abbiamo infatti teso a mettere in relazione il misticismo col comportamento della persona aggredita, che si pone in uno stato di emergenza per fronteggiare l'aggressione. Contemporaneamente, associavamo tale stato di emergenza a una forte rimozione del sadismo, della pulsione ad agire.

Pensiamo tuttavia di dover ritornare un po' sui nostri passi, notando come la persona in stato di emergenza in effetti rimuova meno di quello che accade nella vita normale, e non, come supponevamo, di più.

---

[56] Da *Le interpretazioni simboliche dei sogni*, pag. 115.

Nell'emergenza, infatti, gli impulsi ad agire affiorano copiosi fin sulla soglia dell'azione, venendo come trattenuti, quasi a stento si direbbe, in uno sforzo per coordinare la risposta al pericolo. Più che una rimozione, vediamo in opera qui una sorta di "rimozione di seconda istanza", consistente in un riacchiappare all'ultimo momento impulsi già quasi messi in atto.

Proponiamo di chiamare tale "rimozione di seconda istanza", "repressione"[57], e considereremo una teoria secondo la quale il pensiero mistico, che sarebbe tipico dell'uomo che si pone in stato di emergenza, e in generale tipico delle situazioni difficili, attinge gli elementi necessari alla sua attivazione dal "represso", invece che dal "rimosso", una volta che l'utilizzazione del rimosso da parte di quella che in *Intuizioni* chiamavamo l'"Elaborazione inconscia" (del rimosso, appunto) sia fallita a causa dell'emergenza e delle difficoltà della situazione.

Per chiarire il concetto di "repressione" e le sue relazioni con quello di "rimozione" introduciamo il grafico di Figura 5 (pag. 142).

Tale schema costituisce un'evoluzione della figura presentata in *Lutto, melanconia, giustizia*[58], la quale si trasforma in Figura 5 in un grafo avente una struttura conforme a quella dell'albero delle "Sefirot"[59], le "Emanazioni divine" della Cabbala.

L'albero delle Sefirot della Cabbala è riportato in Figura 7, pag. 155 (si vede come nella Figura 5 manchi solo la Sefirah di Malkhut, l'ultima in basso).

Accanto ai cerchi che rappresentano le Sefirot, sono riportati in Figura 7 i loro nomi traslitterati dall'ebraico, con sotto la traduzione in italiano.[60]

---

[57] Il termine "repressione" è sì usato spesso nella psicoanalisi, ma il suo uso non è ben codificato. Ne proponiamo qui una codifica formale, la quale è coerente con l'uso che del termine fa Freud.

[58] *Lutto, melanconia, giustizia*, Figura 1, pag. 65.

[59] "Sefirah" è una "Emanazione divina". "Sefirot" è il plurale di "Sefirah".

[60] Ciascuna delle Sefirot ha tuttavia più nomi a lei associati, è chiamata cioè con nomi diversi. Scorrendo il libro di Elia Benamozegh, *L'origine dei dogmi cristiani*, abbiamo ad esempio trovato per Hokhmah quattordici nomi diversi, tra i quali "Sechel" ("intelligenza") e "Eden"; per Binah diciassette, tra cui quello di "Mistero"; per Tiferet trentatre, tra cui quelli di "Verità", "Parola", "Dio che crea", "Figlio", "Figlio dell'uomo", "Immagine del Padre", "Agnello"; per Yesod i nomi di "Messia", "Cristo", "Fallo", "Giuseppe"; il record è detenuto da Malkhut, con quarantasette nomi.

Nella Figura 5, sulla quale seguiremo il percorso che la risposta a un messaggio proveniente dall'esterno segue nel sé dell'individuo, sono riportate ulteriori informazioni.

Abbiamo associato alle Sefirot di Hokhmah e Binah rispettivamente i concetti di "Odio" e "Fame narcisista". Alle Sefirot Hesed e Ghevurah, abbiamo associato il concetto di "emozione", rispettivamente attiva e passiva. Sotto di queste, a Netzah e Hod abbiamo associato il concetto di "azione", di nuovo rispettivamente attiva e passiva. Più importante, in Tiferet è stato posto il "rimosso".[61]

Seguiamo dunque ora sul grafico di Figura 5 la risposta della psiche a un messaggio proveniente dall'esterno.

In condizioni, potremmo dire, non di emergenza, l'azione proveniente dal mondo esterno (1) colpisce il sé al livello dell'azione. Il messaggio viene recepito (2) come emozione al livello del masochismo.

Inizia quindi l'attività della psiche per rispondere all'azione, e il contenuto informativo del messaggio inizia a spostarsi dalla parte sinistra di Figura 5 (passività) verso la destra (attività).

La risposta immediata, emotiva, al messaggio percorrerebbe, se potesse avere luogo, la via più breve per il passaggio immediato all'azione, (14) e poi (6).

---

[61] La domanda legittima che il lettore può porsi è quale di queste idee provengano dai Testi della mistica, e quali siano invece delle nostre ipotesi. Purtroppo non è semplice rispondere. Il fatto è che i Testi stessi richiedono come naturale un lavoro di interpretazione, e ciò che essi dicono o non dicono dipende dalla cultura di chi li legge e dalla prospettiva sotto la quale essi sono interpretati.

Piuttosto che segnalare al lettore direttamente i riferimenti sui Testi originali (la maggior parte dei quali sono scritti in aramaico), gli indichiamo comunque una serie di libri in italiano o in inglese, scritti da personalità illustri.

Nel testo di Z'ev ben Shimon Halevi, *Psychology and Kabbalah*, a pag. xix, si trova una figura dell'albero delle Sefirot, nella quale l'intelletto è associato con Hokhmah e Binah (le Sefirot poste al nostro livello 1), le emozioni a Hesed e Ghevurah, l'azione a Netzah e Hod.

L'associazione di Tiferet col rimosso, fondamentale per il nostro discorso, è, a quanto pare, una nostra ipotesi. Lo stesso per l'associazione di Yesod con la conoscenza interiore dell'altro. È nostra l'associazione del concetto di narcisismo con le Sefirot di Hokhmah e Binah, e lo stesso dicasi per l'idea di seguire, con frecce orientate, il percorso che la risposta a un messaggio proveniente dall'esterno segue nel sé dell'individuo. A proposito di quest'ultimo punto, e dei canali trasversali che legano le Sefirot, si veda però ad esempio il libro di Sandra Debenedetti Stow, *Dante e la mistica ebraica*, pag. 31.

I nostri riferimenti principali sono tuttavia i libri di Rav Elia Benamozegh, pubblicati in Italia da Marietti, e in particolare il suo *L'origine dei dogmi cristiani*.

Un altro importante riferimento è l'*Introduzione* di Jacob Immanuel Schochet *alla traduzione della Iggheret Ha-Qodesh*.

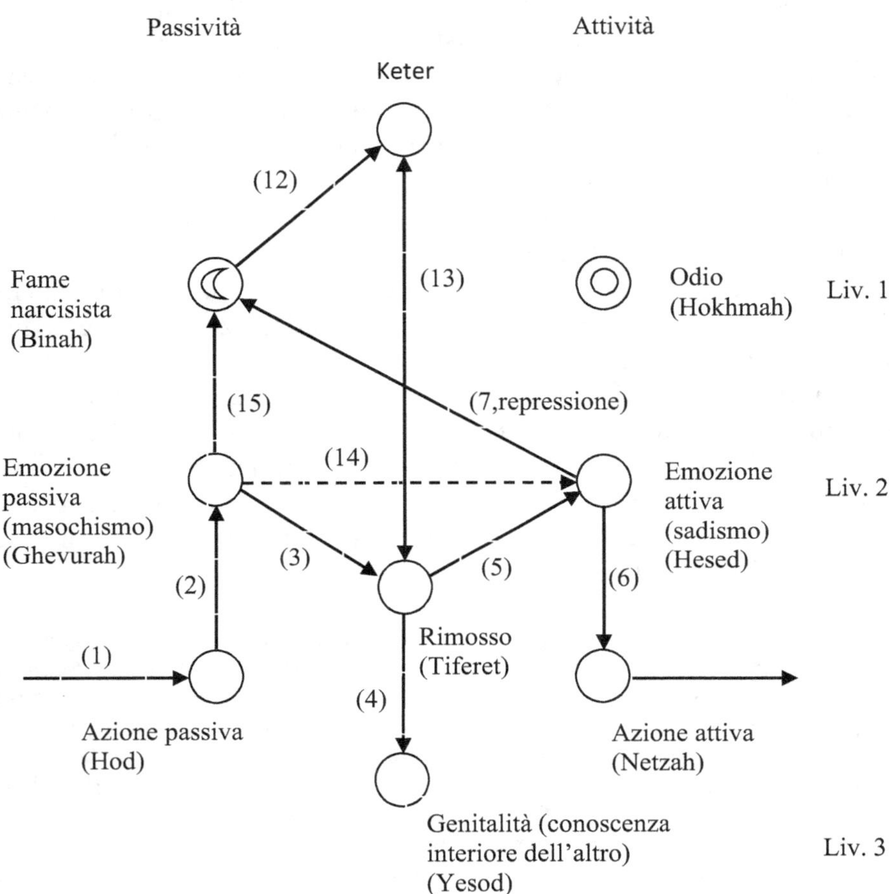

Figura 5: Elaborazione di un messaggio proveniente dall'esterno

La figura costituisce un'evoluzione di quella riportata in *Lutto, melanconia, giustizia*. I tre livelli di quest'ultima figura sono anche qui riportati (liv. 1, narcisismo; liv. 2, organizzazione sado-masochistica; liv. 3, genitalità).

Tuttavia la psiche pone un ostacolo alla percorribilità di tale risposta immediata: si tratta del conflitto di interessi tra le pulsioni sessuali e quelle dell'Io.

Il messaggio proveniente dall'esterno e giunto all'"Emozione passiva", Ghevurah, stimola, oltre che una risposta emotiva, e quindi di matrice sessuale (14), anche una risposta narcisistica (15), improntata a un mantenimento della passività nei confronti del messaggio, e nel

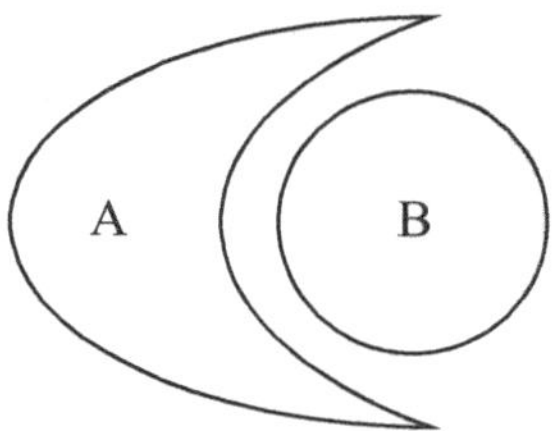

Figura 6: Inglobamento

contempo a una operazione di inglobamento e aggiramento della fonte di esso (Figura 6).

È un po' come se un esercito, attaccato frontalmente dal nemico al centro del proprio schieramento, invece di rispondere con una spinta contraria verso il centro dello schieramento nemico, arretrasse di fronte alla spinta per dispiegare sui fianchi nemici le proprie ali (come i Cartaginesi fecero, ad esempio, di fronte all'impeto romano, nella battaglia di Canne).

Secondo la nostra ipotesi, il conflitto tra pulsioni sessuali e pulsioni dell'Io impedirebbe quindi alla risposta al messaggio di percorrere la strada (14), (che sul grafo è tratteggiata), e la risposta emotiva, sessuale, al messaggio prenderebbe la strada (3) e confluirebbe nel rimosso (Tiferet), fermandosi così come a metà strada sul cammino dell'azione.

La rimozione è vista dunque, secondo questo schema, come il risultato del fatto che pulsioni sessuali e pulsioni dell'Io tendono a trasmettere gli stimoli lungo direzioni diverse e in conflitto tra loro, e i collegamenti tra le Sefirot (gli "tzinnorim", i "canali" della Cabbala), che noi abbiamo disegnato come frecce orientate, sono interpretati come trasmissioni di stimoli, o di "investimenti", tra i diversi nodi, le "Sefirot", dell'albero.

Il confluire dell'emozione nel rimosso, la Sefirah di Tiferet sull'asse centrale dell'albero delle Sefirot, favorirebbe l'ulteriore trasmissione (12) della componente narcisistica di risposta allo stimolo, da Binah alla

Sefirah di Keter, posta anch'essa sull'asse centrale dell'albero delle Sefirot.

Finalmente in Keter avverrebbe quella "Elaborazione inconscia", di cui parlavamo in *Intuizioni*: le risposte astratte (cioè spogliate delle loro componenti emotive confluite (3) nel rimosso), e inizialmente differite, ai diversi stimoli provenienti dal mondo esterno, vengono coordinate tra loro in una teoria rispettosa dell'"essere" della fonte dei messaggi, e infine le risposte agli stimoli vengono effettivamente fornite, ma appunto coordinate, e se necessario opportunamente differite.

Il coordinamento delle risposte agli stimoli permette di soddisfare le esigenze di autoconservazione dell'Io, e nel contempo di porsi in una relazione non distruttiva, come richiesto dalle pulsioni sessuali, col mondo circostante.

Questo lavoro di "Elaborazione inconscia" avverrebbe tramite il raggiungimento di una sorta di compromesso tra l'emotivo affluito (3) nel rimosso, e l'astratto, le componenti pulsionali di origine narcisistica, affluite (15, poi 12) a Keter; in questo scambio, sia la componente pulsionale sessuale (il rimosso, Tiferet), che quella astratta narcisistica (Keter), devono concedere qualcosa. Lo scambio di informazioni necessario a raggiungere il compromesso avverrebbe lungo la strada (13), la quale può essere percorsa nei due sensi, da Tiferet a Keter e viceversa, così come gli angeli sognati da Giacobbe percorrono salendo e scendendo la scala stesa tra la terra e il Cielo (Genesi 28,12)[62].

Alla base della possibilità di raggiungere un compromesso tra le pulsioni sessuali affluite nel rimosso e le pulsioni dell'Io gestite da Keter, vi sarebbe da parte di Tiferet la malleabilità delle pulsioni rimosse le quali hanno la "capacità di assumere in larga misura funzioni vicarianti le une rispetto alle altre" e la "facilità con cui mutano i loro oggetti"[63] Si tratta della malleabilità e disponibilità necessarie all'amore, e Tiferet è appunto disponibilità all'amore.

Da parte di Keter, invece, il contributo al compromesso con le pulsioni sessuali è quello di tenere sotto controllo un narcisismo altrimenti sfrenato, per nulla incline a scendere a compromessi, dando all'altro qualcosa.

Posta a metà strada tra Hokhmah e Binah, le due Sefirot del narcisismo, così come Tiferet è a metà strada tra Hesed e Ghevurah, le

---

[62] Uno dei nomi di Tiferet è Giacobbe (vedi Elia Benamozegh, *L'origine dei dogmi cristiani*, pag. 248).

[63] Le parole tra virgolette sono riprese da S. Freud, *Pulsioni e loro destini*, 1915, Vol. 8, pag. 22.

Sefirot delle emozioni, Keter non sarebbe condizionata né dall'apertura vorace di Binah, né dalla chiusura a riccio di Hokhmah, ma si troverebbe come in posizione di equilibrio tra le due Sefirot.

Ciò tende tuttavia a causarci un problema, se vogliamo comunque continuare a caratterizzare Keter come afferente al narcisismo: infatti un concetto di "narcisismo equilibrato" appare quasi una contraddizione in sé stesso.

Ipotizziamo allora che l'elemento equilibratore di Keter, il quale permette di contrastare gli impulsi famelici in arrivo da Binah, si collochi al di fuori del narcisismo, ed altro non sia nella Sefirah se non l'obbedienza alla Legge di Dio che la persona assume come un "al di fuori" al proprio sé, e il cui rigore è volto anzitutto contro la possibilità dell'insorgere di un delirio narcisista sottratto a ogni controllo.

Legge e amore, dunque, renderebbero possibile il compromesso tra le pulsioni narcisistiche (le pulsioni dell'Io) e quelle sessuali, e, nell'incontro tra la "verità astratta" e la "verità interiore" della risposta da restituire al messaggio proveniente dall'esterno, il conseguimento della conoscenza, come si diceva in *Le interpretazioni simboliche dei sogni*. Citiamo da pag. 111.

Dualità del concetto di verità. Davanti a una proposizione del linguaggio della quale la persona desidera "conoscere" lo status di verità, cioè se essa è vera, o falsa, o incerta, ci pare che ella proceda a due verifiche le quali mirano a due obiettivi diversi.

Da un lato, la persona mira a stabilire la "verità interiore", emotiva, che ha per lei la proposizione, dall'altro la sua "verità astratta". La "conoscenza" della proposizione si conclude solo quando le due verifiche sono entrambe concluse, e per affermare che la conoscenza della proposizione ha stabilito la sua verità occorre che esse entrambe diano esito positivo.

L'amore in Tiferet rende malleabili le pulsioni sessuali affluite nel rimosso, il quale, come ha dimostrato Freud, non conosce la parola "No"[64], così poco cara a chi ama.

L'aderenza alla trascendenza di una Legge si oppone d'altronde, in Keter, al dilagare del narcisismo dell'Io, il quale senza questo "al di fuori", sarebbe solo, in balia del proprio narcisismo appunto, e, come vedremo nella sezione seguente, della psicosi.

---

[64] Si tratta della nota proprietà del processo primario, caratterizzante il sistema Inconscio, di non conoscere la negazione. Uno dei nomi di Tiferet è *shamayim*, i cieli. Colui il quale si muove attraverso i cieli, non incontra ostacoli: non si imbatte, potremmo dire, nella parola "No".

La verifica di "verità astratta" della risposta da dare al messaggio proveniente dall'esterno si forma dunque in Keter, e, se di verità appunto si tratta, allora non può che consistere nella verifica della coerenza della risposta con la Legge di Dio.

Ora, i cammini tracciati possono essere percorsi senza problemi se l'apparato psichico è in condizioni di calma, se i canali che collegano tra di loro le Sefirot funzionano trasmettendo regolarmente gli stimoli, se le diverse Sefirot e in particolare Tiferet, il rimosso, hanno infine una qualche capacità di contenere al loro interno gli stimoli che ricevono, dando il tempo ai canali di comunicazione presenti tra di esse di attivarsi e di svolgere il proprio lavoro di riequilibrio dell'albero della psiche.

Il tema mistico della "Shevirat haKelim", la "rottura dei vasi", narra di una rottura primigenia dei "contenitori" delle Sefirot Hesed, Ghevurah, Tiferet, Netzah, Hod, Yesod (secondo il nostro schema di Figura 5, le Sefirot afferenti alle emozioni e all'azione), dovuta a una loro disposizione (in forma di "Iggulim", cerchi contenuti l'uno dentro l'altro), che non permetteva un'efficace armonizzazione tra le Sefirot e una loro cooperazione nel perseguire l'equilibrio complessivo del sistema, della psiche appunto, come diciamo noi.

Se l'apparato psichico si trova in condizioni difficili, come quelle costituite da sollecitazioni eccessive, qualcosa non funziona nell'elaborazione inconscia del rimosso, e la risposta al messaggio sfugge (5) alla rimozione, passando al sadismo (chiamato "Emozione attiva" in Figura 5) e quindi all'azione (6).

Col meccanismo della repressione, verrebbe impedito alla risposta al messaggio, una volta che questo è emerso (5) come emozione, di percorrere la strada (6) dell'azione. Invece che sfociare in un'azione, l'emozione verrebbe legata (7) con quella che abbiamo chiamato "fame narcisista" (Binah), la quale ha l'effetto di trattenere l'azione.

L'impulso sadico, di natura emotiva (sessuale) diretto contro l'altro, verrebbe in altri termini legato a elementi narcisistici, pulsioni a inglobare l'altro, le quali, segnalando al sé di non essere disposte ad accontentarsi di colpire, ma ricercando invece la sopraffazione completa dell'altro, o il suo definitivo allontanamento[65], hanno per effetto di trattenere l'impulso sadico.

---

[65] Occorre notare come la posizione a mezzaluna, oltre che una posizione aggressiva volta all'inglobamento dell'altro, può essere anche considerata una posizione di difesa, volta a evitare il proprio inglobamento da parte del prossimo: in ultima analisi è più difficile inghiottire una mezzaluna che una palla.

Così il "represso" sarebbe costituito da elementi sessuali sadici (emotivi) legati a elementi di fame e in fondo di odio narcisistici e la repressione potrebbe essere considerata una sorta di "rimozione di seconda istanza".

In *Pulsioni e loro destini* (1915, Vol. 8), Freud considera i due concetti di "amore" e "odio", associando quest'ultimo più strettamente al narcisismo della persona. Citiamo da pagg. 33, 34:

"Si può addirittura asserire che gli autentici archetipi della relazione di odio non traggono origine dalla vita sessuale ma dalla lotta dell'Io per la propria conservazione e affermazione.

…

Fasi preliminari dell'amore si costituiscono come mete sessuali provvisorie nel mentre che le pulsioni sessuali effettuano il loro complicato sviluppo. Quale prima fra queste fasi ravvisiamo quella dell'incorporare in sé, o divorare, una specie di amore compatibile con l'abolizione dell'esistenza separata dell'oggetto, che può quindi esser designato come ambivalente. Nella successiva fase dell'organizzazione pregenitale sadico-anale, l'impulso verso l'oggetto si presenta come spinta ad appropriarsene e non importa se l'oggetto viene danneggiato o annientato. Tale forma e stadio preliminare dell'amore non si distingue quasi, per l'atteggiamento che ha verso l'oggetto, dall'odio. Solo con l'instaurarsi dell'organizzazione genitale l'amore viene a contrapporsi all'odio.

…

L'odio, come relazione nei confronti dell'oggetto, è più antico dell'amore; esso scaturisce dal ripudio primordiale che l'Io narcisistico oppone al mondo esterno come sorgente di stimoli. In quanto manifestazione della reazione di dispiacere provocata dagli oggetti, l'odio si mantiene sempre in intimo rapporto con le pulsioni di conservazione dell'Io, così che le pulsioni dell'Io e le pulsioni sessuali pervengono facilmente a un'antitesi che riproduce l'antitesi odio-amore".

Il secondo dei tre paragrafi citati coglie in Freud i tre livelli di organizzazione della pulsionalità dell'uomo, quello narcisistico, quello sado-masochistico e quello genitale. Nell'insieme si vede come Freud ponga in relazione l'odio con la "pulsionalità dell'Io", il narcisismo, le origini antiche della persona e della vita, e come anche l'amore narcisistico, il quale corrisponderebbe alla Sefirah di Binah in alto a sinistra della Figura 5, non contrapponendosi all'odio ("Solo con l'instaurarsi dell'organizzazione genitale l'amore viene a contrapporsi all'odio"), possa in fondo essere considerato una forma di questo.

Dell'odio ha la freddezza, l'assenza del calore che solo una sessualità matura, organizzata a livello della genitalità, può fornire al rapporto interpersonale.

Notiamo inoltre che, nell'assumere la forma a mezzaluna della "fame narcisista", il protista allontana da sé l'altro nel punto dove costui più si protende verso di lui; ritraendosi in tal modo, egli "odia" l'altro.

Che ne è allora della Sefirah di Hokhmah, in alto a destra di Figura 5, accanto alla quale abbiamo riportato l'etichetta di "odio" e dentro cui abbiamo rappresentato il protista chiuso a palla a minimizzare la propria superficie di contatto col mondo esterno? Si tratterebbe di un odio un po' diverso da quello della "fame narcisista" di Binah. Troppo vicina la forma rotonda del protista chiuso a palla al mondo esterno alla forma ellittica del protista A di Figura 2 (pag. 126) del quale dicevamo che si protende a colpire il suo prossimo, in un essere dotato di emozioni lo stato corrispondente a quello rappresentato dalla Sefirah di Hokhmah appare instabile.

Certo, prima dell'emergere della sessualità il protista narcisista chiuso a palla all'ambiente esterno doveva vivere come in una sorta di paradiso terrestre, poco turbato dall'ambiente (nei confronti del quale ha minimizzato, assumendo una forma sferica, la superficie di contatto), e per nulla disturbato da una sessualità che, appunto perché narcisista, doveva ancora sviluppare. Ma tale stato di calma e beatitudine poco si addice a un essere dotato di emozioni e la lettera Yod dell'alfabeto ebraico "sta a indicare la Hokhmah, e la Yod non è che un semplice, piccolo punto", (una piccola palla?), "un segno che non raffigura nulla e del quale si parla come del Giardino dell'Eden di cui si è detto: 'nessun occhio lo vide mai'"[66].

Così per odiare veramente in modo stabile l'altro occorre, nell'essere dotato di emozioni, assumere la forma a mezzaluna: ritrarsi da lui, ma contemporaneamente minacciarlo di inglobamento e morte.[67]

---

[66] Vedi *Introduzione* di Jacob Immanuel Schochet *alla traduzione della Iggheret Ha-Qodesh*, pag. 33.

[67] Ci rendiamo conto di come l'esposizione si faccia a tratti, contro la nostra stessa volontà, un po' cruda. Questo però è naturale, dal momento che ci stiamo occupando del "problema del male".

Il represso, azione mancata dell'essere che si trova in una situazione difficile, sarebbe quindi materiale sottratto (5) alla rimozione, e successivamente (7) all'azione.

Dalla struttura del grafo della Figura 5 risulta evidente come il materiale sfuggito (5) al rimosso e che ha attivato il pensiero mistico, non sia più utilizzabile nel processo di conoscenza interiore dell'altro: l'"Elaborazione inconscia" (vedi *Intuizioni*) del materiale rimosso non può immettere (4) alla conoscenza interiore dell'altro che a partire dal rimosso (Tiferet), il quale però è stato appunto svuotato (5).

"Fortunato al gioco, sfortunato in amore", recita il proverbio popolare: colui che attiva i potenti metodi del misticismo (che appunto abbiamo identificato con la "comprensione" dell'oggetto dall'esterno), perde per forza di cose un po' la capacità di amare (di conoscere, tramite l'erezione del pene, l'oggetto dall'interno).

Nell'impossibilità di comunicare con l'altro, l'essere che si trova in una situazione difficile, ad esempio l'uomo aggredito, deve nonostante tutto e proprio per questo continuare a pensare.

Il pensiero mistico potrebbe essere visto così come un sostituto del pensiero volto alla comunicazione con l'altro (alla "conoscenza interiore" del prossimo), e utilizzerebbe il materiale quasi emerso nell'emergenza, il "represso", appunto.

L'idea comune che si ha del mistico, più che quella di una persona che si pone in uno stato di emergenza per affrontare un pericolo, è quella di una persona apparentemente distaccata dal mondo, il quale attende in una sostanziale passività una sorta di illuminazione, soluzione di un qualche problema che gli sta a cuore.

Le due situazioni, quella dello stato di emergenza e quella del mistico apparentemente distaccato dal mondo, sono tuttavia tra loro legate. Anche la persona che si pone in uno stato di emergenza per affrontare un pericolo, infatti, si distacca dal mondo, per tutto quanto concerne ciò che non ha attinenza col pericolo da affrontare.

L'apparente distacco del mistico dagli avvenimenti del mondo è creato da un disinteresse per tutto ciò che non attiene al problema che gli interessa.

Questo problema ne causa appunto il distacco dal mondo, così come un dolore provocato da una malattia è causa di un distacco del malato dall'ambiente che lo circonda, e può far apparire il mistico a volte un po' inconcludente e svogliato.

Il protista narcisista primitivo doveva vivere in un mondo difficile, caratterizzato da condizioni di vita primordiale estremamente dure, e scarsa utilità della comunicazione, data la rarità stessa della vita, e il pensiero mistico sarebbe stato l'unico modo di relazionarsi con l'altro che aveva il protista narcisista primitivo, l'unico suo tipo di pensiero.

Pensiero mistico dunque, che punta a inglobare il problema, attaccandolo da diverse parti, ma sempre a partire dalla superficie.

Pensiero che allinea intuizione a intuizione (meglio, secondo la terminologia introdotta nella Parte I, simbolo a simbolo: vedi più oltre), punto di contatto con punto di contatto col corpo dell'oggetto, senza preoccuparsi esplicitamente del problema del conseguimento della conoscenza, della penetrazione dell'altro.

La penetrazione avverrà automaticamente quando abbastanza intuizioni saranno state allineate, e i punti di contatto con il problema moltiplicati.

Il protista A di Figura 6 moltiplica i punti di contatto con B nell'inglobamento di quest'ultimo, e infine ingloba B, il suo problema. B, inglobato, morrà, e la sua "digestione" potrà avvenire senza pericoli per A, e senza che un pene di cui A è sprovvisto sia intervenuto a penetrare B quando questi era ancora vivo.

Fermiamoci un attimo a considerare questo concetto di "intuizione" come "punto di contatto" col problema.

In effetti, il concetto di "intuizione" ci ha accompagnato lungo quasi tutto il nostro cammino.

Un'"intuizione", secondo il significato che normalmente si attribuisce al termine, è in fondo la "soluzione" di un problema, la quale necessita di essere tuttavia "verificata".

Nel nostro discorso ci siamo tuttavia a volte distaccati da questa interpretazione del concetto di intuizione, tendendo a vedere la stessa, come stiamo facendo qui nella discussione sul misticismo, più come una sorta di "emozione astratta", semplicemente un punto di contatto tra la superficie indurita del sé (sia questa la superficie del protista impegnato nell'operazione di inglobamento, o la superficie del pene di un essere dotato di genitalità) e l'oggetto esterno; in altre parole, intuizione come simbolo dell'emozione provata in corrispondenza del punto di contatto.

Ora le due prospettive, quella di intuizione come soluzione, e quella di intuizione come punto di contatto col problema, non sono incompatibili.

Stabiliti una serie di punti di contatto col problema, infatti, le intuizioni così allineate, organizzate ad esempio in una di quelle immagini di cui parlavamo in *Le interpretazioni simboliche dei sogni*, provvederebbero a fornire la soluzione del problema.

Così usiamo il termine "intuizione" sia per indicare un punto di contatto col problema, che per indicare una organizzazione (una somma, diremmo) di intuizioni (intese come punti di contatto), la quale infine fornisce la soluzione al problema stesso.

Si tratta in fondo di una piccola questione terminologica, per la quale il termine "intuizione" viene usato in due accezioni leggermente diverse. Nella Parte I avevamo riservato per il concetto di "intuizione come punto di contatto" il nome di "simbolo", ma poi ci siamo a volte discostati da questa convenzione.

Misticismo dunque come prima tecnica di conoscenza dell'altro apparsa sulla terra, come "comprensione" di un altro al cui funzionamento interno, alla cui vita, si è poco interessati.

Se il misticismo è così primitivo, come mai il metodo è così potente?

La risposta è da ricercare probabilmente nelle estremamente difficili condizioni della vita al suo albore sul pianeta, e nella sua rarità.

Il protista narcisista primitivo era semplicemente dotato di un tipo di pensiero adatto a garantirne la sopravvivenza in condizioni di solitudine e di pericolo.

In *Le interpretazioni simboliche dei sogni*, come si diceva, abbiamo associato le intuizioni alle immagini "fredde" (separate dalle proprie emozioni) ottenute dai pazienti di Freud ponendosi in stato di concentrazione. Si tratta, dicevamo, della stessa freddezza dell'immagine che la persona improvvisamente aggredita percepisce dell'aggressore: non c'è spazio per le emozioni, ma solo per una organizzazione astratta del pericolo incombente.[68]

Il metodo mistico è dunque adatto in situazioni di pericolo e di affanno.

La strategia della "guerra lampo" è una tattica militare di tipo mistico. Il nemico viene attaccato da diversi lati e aggirato (inglobato), e cederà soffocato dall'accerchiamento e dalla confusione.

Così il mistico ha un problema che gli sta molto a cuore, e si pone, come uomo aggredito, in uno stato di emergenza per risolverlo.

Cerchiamo ora di rintracciare gli elementi del modo di operare del misticismo in questo libro.

Ci siamo appropriati senza troppi complimenti del personaggio di Leonardo e del suo quadro più famoso. Questo agire senza riguardi è

---

[68] *Le interpretazioni simboliche dei sogni*, pag. 114.

tipico del pensiero mistico. Come un uomo in lotta non esiterà ad appropriarsi di un vaso senza curarsi di chi ne è il proprietario (cioè cosa pensano, i biografi di Leonardo, e i critici della Gioconda) per scagliarlo contro il suo aggressore, così noi, pressati dal problema che ci sta a cuore, quello del male, non abbiamo avuto tanti scrupoli, e non abbiamo ritenuto di investire tempo prezioso per studiare scritti altrui i quali non ci apparivano strettamente necessari per la soluzione del problema.

Ci troviamo spesso a dover confessare una nostra certa ignoranza su questa o quella materia, sulla quale pure riteniamo di avere cose da dire. Nuovamente questa sorta di ignoranza è tipica dell'agire del mistico, il quale non consolida il possesso del territorio conquistato. Non penetra in profondità contro il nemico, ma si occupa solo di continuare nel suo accerchiamento, stabilendo nuovi, in fondo precari, punti di contatto con esso. Attaccando poi il nemico da diversi punti (noi abbiamo cercato di occuparci del problema del male partendo dalla tradizione mistica e dalla psicoanalisi), deve come dividere le sue forze tra diverse discipline, col risultato che non può conoscere in profondità nessuna di esse.

Così il mistico è in fondo specialista solo in un problema, quello che gli sta cuore.

La penetrazione nei temi della mistica delle Sefirot è impresa di portata tale da spaventare anche lo studioso più erudito sul tema.

Da bravi mistici, tuttavia, abbiamo rinunciato a penetrare a fondo nel problema, compiendo invece rapide e, crediamo, utili incursioni alla superficie dello stesso.

Se il pensiero mistico è così potente, perché dunque la natura ha scelto di percorrere la strada della genitalità?

Gli studiosi della teoria dell'evoluzione avranno certo risposte a questa domanda.

Noi stiamo parlando di misticismo, e vorremmo tentare di dare una risposta mistica.

Se consideriamo l'evoluzione della vita sulla terra alla luce della Figura 1 di *Lutto, melanconia, giustizia*[69], vediamo come essa evolva, a partire dalla sua creazione (tondino in alto, Bambino nell'utero), via via attraverso lo stadio del narcisismo, del sado-masochismo e quindi della conoscenza genitale, verso Dio.

---

[69] *Lutto, melanconia, giustizia*, pag. 65.

Se Dio è in tutte le cose[70], e con la genitalità l'uomo può finalmente penetrare all'interno del proprio prossimo, allora può darsi che la natura, subito dopo la creazione della vita sulla terra, abbia voluto avviare il processo del suo ricongiungimento col Creatore[71].

La vita è quindi stata cacciata dal paradiso terrestre, ove viveva di misticismo e intuizioni, e poteva mangiare del frutto dell'albero della vita[72].

Con la cacciata dal paradiso è comparsa la sessualità, con questa la necessità della rimozione, e la sofferenza causata dalla psicosi e dal male.

La vita sulla terra essendo giunta allo stadio della genitalità, essa è ormai molto vicina al suo Creatore.

La mancanza del frutto dell'albero della vita (chissà se e quando la sua esistenza verrà ripristinata sulla terra) fa forse sì che il singolo individuo, con la morte, percorra solo una via più breve di quella, lunga, percorsa dalla catena evolutiva, giungendo più presto a Dio.

Riprendiamo ora l'analisi del grafico della Figura 5.

Notiamo anzitutto come Binah si traduca con "comprensione", e dunque questa Sefirah si adatta, anche solo per il proprio nome, a essere rappresentata dalla forma a mezzaluna del protista narcisista primitivo che appunto "comprende", come dicevamo nella sezione 3, Genitalità, inglobandolo, l'oggetto.

Abbiamo caratterizzato Binah anche come "amore narcisista", e per i cabbalisti la Sefirah è infatti *ahavah rabbah*, il "grande amore"[73].

L'investimento (7) della Sefirah di Binah nel fenomeno della repressione può essere visto anche come un tentativo di riequilibrare

---

[70] Il Signore è "erech apaim". Ha un "naso lungo", cioè un pene (vedi nota 2 a *Lutto, melanconia, giustizia*, pag. 75). Conoscendo l'uomo dal di dentro, può, quando la sua ira divampa, farlo molto soffrire.

[71] L'idea di pulsione come stimolo al ristabilimento di uno stato precedente è freudiana. Si veda *Al di là del principio del piacere*, 1920, Vol. 9.

[72] Sembra che secondo alcuni biologi questi animaletti primitivi debbano essere considerati immortali. Ciò non si concilia apparentemente con la nostra idea di "morte" del protista inglobato. Il fatto è che, probabilmente, subito dopo avere inglobato il suo prossimo, il protista primitivo avviava il processo della scissione, in tal modo forse come ripristinando la vita del protista inglobato.
Nell'insieme, a dire il vero, non ci pare che la questione sia molto importante.

[73] Vedi Elia Benamozegh, *L'origine dei dogmi cristiani*, pag. 165.

l'albero della psiche[74], dopo che emozioni sono inaspettatamente affluite (5) a Hesed, sfuggendo in malo modo al rimosso (in malo modo: cioè senza essere coordinate in un processo di conoscenza del mondo esterno e senza uscire quindi dal rimosso per la via 4 della genitalità). Questa necessità di riequilibrare l'albero della psiche renderebbe più difficile il passaggio successivo (12) dell'investimento da Binah a Keter. La tendenza naturale dell'apparato psichico sarebbe infatti quella di mantenere l'investimento in Binah, e proseguire nell'operazione di inglobamento e uccisione dell'oggetto esterno: chi fa del male una volta, indurendo il proprio cuore, poi è portato a proseguire naturalmente sulla strada del male.

Ritorneremo al grafico di Figura 5 al termine della sezione 6, Eboidofrenia, e ripartiremo proprio da questo problema costituito dalla difficoltà di volgere il misticismo al bene, identificato quest'ultimo come equilibrio dell'albero delle Sefirot, e investimento di Keter e Tiferet, le quali collaborano, come si diceva, nella ricerca della conoscenza e della genitalità.

Nella sezione seguente 5, Scintille, proseguiamo l'analisi del concetto di misticismo, presentando anche esempi di comportamento mistico nell'illustrare il difficile rapporto di un bimbo con una madre melanconica. Quindi, dopo un ultimo tuffo, nella sezione 6, Eboidofrenia, nelle profondità del male, il nostro cammino ci condurrà nella sezione 7, Mosè attraverso l'analisi di alcuni aspetti del profilo del Profeta.

---

[74] Per i cabbalisti uno dei nomi di Binah è *teshuvah*, il ritorno a Dio (ibid., pag. 170), e ciò può essere forse interpretato anche come conferma della funzione di Binah di recupero (con la "repressione") di emozioni sfuggite malamente al rimosso.

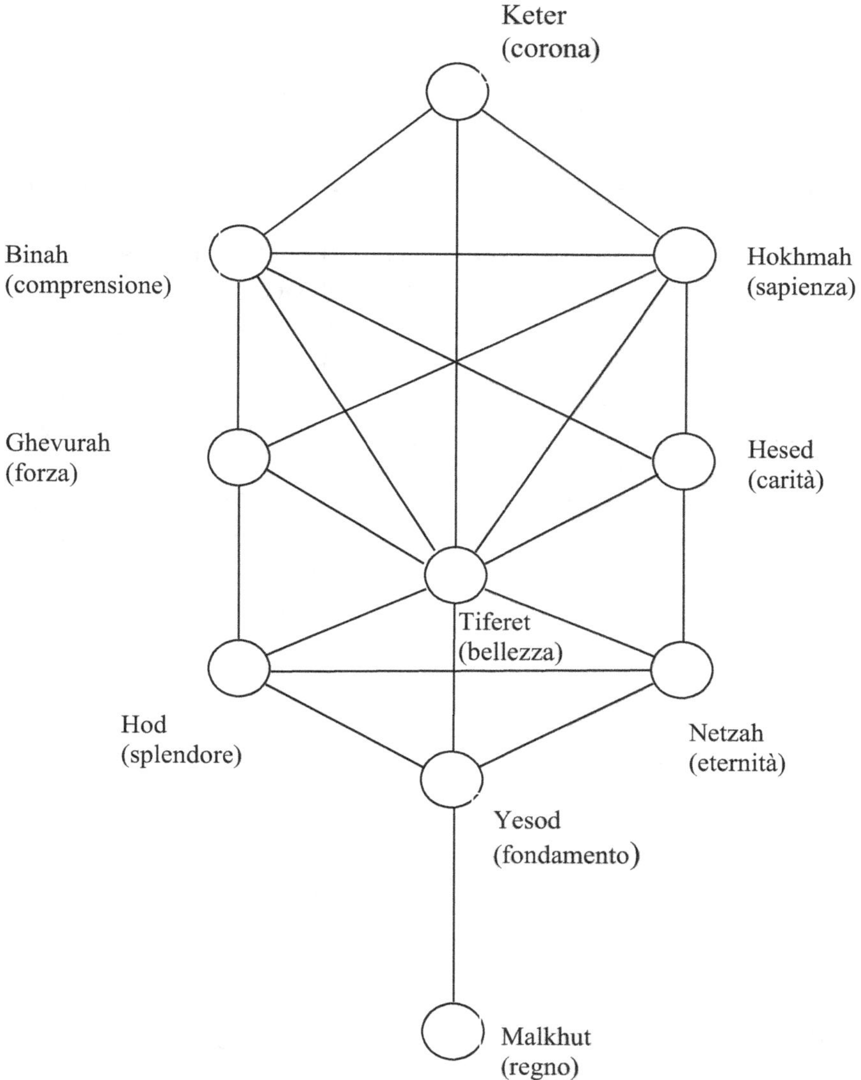

Figura 7: albero delle Sefirot

5 Scintille

Normalità, perpendicolarità dunque, tra le pulsioni dell'Io (il narcisismo originario) e le pulsioni sessuali.

Diverso orientamento geometrico, causa del conflitto tra narcisismo e sessualità, conflitto a sua volta alla base dei problemi psichici dell'uomo.

Il male come "conoscenza del male", dicevamo in *La cacciata dal giardino di Eden*.

Il male come attivato dal costituirsi una teoria dell'altro fatta a proprio uso e consumo (del tipo "l'altro è un essere inferiore"); una teoria la cui intuizione non provenga dal Cielo, ma che è frutto del costituirsi di una psicosi sul contenuto emotivo, il quale non è più rimosso e simbolizzato in un anelito alla conoscenza del mondo esterno. Il male come psicosi, come organizzazione teorica di ripiego (simile per certi versi all'"elaborazione secondaria del lavoro onirico", S. Freud, *L'interpretazione dei sogni*, 1899, Vol. 3, pag. 458) di un vissuto divenuto disgregante e incontrollabile, come ribaltamento sull'altro di un proprio vissuto non rimosso, fatto di angosce, paure, vergogne.[75]

Vergogna, il termine ci fa pensare alla melanconia, e da questa psicosi

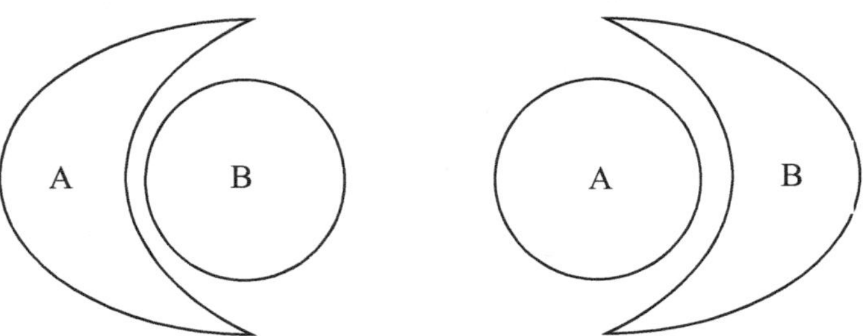

Figura 8: mania e depressione di A

ora ripartiamo.

La psicosi maniaco-depressiva sembra in effetti rappresentare in pieno un ritorno dell'uomo alla modalità di relazione col mondo tipica del narcisismo.

---

[75] Il paragrafo è ripreso da *La cacciata dal giardino di Eden*, pag. 35.

Nella fase maniacale della psicosi, il paziente si ritrova nella situazione del protista A di Figura 8, che vuole tutto inglobare.

Nella fase depressiva, la depressione corrisponderebbe a quella del protista A a destra di Figura 8, che, avendo fallito nell'inglobamento del prossimo, teme a questo punto di venire egli stesso inglobato nell'altro. Il protista, come l'uomo depresso, si chiude allora al mondo, riducendo al minimo, assumendo la forma sferica, la superficie di contatto con l'esterno.

Così, se non fosse che riteniamo che ogni psicosi debba essere ricondotta a una regressione dalla genitalità allo stadio del narcisismo, proporremmo senz'altro di chiamare la melanconia "psicosi narcisistica".

Invece di parlare della psicosi melanconica in termini generici, mettiamo in scena due personaggi, il solito Leonardo e La Gioconda, sua figura di riferimento nell'età infantile, e indaghiamo sulla loro relazione.

La Gioconda, dunque, figura di riferimento di Leonardo nell'età infantile, è disturbata. Naturalmente potremmo fare l'ipotesi che abbia ereditato il problema psicotico da qualcuno, allo stesso modo di come vedremo Leonardo lo erediterà dalla Gioconda.

In tal modo però il problema sarebbe solo spostato di una generazione più indietro, per cui supponiamo che ella, inizialmente, per così dire, sana, si sia ammalata di melanconia.

In che modo dunque è insorto in lei il disturbo psicotico?

Freud si dilunga in *Lutto e Melanconia* (1915, Vol. 8) sulla descrizione del disturbo psicotico maniaco-depressivo; egli dice: "Nel quadro morboso della melanconia emerge in primo piano, rispetto alle altre rimostranze, la riprovazione morale nei confronti del proprio Io; la valutazione di sé si basa assai più raramente su imperfezioni fisiche, bruttezza, debolezza, inferiorità sociale; solo l'impoverimento assume una posizione di rilievo fra i timori o le dichiarazioni del malato".

Iniziamo dalla denuncia che il malato fa del suo proprio supposto impoverimento.

La ricchezza, in effetti, rischia di distorcere la percezione che la persona ha del "dare".

Da un lato il "dare" è più facile, perché, appunto, si ha molto; dall'altro si è sottoposti a maggiori pressioni da parte dell'ambiente, il quale vorrebbe dal ricco "avere".

Se un disturbo del "dare" è alla base, come abbiamo ipotizzato, dell'abbandono della genitalità nella direzione del narcisismo, e se il disturbo narcisistico è sinonimo di disturbo psicotico, allora comprendiamo il senso di una credenza popolare[76] secondo la quale la ricchezza porterebbe con sé il pericolo del "malocchio", nome antico della psicosi e, in particolare, probabilmente, della melanconia.

La Gioconda, dunque, subisce un trauma, quello della perdita della ricchezza.

Le richieste che prima provenivano dall'ambiente circostante, e che ella facilmente poteva soddisfare, le appaiono all'improvviso esorbitanti e come in grado di "svuotarla".

La Gioconda reagisce a tale paura, che vive come una paura di assorbimento da parte dell'altro, con un'angoscia, che si traduce in un rifiuto del "dare".

La Gioconda ha un bimbo, Leonardo, il quale vorrebbe crescere come tutti i bimbi del mondo, passando successivamente (Figura 1 di *Lutto, melanconia, giustizia*, pag. 65) dallo stadio del narcisismo (livello 1), a quello della violenza sado-masochista (livello 2), alla genitalità (livello 3).

Ora, in teoria, La Gioconda non dovrebbe avere nulla da ridire su tale sviluppo, il quale ha come sua ultima tappa appunto il conseguimento dell'organizzazione genitale della personalità di Leonardo.

Se infatti la genitalità è anche saper dare, e La Gioconda si sente come svuotata (depressa), quale occasione migliore vi sarebbe per lei che non avere al suo fianco un adolescente il quale sa "dare"?

Se non che vi è un problema.

Il "dare" della genitalità maschile passa prima dall'"essere". Il maschio introduce il suo pene rigido nella donna, così "conoscendola interiormente" come dicevamo, e solo quando tutte le possibilità di conoscenza che egli ha sono state esaurite (nel momento in cui il pene è teso al massimo), avviene, con l'eiaculazione, il "dare".

Ora, alla Gioconda questo sistema non sta bene.

Qual è il problema di questa donna?

Abbiamo due spiegazioni. Le forniamo tutte e due, avvertendo che esse sono tra loro compatibili, e che secondo noi sono tutte e due vere. Tuttavia è dalla seconda che partiremo per proseguire il nostro cammino.

La prima spiegazione del problema della Gioconda non prende in considerazione il sado-masochismo, ma solo il livello dell'organizzazione genitale della donna.

---

[76] Abbiamo trovato il riferimento a tale credenza in uno dei romanzi di Isaac Bashevis Singer.

Abbiamo già indicato quanto restii siamo a inoltrarci sul terreno della mistica della genitalità femminile. Comunque l'ipotesi che facciamo è molto semplice: che la genitalità femminile sia molto simile a quella del maschio. Secondo questa ipotesi, le secrezioni femminili che la donna ha durante il rapporto corrispondono allo sperma maschile[77]. La Gioconda vede dunque la genitalità come un pericolo perché in essa anche ella deve "dare".

La seconda spiegazione è quella, potremmo dire, del "salto di livello", della quale abbiamo già parlato in *Lutto, melanconia, giustizia* come causa di psicosi.

Qui la riprendiamo più in dettaglio, utilizzando il concetto di "represso" che abbiamo introdotto nella sezione precedente.

Secondo la spiegazione del "salto di livello", dunque, il trauma della Gioconda conseguente alla perdita della ricchezza è stato troppo grande. La donna non ha avuto il tempo di elaborarlo in un lavoro del lutto, il tempo cioè di abituarsi alla vita delle persone normali, fatta anche e soprattutto, purtroppo, di sado-masochismo, ad esempio di uso da parte dell'altro (sadismo) in cambio di uno stipendio (masochismo).

La Gioconda non ha fatto in tempo ad abituarsi a difendersi, non sa gestire le proprie emozioni, i propri impulsi sadici, così accettati, dati per scontati e apparentemente utili nella vita di relazione. Ne ha paura e vergogna, ma le sue rimozioni non reggono sotto le sollecitazioni, forti per lei, provenienti dall'esterno.

Che fare di fronte al venir meno della rimozione del sadismo?

Se una rimozione di una pulsione posta a livello sado-masochistico cede, possiamo supporre che vi siano due modi di ulteriore sviluppo degli eventi.

Il primo, quello più naturale, è la scarica dell'impulso sadico contro l'altro (ad esempio tirargli un pugno).

Il secondo tipo di sviluppo è più interessante, come visto nella sezione precedente. L'impulso sadico diretto contro l'altro, l'emozione, verrebbe collegato a elementi di fame e di odio, di origini narcisistiche. Questo legamento consentirebbe di non sfogare l'impulso sadico, il quale, legato adesso a elementi narcisistici di megalomania (la "fame") e di chiusura a una sessualità diretta verso l'altro, rimarrebbe represso. Così il "represso" sarebbe costituito da elementi quasi affiorati all'azione, e

---

[77] Si noti come questa ipotesi che le secrezioni femminili siano l'equivalente del liquido seminale maschile, corrisponde a quella che vede nella sessualità genitale un'erede diretta dello scambio di liquidi tra protisti primitivi cui ci si riferiva in *Intuizioni*, citando Freud.

legati in extremis a elementi narcisistici di "fame" e di chiusura alla sessualità, e la repressione potrebbe essere considerata una sorta di "rimozione di seconda istanza".

La genitalità, d'altronde, non disporrebbe di un proprio sistema di pulsioni.

L'organizzazione genitale della personalità consisterebbe solo in un coordinamento equilibrato dell'attività dei due sistemi del sado-masochismo e del narcisismo. Sarebbe però dal sado-masochismo, e più precisamente dal rimosso, che la genitalità trae in ultima analisi le sue risorse. Si pensi all'atto sessuale, nel quale, dicevamo, si mette in scena un rapporto sado-masochistico.

Così lo svuotamento del sistema sado-masochistico, provocato dalla conversione del rimosso in represso, comprometterebbe le risorse della genitalità e quindi la genitalità stessa, che la Gioconda rifiuta.[78]

Il "represso", a differenza del rimosso, non parteciperebbe al processo di elaborazione inconscia, di cui abbiamo parlato in *Intuizioni*, in *Barriere simboliche di rimozione*, e che abbiamo ripreso nella sezione precedente, elaborazione volta alla costruzione di una teoria dell'altro che apre la strada alla comunicazione col prossimo. Troppo legate a emozioni quasi affiorate all'azione e ostili all'altro, le pulsioni represse non avrebbero, di quelle rimosse, la malleabilità, la docilità che rende possibile all'elaborazione inconscia il ricondurle coordinate al servizio della comunicazione rispettosa dell'altro, necessità dell'Io maturo. A differenza delle pulsioni rimosse, quelle represse non avrebbero la "capacità di assumere in larga misura funzioni vicarianti le une rispetto alle altre" e la "facilità con cui mutano i loro oggetti"[79]. La pulsione repressa sarebbe, per così dire, una "azione fatta nel futuro"; essa è stata sì trattenuta nel presente perché ritenuta svantaggiosa per l'Io, ma solo allo scopo di sfogarla più o meno tale e quale nel futuro, quando se ne presenterà una occasione più propizia disponibile.

L'avere a che fare con un materiale siffatto (cioè, col "represso") per relazionarsi col mondo esterno deve costituire un bel fardello per l'Io. Persa la capacità di una comunicazione dell'altro rispettosa, non rimane a ben vedere che la strada di rinunciare del tutto all'espressione delle proprie emozioni. Al posto di protendersi verso l'altro, l'unica via è

---

[78] Si tratta del discorso fatto alla fine della sezione precedente, per il quale il materiale per la conoscenza interiore dell'altro (Yesod) è fornito (strada 4 del grafico di Figura 5) dal rimosso.

[79] Le parole tra virgolette sono riprese da S. Freud, *Pulsioni e loro destini*, 1915, Vol. 8, pag. 22.

quella di distendersi parallelamente all'altro, per comprenderlo, inglobarlo, e quindi, una volta uccisolo, sfogare sul corpo del proprio prossimo le emozioni così a lungo trattenute mentre egli era in vita.

"Comprensione" quindi, misticismo, come unico modo di utilizzare il pensiero in condizioni di pericolo, allorquando l'emergenza rende problematica o impossibile la gestione delle emozioni nel rimosso, e la comunicazione con l'altro.

Nel pensiero mistico, l'emozione protesa a sfociare nell'azione di percuotere l'altro segnala all'Io semplicemente qual è al contrario il punto della superficie di contatto ove occorre più ritrarsi (il contrario del percuotere). Le energie non utilizzate nella percussione dell'altro vengono quindi impiegate (invece che perpendicolarmente alla superficie, parallelamente) per proseguire l'azione di accerchiamento.

Il misticismo, dunque, potrebbe essere visto come un modo per recuperare e utilizzare energie represse, dopo che il loro utilizzo è fallito a livello della genitalità.

"Essere", come dicevamo in *Intuizioni*, riflessi condizionati alle sollecitazioni che provengono dall'esterno. Di cosa si vergogna dunque la Gioconda? Verrebbe da rispondere: dello sfacelo della gestione delle pulsioni sado-masochistiche, delle proprie emozioni. Ma, se abbiamo appena visto che la donna le reprime, ciò vuol dire che ella non "fa" niente (non le scarica ad esempio tirando qualcuna per i capelli).

Allora di cosa si vergogna la donna? Dobbiamo supporre che ella si vergogni ora di come "è".

Tuttavia, perché La Gioconda, donna intelligente e intuitiva, si vergogna per ciò che ella "è", invece che, come sarebbe corretto, di ciò che "fa"?[80]

La risposta è probabilmente che quando si ha a che fare con la repressione il legamento dell'impulso sadico a elementi di fame e in ultima analisi di odio narcisistico, la "rimozione di seconda istanza" come dicevamo, blocca sì in maniera stabile la scarica dell'impulso contro l'altro, e tuttavia questo impulso sadico viene come bloccato "in extremis" quando esso è quasi già affiorato nell'azione. Il represso essendo così vicino all'azione, esso non si presta, come detto sopra, all'elaborazione cognitiva dell'inconscio; più che un materiale rimosso nell'attesa di ottenere una "conoscenza interiore" dell'altro, di "essere" insieme all'altro, il represso è come un materiale intermedio tra "essere" e "avere", un'unione di fame e odio narcisistici (posti al livello dell'"essere") e sadismo sado-masochista (posto al livello dell'"avere"):

---

[80] Confronta *Intuizioni* pag. 33.

così, vivendo il narcisista nel represso, egli ha un po' ragione di vergognarsi di ciò che "è".

Un altro modo più sintetico di dire le stesse cose è che poiché nella proiezione del mondo tridimensionale della sessualità sul mondo bidimensionale del narcisismo (vedi la sezione 3, Genitalità) l'"avere", la terza dimensione, viene necessariamente proiettato sull'"essere", le due dimensioni rimanenti, da un punto di vista psicologico "essere" e "avere" sono mischiati insieme.

La Gioconda avrebbe, secondo questa ultima spiegazione, molta voglia di venire conosciuta (internamente, tramite la genitalità del pene, dicevamo) dal maschio, ma si vergogna troppo del suo stesso "essere", e quindi si rifugia, pudica, nel suo proprio mondo solitario per non esporsi al maschio.

La persona affetta da disturbo narcisistico non riuscirebbe così a uscirne perché si vergognerebbe di ciò che ella "è", invece che, come sarebbe corretto in una situazione non psicoticamente appiattita sul narcisismo (cioè in una situazione "tridimensionale" come dicevamo nella sezione 3, Genitalità), di ciò che "fa".

Così, in conclusione, per un verso o per l'altro, come è evidente dall'osservazione del suo ritratto, La Gioconda rifiuta la genitalità, mentre la rimozione del sadismo non esiste praticamente più, e il sistema narcisistico è stato rinforzato dall'afflusso di elementi sadici.

L'attività intellettuale estremamente intensa della donna, che abbiamo supposto nella sezione 2, Avere, sarebbe allora un lavoro intellettuale di tipo mistico, cioè basato su una prepotente repressione della sessualità, volto a riprendere il controllo del proprio sé. Tale lavoro sarebbe l'unico lavoro cognitivo possibile, dato che l'altro, quello basato sull'elaborazione inconscia, è impedito dal collasso generale della gestione del sistema sado-masochistico.

È dunque una donna che, quali che possano essere le sue qualità, pone tuttavia dei problemi a un bambino che deve crescere.

Passiamo ora al piccolo Leonardo (vogliamo chiamarlo semplicemente L? Così lasciamo un po' in pace l'artista, dopo averne tanto usato l'opera).

Da un punto di vista dello sviluppo sado-masochistico, dell'espressione cioè delle proprie emozioni, il piccolo L, semplicemente, non può sfogarsi. Non ha nella sua figura di riferimento, La Gioconda, un amico, disposto ad accogliere dentro di sé le sue emozioni, espressione, come abbiamo sempre ipotizzato nei nostri scritti, di una sessualità libera posta a un livello di organizzazione sado-masochistica della persona (livello 2 della Figura 1 di *Lutto, melanconia, giustizia*, e della Figura 5). Se qualcosa disturba L, in altre parole, egli non può andarlo a dire alla Gioconda; non può farsi aiutare dalla Gioconda a risolvere i propri problemi. Il messaggio di L apparirebbe infatti alla donna come un'azione sadica rivolta verso di lei (questo correttamente, dato che ogni messaggio disturba un po' il prossimo, cui è inviato). Un impulso sadico contro L partirebbe allora in risposta; vi sarebbe la necessità di rimuoverlo, e di utilizzare questa rimozione in un processo di elaborazione inconscia, con il quale La Gioconda, facendo proprio il problema di L (conoscendo cioè L interiormente), alla fine lo risolverebbe restituendo al bambino la soluzione cui anelava. Bisognerebbe dunque anzitutto rimuovere, ma abbiamo detto come il sistema di gestione del sado-masochismo della Gioconda, la sua possibilità di rimozione, sia a pezzi. Il messaggio di risposta non verrebbe quindi inviato a L (la Gioconda che ammetta di essere disturbata da qualcosa? Inaudito!). Poiché esso non può neanche essere rimosso, né la Gioconda può elaborare una soluzione del problema di L, soluzione la cui elaborazione, appunto, dalle possibilità di rimozione dipende, il messaggio di risposta viene represso nel sistema del narcisismo tramite il suo legamento con una fame che trattiene a stento dal divampare un odio sadico verso L.

In risposta a una richiesta di aiuto da parte di L, La Gioconda, incapace di aiutarlo, sviluppa dunque odio e fame narcisistica, e si ritrae, dal momento che la donna reprime tutto, nei confronti del bambino.

Posta in questi termini la questione, però, La Gioconda appare come una donna praticamente incapace di intendere e di volere. Invece ella attiva il sistema sostitutivo della conoscenza genitale, attiva cioè il sistema di pensiero mistico, così intimamente legato a un narcisismo che viene continuamente rafforzato dall'arrivo di energie provenienti da un sistema sado-masochistico in disfacimento.

Quando il piccolo L le chiederà qualcosa, ella così lo odierà sì per questo, ma contemporaneamente, attivando il pensiero mistico, riuscirà in qualche modo a non troncare la relazione con L.

Occorre dunque ora indagare sul modo in cui il sistema del pensiero mistico può riuscire, se non certo a rimpiazzare, almeno a riempire in qualche modo il vuoto lasciato dal venir meno della possibilità di una comunicazione dell'altro rispettosa.

Iniziamo con un esempio.

L ha voglia di una caramella. La chiede alla Gioconda ("Mamma, mi dai una caramella?").

La Gioconda non ha la caramella immediatamente lì sotto mano. Cosa dovrebbe fare? Naturalmente darsi da fare per risolvere il problema di L. Dovrebbe vestirsi, scendere nel negozio sotto casa, spendere un po' di soldi (utilizzandoli per il bambino invece che per sé) per acquistare la caramella. Essendo stata una volta ricca, tutte queste cose le avrebbe fatte una volta una collaboratrice domestica, e la Gioconda sarebbe stata contenta di soddisfare il desiderio del bimbo (tra l'altro, pur spendendo dei soldi, non le sarebbe parso di privarsi di niente). Ora invece le cose stanno in modo diverso, e tutto ciò che la Gioconda dovrebbe fare per risolvere il problema del bimbo tende a darle fastidio. Naturalmente, occorrerebbe non lasciarsi disturbare da questo fastidio, e utilizzare le energie risparmiate nel non andare in escandescenze, per fare quelle semplici azioni (vestirsi, uscire, ecc.) che risolverebbero il problema di L. Occorrerebbe "dare" a L qualcosa di proprio (tempo, energie) per risolvere il suo problema. Se fosse disposta a mettere in opera questo "dare", alla fine, vedendo la contentezza del bambino, la donna gioirebbe con lui. Le emozioni di fastidio rimosse emergerebbero quindi trasformate nel piacere del suo essere insieme col bimbo nella "conoscenza interiore" reciproca tra i due esseri. Così invece non è. Scarsamente capace di rimuovere i propri fastidi, la donna sente come un supplizio insopportabile (e in effetti per lei così è) quel "dare" che sarebbe opportuno, e alla richiesta del bambino parte una risposta secca e severa del tipo "Caramelle qui non ce ne sono!".

Il dialogo tuttavia non finisce qui. La Gioconda si trova adesso in una situazione difficile. Le pare infatti di aver offeso il bambino (ricordiamo che è una donna sensibile e intelligente), sente vergogna di sé, in qualche modo sente di odiare il bimbo, o meglio, i suoi problemi. La soluzione è tuttavia a portata di mano. C'è un giocattolo messo da parte (evidentemente al bambino non interessa più) in un angolo della stanza. La Gioconda lo prende, lo porge al bimbo e dice "Tieni, prendi questo giocattolo e giocaci, se vuoi farmi piacere".

Vediamo allora per bene quel che è successo. La donna ha risposto al bimbo, ma a partire da un punto della propria superficie di contatto con esso (l'offerta del giocattolo) nel quale non era sollecitata. Ha evitato il contatto col problema del bimbo (quello di avere una caramella), mettendo in opera un diversivo (gli ha offerto un giocattolo al quale il bimbo non era interessato).

Di fronte al moto del bimbo verso di lei, si è ritratta, negandosi, e quindi lo ha aggirato, contattandolo a sua volta (offrendo il giocattolo) in un punto diverso da quello che il bimbo protendeva verso di lei. La donna ha preso insomma in giro, come si direbbe, il bambino. Ci è stato come un "capovolgimento" del rapporto {3}.

Partito con un problema del quale cercava la soluzione (avere una caramella), il bimbo si è ritrovato a dover risolvere lui un problema, quello di "far piacere" alla donna fingendo con lei e con sé di essere soddisfatto dell'offerta del giocattolo.

Il messaggio che il bambino ha ricevuto è: "Non ho nulla in contrario al tuo 'avere' qualcosa, ma non voglio che tu disturbi il mio 'essere' per procurartelo". La donna è dispostissima in altre parole a dare al bimbo tutto ciò che non le costa fatica dare.

In questo esempio abbiamo visto come una strategia di aggiramento di tipo mistico serva dal punto di vista della donna a tenere aperta col bimbo una parvenza di comunicazione, e a non farla sentire in difetto (la risposta secca "Non ho voglia di faticare per procurarti la caramella!" poco si addice alla Gioconda, ma sarebbe certo stata almeno, con la sua franchezza, per il bimbo più sana, meno foriera di disorientamento e confusione).

L'esempio sopra riguarda la comunicazione tra la donna e il bambino. Come fare quando, invece che con un bimbo, ci si trova a dover "comunicare" con una persona adulta? Se il marito le chiedesse di lavargli la camicia, la donna potrebbe difficilmente rispondergli "No, prendi questo bel paio di scarpe!" senza essere presa per matta.

Ebbene, il pensiero mistico permette di cavarsela anche in situazioni in cui poi in ultima analisi qualcosa bisogna pur fare per rispondere alle necessità del prossimo. Si tratta di lavorare, o produrre, un po', ma ponendosi in una situazione per cui invece che per il prossimo, si agisce, o comunque ci si illude di agire, in realtà, per sé stessi.

Per fare un esempio, abbandoniamo temporaneamente la Gioconda, e gettiamo uno sguardo su un L ormai adulto, ma con una psiche ancora segnata dal difficile rapporto che ha avuto con la figura di riferimento femminile della sua infanzia. Ci scusiamo con il lettore per questo salto nel tempo. Terminato l'esempio, riprenderemo a raccontare di L da dove lo abbiamo lasciato, alle prese cioè con La Gioconda. Ora è tuttavia importante descrivere con la massima precisione possibile in cosa consista questa utilizzazione del pensiero mistico, al posto del pensiero orientato alla comunicazione e rispettoso dell'altro (e basato su quella che abbiamo chiamata l'"Elaborazione inconscia"), nel "rapporto" (si fa per dire) interpersonale.

L'esempio è ambientato in un ipotetico luogo di lavoro, un'azienda nella quale L è impiegato, e comprende un dirigente D che vorrebbe che appunto l'impiegato L, in cambio dello stipendio che gli corrisponde l'azienda, faccia un lavoro.

D, con ottimismo manageriale, come vedremo almeno in parte ingiustificato, chiede dunque a L di preparare un report (siamo, diciamo, in un reparto amministrativo). D ha quindi un bisogno (meglio trasmette a L un bisogno dei clienti dell'azienda), un po' come il bambino L, che abbiamo appena abbandonato alle prese con La Gioconda, aveva bisogno di una caramella.

L'impiegato L, tuttavia, ha ereditato dalla propria figura di riferimento femminile dell'infanzia all'incirca gli stessi problemi che questa aveva verso di lui e, come La Gioconda sopra, ha dei problemi di gestione delle proprie emozioni (il sado-masochismo).

La richiesta dell'esecuzione di un lavoro da parte di D scatena in L un vespaio (simile a quello insorto nella Gioconda quando L le chiedeva la caramella), del quale il malcapitato dirigente D non può immaginare l'esistenza.

"Come, qualcuno che si 'permette' di chiedermi di fare qualcosa?", è il succo della reazione emotiva di L alla richiesta di D. Una rabbia fortissima pervade L per il quale, non avendo avuto nessuno che nella sua infanzia si occupasse dei propri bisogni, è emotivamente inconcepibile adesso dovere fare fatica per occuparsi lui dei bisogni di un altro (si tratta del meccanismo della "coazione a ripetere", sul quale si sofferma in particolare Alice Miller: vedi più oltre la sezione 9, Lo Shem). Se questa violentissima risposta emotiva salisse così com'è espressa qui alla coscienza di L, questi potrebbe forse a fatica padroneggiarla in qualche modo. Essa tuttavia emerge insieme ad angosce di annientamento e complessi di persecuzione imperniati su una diffidenza generale che L ha verso l'ambiente e il prossimo, e la gestione della risposta emotiva alla richiesta del dirigente, semplicemente, fallisce in L.

Che fare? Se un torrente (le emozioni) tende a sommergere un villaggio e il flusso delle acque è diventato ingestibile, l'ultima risorsa è quella di lasciare che le acque straripino, guidandone per quanto possibile la fuoriuscita per limitare i danni. Più che opporsi alla forza delle acque, occorre assecondarle, aprire loro dei varchi controllati. Occorre dunque anzitutto aprire un varco all'odio.

Il dirigente D ha chiesto il report con una certa urgenza? Se l'ora è un po' tarda e tanto tanto lo permette, si può timbrare il cartellino e uscire.

Oppure si può rispondere comunque scortesemente a D, e quindi andarsi a prendere un caffè.

Ciò che conta è insomma dire in qualche modo anzitutto di no.

Avendo espresso questo no, la richiesta del dirigente è stata bocciata. Ora nella psiche di L non vi è più il bisogno di chicchessia da soddisfare. D è stato scornato e se per caso tornerà alla carica troverà pane per i suoi denti. Infatti L, che ha detto di no all'altro, può ora in tutta tranquillità dire di sì a sé stesso e mettersi a fare questo report, lavorando in certo qual modo per sé stesso, e contro D. Infatti probabilmente D starà assaporando la vendetta: rintanato nel suo ufficio, egli medita di presentarsi, diciamo il giorno dopo, chiedere con una certa noncuranza del report, e alla risposta prevista "Non c'è", poter legittimamente andare su tutte le furie, segnalando L all'ufficio personale. Invece il giorno dopo il report è pronto. L naturalmente aspetta che D lo chieda, non va a portarlo lui, e quindi glielo consegna con la necessaria scortesia, nella confusione di D trovando ulteriore motivo di scarico del proprio risentimento verso l'ambiente.

L così lavora e produce, ma come isolato in un proprio mondo, senza entrare in effettivo contatto emotivo con l'altro. L soddisfa al bisogno materiale dell'altro, nel contempo obbligandolo tuttavia a sentirsi "odiato" sul piano emotivo. Quanto più D sarà odiato, tanto più sarà materialmente soddisfatto. Quanto più verrà trattato con sufficienza e scortesia, tanto più certo sarà di trovare l'indomani il lavoro pronto.

L'espressione dell'odio (il no, il ritrarsi) permette al mistico di passare dalla passività (L cui viene richiesto qualcosa da D) all'attività, quella che abbiamo chiamato "fame narcisista": L che, lavorando contro l'altro, scatena adesso una produttività, corrispondente alla "fame" del protista narcisista che vuole tutto inglobare, e alla fine produce un report, magari anche con grande efficienza e in tempi rapidi (potrebbero tuttavia esservi anche varianti di questa storia, per le quali il report è prodotto con errori, sempre per dire di no a D, o una in cui, invece del report, L fornisce a D qualcos'altro, per esempio un programma di calcolo, un po' come se La Gioconda avesse effettivamente risposto al marito che le chiede di lavargli la camicia di prendere invece il bel paio di scarpe). Il tipo di comportamento di L è illustrato ulteriormente nell'articolo *Il carattere eboidofrenico* (pag. 237), nome con cui è noto nella letteratura psicoanalitica. L'articolo *Il carattere eboidofrenico* costituisce anche una introduzione alla eboidofrenia, la "psicosi del male", della quale ci occupiamo nella sezione seguente.

Questo comportamento di L, che, per inciso, non è un comportamento che l'autore del presente libro abbia mai avuto in situazioni di lavoro, mostra così come elementi mistici possano essere presenti nell'agire quotidiano della persona. Vogliamo d'altronde far notare la contiguità del comportamento di L nel suo rapporto con il dirigente D con comportamenti normali e per nulla sanzionati nella società. Il comportamento di un impiegato che, messo sotto pressione dal dirigente perché gli venga consegnato il più presto possibile un report, dica "fermi tutti, prima vado a prendermi un caffè", e quindi si metta a fare il report, non è sanzionato, correttamente, dalla società.

In fondo ciascuno di noi, quando lavora, si appropria un po' del lavoro che gli viene assegnato; lo fa anche per sé, oltre che per l'altro. Chi, poi, lavorando, non commette mai errori?

Questo conferma quanto difficile sia sanzionare, nel caso essi effettivamente si verifichino, comportamenti come quello che abbiamo ipotizzato a proposito di L, e ci ricorda quanto corretto sia il punto di vista della Tradizione, la quale tende a porre la differenza tra il bene e il male in una questione di misura.

Misticismo, dunque, odio (il ritrarsi, il dire no) e fame (l'inglobare, lo stabilire un punto di contatto dove l'altro non lo desidera, il "prendere in giro"). Non è un gran bel modo di stare insieme al prossimo, ma non si può richiedere al pensiero mistico, il pensiero dell'emergenza e della solitudine, di funzionare bene anche come strumento di comunicazione.

Naturalmente queste tecniche L le ha apprese a sue spese nell'infanzia dalla Gioconda, nel proprio rapporto con questa figura di riferimento disturbata. La Gioconda odia le emozioni di L, ma ciò non le impedisce di stare in questo strano modo con lui. Avendo iniziato con una Gioconda melanconica, vediamo così che la donna viene assumendo anche tratti caratteriali tipici dell'eboidofrenia.

L vive come naturale l'odio della Gioconda di fronte ai suoi impulsi sadici, le proprie emozioni, come una condanna appunto della propria sessualità sado-masochistica.

L'"odio" della Gioconda per lui, tuttavia, generato da questo processo un po' singolare che abbiamo descritto nella donna, odio coesistente con un "fare" reso possibile nella Gioconda dal passare da parte passiva a parte attiva (dopo avere detto di no a L, ritraendosi e chiudendosi a lui, la donna può ora anche fare qualcosa per il bambino, l'iniziativa essendo dalla sua parte) rimane inconscio per L (L ha ancora il sistema sado-masochistico non svuotato, e la rimozione funzionante), poiché semplicemente il bambino non può parlarne con nessuno.

L condanna allora dentro di sé i propri impulsi aggressivi di natura sado-masochistica, le proprie emozioni, i propri bisogni. Si sente colpevole per essi perché li associa con il pericolo di restare solo (la donna che lo odia), e il senso di colpa altro non sarebbe secondo noi che il senso di questo pericolo.

Si ha così una forte condanna da parte della figura di riferimento (La Gioconda) dell'organizzazione sado-masochistica di L, delle sue emozioni, ed L finisce col condannare egli stesso le sue pulsioni. Il tutto rimane per L non chiaro; egli sente solo come un disagio, un qualcosa che gli manca, ma non capisce cosa sia il peso che grava sulla propria vita.

C'è tuttavia anche qualche elemento positivo.

In fondo L sa che l'integrità morale della Gioconda è tale, che egli da questa donna non ha nei fatti nulla da temere. Se a volte L intravede degli scoppi di rabbia nella donna, questi sono solo per così dire ipotetici. Gli scoppi di rabbia, infatti, vengono subito trasformati tramite il meccanismo indicato, e legati a pulsioni narcisistiche, vengono in breve, come dicevamo, "repressi".

Gli scoppi di rabbia sono ipotetici, ma l'odio, inteso come odio narcisistico nel quale la figura di riferimento si chiude in sé e L è lasciato solo, non lo è.

Se il venire lasciato solo per il bambino può essere visto da un punto di vista psicologico come venire ucciso, L sviluppa allora un complesso di castrazione nei riguardi delle proprie pulsioni sadiche, le proprie emozioni.

All'affacciarsi inevitabile della violenza altrui, a questo punto, la reazione naturale di L è quella posta a livello narcisistico della castrazione del prossimo, invece di quella, posta a livello sado-masochistico, della sua penetrazione, consistente quest'ultima nel rispondere con sadismo al sadismo altrui. L è predisposto, dal suo rapporto con La Gioconda, a dare risposte psicotiche (il complesso di castrazione è posto al livello del narcisismo) all'ambiente. L saprà meglio uccidere (ricordiamo l'associazione uccidere – castrare - restare solo - narcisismo) che percuotere.

Quale sarà la vita di L, il quale deve gestire, senza in fondo esserne conscio, o comunque capirci granché, il pesante fardello capitatogli sulle spalle fin dalla sua più tenera infanzia? Le vie della vita sono tante. Non vi è solo la figura di riferimento femminile (La Gioconda) di cui tenere conto, ma anche il tipo di rapporto avuto col padre, e, appunto, tutte le infinite circostanze e accadimenti della vita. A questo punto facciamo seguire a L una strada un po' diversa da quella che probabilmente seppe e poté prendere il genio di Leonardo.

L, predisposto dicevamo dal suo rapporto con la figura di riferimento femminile (che chiamavamo "La Gioconda") a dare risposte psicotiche all'ambiente, si sviluppa lo stesso. Un po' più chiuso in sé stesso degli altri bambini, timoroso, e pieno di complessi di colpa, ha una coscienza etica estremamente sviluppata, basata sul complesso di castrazione. L riesce ad attraversare lo stadio dello sviluppo del sado-masochismo nel quale opera forti rimozioni foriere di penetrazione intellettuale dell'altro (il sistema di elaborazione inconscia descritto in *Intuizioni* trae le sue energie dalle rimozioni del sistema sado-masochistico, dicevamo), e ad affacciarsi al periodo che dovrebbe finalmente consolidare l'organizzazione genitale delle sue relazioni col mondo.

Lo stadio del sado-masochismo è stato tuttavia attraversato male, la violenza altrui L la giudica con estrema severità, ed è predisposto di fatto a combatterla non con la violenza, bensì con l'odio (La Gioconda che si ripiegava su sé stessa) e l'uccisione (La Gioconda che lascia il bambino solo) del prossimo.

L è una persona eticamente molto corretta, aperta agli altri, in fondo l'organizzazione genitale della vita di relazione si trova ad un livello accettabile; L sa "dare", ma ha un problema con la gestione della violenza altrui. Intendiamoci, la rimozione del sado-masochismo, pur essendo molto forte, è intatta, e alimenta correttamente il sistema cognitivo genitale; a livello del sado-masochismo non si ha (per il momento) il caos presente nella Gioconda.

Però, se L è capace molto bene di rimuovere i suoi impulsi aggressivi, non è capace di dare agli stessi libero sfogo. Teme di essere lasciato solo, teme l'odio dell'altro, come avviene con La Gioconda.

C'è in L questa debolezza la quale rischia di favorire lo sviluppo di una psicosi.

Per L è dunque giunto il momento di affacciarsi sul mondo adulto, ma qualcosa non funziona.

A questo punto L incontra il male.

Il mondo reale non è infatti così bello come il bimbo ama dipingerlo a sé stesso nelle proprie fantasie infantili. Se l'umanità ha sviluppata da sempre in sé la possibilità della genitalità, il sado-masochismo è una modalità di relazione ancora molto diffusa.

Il dirigente che non si preoccupa dell'"essere" dell'impiegato, dei suoi desideri, delle necessità del suo sviluppo, sulla base del fatto che questi è pagato, adotta una modalità di relazione sado-masochistica. Egli usa (sadismo) l'impiegato, in cambio di un corrispettivo (masochismo). Da un punto di vista psicologico l'impiegato dovrebbe pensare, per essere contento, che essere picchiato è bello.

Ogni qualvolta ci si rivolge al nostro prossimo senza rispettarne l'"essere", la sua sensibilità, ci si comporta col proprio simile in maniera violenta. Il mancato rispetto della sensibilità del prossimo implica infatti quasi per definizione che il messaggio a lui diretto lo colpisca in punti appunto sensibili, e venga recepito come violento (sadico).

Naturalmente il giudizio etico su chi invia il messaggio cambia a seconda di se il prossimo venga provocato volontariamente, oppure di se semplicemente il messaggio a lui inviato risulti violento perché non si è posta abbastanza attenzione al proprio modo di formularlo.

"Volontariamente", volontà, uso consapevole del libero arbitrio. È questa dunque la chiave per distinguere il bene dal male?

Non completamente. Il fatto è che è impossibile distinguere tra la mancanza di attenzione e la mancanza di volontà.

Chi ha vissuto tanta parte della propria vita a contatto con i gruppi di persone, sa quanto violente, volontarie (il che accade spesso) o involontarie che siano, sono le dinamiche di tipo sado-masochistico che nel gruppo si possono sviluppare.

L, all'affacciarsi della sua esistenza alla soglia della vita adulta, semplicemente non è preparato a tutto questo.

Sensibilissimo all'altro, doveva essere ipersensibile per rapportarsi con la propria figura di riferimento femminile dell'infanzia (La Gioconda), donna dai meccanismi psicologici tanto complicati, grandemente orientato alla rimozione del sado-masochismo e alla corrispondente possibilità di attività intellettuale, L non è tuttavia male equipaggiato per affrontare il mondo.

Dato che il sistema di gestione della rimozione sado-masochistica è intatto, e può fornire all'attività intellettuale di penetrazione nell'altro forti energie, L è in fondo capace di conoscere l'altro interiormente, di carpire i segreti del suo "essere", del suo, potremmo dire, modo di funzionare.

Di più L sa anche adoperare bene il sistema intellettuale del narcisismo, il misticismo, se non altro perché vivere con La Gioconda è difficile, e spesso occorre porsi in uno stato di emergenza, per trovare il modo di evitare di turbarla. L conosce così anche come affrontare le situazioni difficili.

In fondo molto al mondo si può imparare, e, quando si è giovani, il tempo davanti a sé è tanto.

Ci potrebbe essere il modo durante tale tempo, se si avesse un po' di calma, di continuare a crescere.

Ma il tempo non c'è, la vita reale è lì davanti ad attendere L, col suo carico di aggressività sadica, l'unica cosa al mondo, in fondo, che L abbia problemi ad affrontare. La difficoltà che L ha a comunicare col proprio mondo emotivo tende a irritare e infastidire il prossimo, e chi si trova in difficoltà diviene facilmente oggetto di scherno e cattiveria.

Perché?

Perché il male? Dato che l'uomo si pone da sempre questa domanda (la genitalità, e il fallimento dell'individuo a conseguirla, è nata infatti prima della parola) sarà difficile dare una risposta originale.

Possiamo però utilizzare un linguaggio moderno, basato sull'opera di Freud, per cercare e formulare le risposte.

Perché dunque il sadismo, o, per essere più precisi, il "sadismo volontario"?

Perché la penetrazione violenta contro l'altro che genera quel dolore che sembra venire dall'interno, così inesorabile come dicevamo alla fine della sezione 1, Essere?

Si tratta di un tentativo di scardinare le barriere di rimozione della vittima. È per questo che il dolore è forte come se venisse dal di dentro. Esso infatti viene per davvero dall'interno, dagli sforzi effettuati dalla vittima per tenere insieme sé stesso e per non far cedere le barriere simboliche di rimozione.

Tali barriere, essendo già di per sé un po' fratture, "fratture di rimozione", si diceva in *Barriere simboliche di rimozione*, sono un po' fragili e quindi se sollecitate con violenza causano molto dolore, il quale indica una resistenza alla loro rottura definitiva[81].

Perché allora l'aggressore desidera riportare la vittima all'organizzazione sado-masochistica del rapporto relazionale?

L'aggressore è disturbato da un'organizzazione genitale della vittima così aperta anche verso il narcisismo (l'aggressore, B in Figura 1, pag. 126, ha paura di essere sedotto dalla vittima, A), verso il misticismo, e il lavoro intellettuale.

La genitalità è equilibrio, e questo è la possibilità di modulare l'utilizzo dei diversi tipi di conoscenza ("comprensione" e "conoscenza

---

[81] Vedi *Sulla sofferenza*.

interiore", come dicevamo) e l'aggressore ha paura dell'equilibrio della vittima, e quindi vuole disturbarlo (vuole farla ammalare?).

Perché la vittima soffre tanto?

L'abbiamo già detto; le barriere di rimozione sono fragili, la vittima sente come un senso di vergogna per ciò che egli "è", perché avverte sempre più prepotentemente dentro di sé affiorare impulsi sadici (ciò che vuole l'aggressore). Il dolore è grande perché grande è la resistenza della vittima alla definitiva frattura di tali barriere.

Qual è allora la via di uscita dal male?

Poiché, come dicono i mistici, il mondo fu creato usando il numero due, vi sono due vie.

La prima soluzione per la vittima è quella che potremmo chiamare "via del male"[82].

Gli impulsi sadici emergono, come voleva l'aggressore, ma non vengono espressi a livello di violenza sadica. Al contrario, come si diceva sopra, essi vengono trattati, mediante un procedimento che proponevamo di chiamare "repressione", e che consiste nel legarli strettamente a fame e odio narcisistici. Così trattati, l'emersione disordinata degli impulsi sadici, il ricambiare la violenza con la violenza, ciò che la vittima teme di più, è scongiurata.

Ora, si diceva, il "represso" ha un carattere molto diverso dal "rimosso"; essendo il frutto di un processo di fallimento della rimozione, esso è più vicino di questo, se non alla coscienza della parola, certamente all'accesso all'azione. Il "represso" è come "un'azione mancata" nella quale il sadismo dell'azione è stato trattenuto associandolo a una fame narcisista e a un odio, il quale vieta al sadismo la scarica anche forse in considerazione del fatto che vede perfino il sadismo come un "dare", un andare vicino a un altro del quale l'odio narcisistico non vuol sapere proprio nulla neanche per picchiarlo (magari rischiando di dare qualcosa all'altro tramite l'attivazione in questi di processi masochistici).

Sadismo e fame e odio narcisistici, associati nel represso, non preoccupano granché il sé della persona, la quale sa bene come il narcisismo sia in grado di trattenere gli impulsi sadici. Non preoccupando il sé della persona, il sadismo può affiorare alla superficie del comportamento della vittima, come desiderava l'aggressore, ma, invece di scaricarsi in un atto di violenza, rimane legato a un odio

---

[82] Più oltre, tuttavia, il nome di tale strada verrà cambiato in "via della giustizia", poiché la effettiva percorribilità delle altre vie di fronte al vero male verrà messa in discussione.

freddo che essendo di origine narcisistica esclude ormai qualsiasi atto di comunicazione con l'altro. Nella sofferenza inflitta all'altro dall'interruzione della comunicazione il sadismo trae il proprio motivo di soddisfazione. Così entrambi i componenti della coppia, sadismo da una parte e odio narcisistico dall'altra, sono soddisfatti.

Odio e solitudine. Il materiale sadico, infatti, quasi emerso come emozione, non è più disponibile per alimentare il processo di conseguimento della "conoscenza interiore" dell'altro, che, appunto, sul differimento dello scarico del sadismo, delle emozioni, mediante la rimozione, e il riordino opportuno di tale materiale è basato: senza sadismo e sua rimozione, il pene non si erge più a conoscere l'altro interiormente.

La possibilità che ora L ha per utilizzare le energie sadiche legate strettamente con elementi di fame e odio narcisistici è allora solo quella del pensiero mistico che immette alla "comprensione" dell'altro, alla conoscenza dell'altro dall'esterno, invece che dall'interno, come dicevamo nella sezione 3, Genitalità.

L'aggressore voleva che il protista A di Figura 1 (pag. 126) cessasse dal suo troppo frequente assumere la posizione a mezzaluna (che gli faceva paura), per passare più frequentemente alla posizione di Figura 2 (con la quale sarebbe stato più abituato a confrontarsi).

Ciò che ha ottenuto, invece, è un ulteriore aumento della curvatura della mezzaluna. La vittima ora non è più interessata ad alcuna relazione con lui, non avvicina più a lui la sua pelle, nella parte morbida, quella in cui la curvatura della mezzaluna è minima, come invitandolo a conoscerlo, penetrandolo col pene. L'odio della vittima, ormai, è appuntato sull'aggressore (di cui viene psicologicamente minacciata la castrazione: le comunicazioni con lui sono interrotte - egli è lasciato solo - egli viene ucciso) mentre l'attivazione esclusiva del pensiero mistico, il cui materiale di base è stato molto rafforzato dal crollo della rimozione del sadismo, minaccia l'ex aggressore di inglobamento e morte.

Abbiamo descritto il tutto a tinte forti e in maniera molto tragica.

In realtà è presumibile che il passaggio dalla modalità di "conoscenza interiore" a quella mistica della "comprensione", in condizioni normali e di equilibrio della genitalità non sia affatto così tragico, e faccia parte della normalità della vita.

Questa "soluzione" per sottrarsi al sadismo dell'aggressore non è d'altronde nemmeno per la vittima molto vantaggiosa.

La vittima può anche illudersi: essendo il brusco passaggio al misticismo in fondo solo una forzatura dell'alternarsi normale tra "comprensione" e "conoscenza interiore" che verosimilmente avviene nell'ambito della organizzazione genitale matura della personalità, la vittima può pensare che per lei nulla cambi e che una volta impartita la necessaria punizione all'aggressore ella potrà tornare alla genitalità di prima (senza avere più l'aggressore tra i piedi). Le cose al mondo però non vanno in maniera così semplice. Se il passaggio dalla rimozione al narcisismo, la legatura cioè degli impulsi sadici emersi dal rimosso alla fame e all'odio narcisista nel processo della repressione, può essere relativamente semplice in presenza di un ambiente ostile, il passaggio inverso, che dovrebbe slegare gli impulsi sadici dall'odio narcisista e restituirli liberi alla rimozione, in tal modo rendendoli disponibili per la "conoscenza interiore" dell'altro, la quale, abbiamo detto, è alimentata da materiale sadico, è verosimilmente quanto mai problematico.

La "via del male", come l'abbiamo chiamata, appare in realtà infida e sembra una scelta decisamente poco vantaggiosa per la vittima per rispondere al male sado-masochistico che si è scatenato su di lei. In fondo si conclude per ambo le parti, vittima e aggressore, con il trionfo dell'odio e della mancanza di comunicazione.

Qual è l'altra scelta? Il lettore, il quale essendo un adulto avrà certamente nella sua vita fatto esperienze di bene e di male, la intuirà da sé. Possiamo chiamarla la "via del bene".

Essa consiste in un pervicace attaccamento alla genitalità, in un mantenimento della propria capacità di dare, qualunque siano le offese e i patimenti subiti.

La ricetta per mantenere questa capacità di dare l'abbiamo anch'essa già illustrata.

Essa consiste nel conservare in sé il senso di una trascendenza, la fede in un Dio unico il quale unifichi con la sua presenza tutto il creato.

Se Dio allora è in tutte le cose, Egli non può non essere anche nell'aggressore che tanto male mi causa.

Ci deve essere in lui almeno una "scintilla" divina, con la quale io devo in qualche modo riuscire a mettermi in contatto (devo come "liberarla" dall'involucro del suo comportamento, che la tiene imprigionata, nascosta a lui e a me).

Se credo nel Dio unico, non posso credere, insomma, che l'altro sia per intero consegnato al male, qualunque cosa egli mi faccia.

Occorre allora andare alla ricerca di questa "scintilla" nell'altro e liberarla.

In che modo? L'abbiamo già detto. Mantenendo la mia capacità di dare all'altro, e con essa la mia genitalità, qualsiasi cosa egli possa farmi. Penetrando idealmente col pene nell'altro, lo conoscerò meglio internamente e troverò la scintilla divina che è in lui. Dopo avere insistito per un po' nel suo atteggiamento di male, l'aggressore lo cesserà.

D'altronde, se il suo operare secondo il male era in certo qual modo causato da una tendenza della vittima al narcisismo, con le conseguenti paure a ciò nell'aggressore associate, allora il rafforzamento della genitalità nella vittima, il suo passare da una conoscenza esteriore, distratta o timorosa, dell'altro a una conoscenza interiore di questi porrà fine alle cause stesse (diciamo "cause" della violenza, non "giustificazioni") della violenza dell'aggressore.

Liberazione delle scintille, dunque, per opporsi al male.

Che ne è degli oggetti inanimati, del tavolo sul quale stiamo facendo lezione?

Il discorso è pressappoco lo stesso.

Il tavolo, che esiste, è un "essere" che, per quanto inanimato, rompendosi, può causarmi dolore (vedi sezione 1, Essere).

Se la gamba del tavolo si rompe, causandomi dolore, potrei ad esempio prendere il tavolo a martellate e finire di distruggerlo (scarico di impulsi sadici non rimossi).

La via più vantaggiosa è invece un'altra: "conoscere interiormente" anzitutto il tavolo.

Per "conoscere interiormente" il tavolo devo essere disposto a "dare" al tavolo qualcosa, e cioè sacrificare al tavolo il mio impulso a prenderlo a martellate, il mio tempo, altre mie energie.

Per "dare" al tavolo qualcosa, devo in fondo d'altronde sentirlo un po' parte di me (volergli un po' bene) e quindi deve esistere in esso una "scintilla" divina che unifichi il mio sé con il tavolo. D'altronde questo deve essere necessariamente il caso se il tavolo esiste, e quindi, per quanto detto in sezione 1, Essere, può causarmi dolore. In altri termini, se nel tavolo non vi fosse una scintilla divina che lo unisce un po' a me, esso, rompendosi, non mi causerebbe dolore, quindi per me non esisterebbe.

Tuttavia la scintilla divina che è nel tavolo è ancora un po' nascosta. Io non sono ancora molto unito al tavolo, non lo "conosco interiormente", non saprei ad esempio in che punto esatto riattaccare la gamba.

La "conoscenza interiore" del tavolo, resa possibile dalla mia disponibilità a dare qualcosa al tavolo, a sacrificare a esso un po' del mio tempo e delle mie energie, aumenta la mia unione con lui. Io e il tavolo siamo ora più uniti, la scintilla divina nel tavolo non è più nascosta dal mio considerare distrattamente l'oggetto, o addirittura, dopo che rompendosi mi ha causato dolore, con ostilità.

La liberazione della scintilla è la mia definitiva "conoscenza interiore" del tavolo, la mia conoscenza del segreto del suo "essere", del suo modo di essere connesso, del come le sue parti si connettono una con l'altra (del come "vive" il tavolo, riprendendo il discorso dell'equivalenza tra l'"essere connesso" e il "vivere", valido per gli oggetti animati). A questo punto sono diventato capace di riparare il tavolo.

Passo a riparare il tavolo. (Forse il discorso sarebbe un po' più elegante se quest'ultima fase di riparazione fosse, come spesso avviene nella pratica, contemporanea a quella della conoscenza interiore del tavolo; ma, insomma, non stiamo troppo a sottilizzare).

Il discorso dovrebbe essere più o meno questo descritto e così, nel relazionarmi con esseri inanimati che esistono e quindi, come si diceva in sezione 1, Essere, possono causarmi dolore, vale la mistica della genitalità maschile.

Due vie, dunque, per opporsi al male di origine sadica proveniente dall'esterno, la "via del male" e "la via del bene".

Naturalmente ce n'è anche una terza, che è quella che poi seguono tutte le persone (quelle normali, intendiamo; dobbiamo chiamarla "via normale"?): rispondere alla violenza con la violenza. Rinunciare alla rimozione dei propri impulsi violenti quando impulsi violenti sono subìti dall'altro. Così il rinunciare a un po' di rimozione libera le barriere simboliche di rimozione da una pressione eccessiva, attenua nella vittima il dolore, che da dolore interno, come si diceva in sezione 1, Essere, diventa un dolore simile a quello subìto per la perdita di un oggetto esterno, il quale dolore, come si diceva in *Lutto, melanconia, giustizia*, può quindi essere rapidamente smaltito tramite il lavoro del lutto.

Ma questa è roba, come si diceva, per persone normali.

Per approfondire la ricerca sul bene e sul male, ci occupiamo nella prossima sezione della cosiddetta "psicosi del male", l'eboidofrenia, come è nota dalla letteratura psicoanalitica.

Nella nostra ricerca del bene e del vero, non possiamo infatti evitare, a noi e al lettore, di scendere di nuovo negli abissi del male.

Gran parte del lavoro è però già stato svolto, e il lettore che ci abbia seguito attentamente intuirà fin da adesso le vie percorse dalla "psicosi del male", la follia che, tra l'altro, ha scatenato l'immane tragedia vissuta dal popolo ebraico nel secolo appena trascorso.

6 Eboidofrenia

Nell'articolo *Il carattere eboidofrenico*, nota al presente articolo (pag. 237), abbiamo descritto le linee generali della psicosi eboidofrenica.

Ora mettiamo in scena un esempio di male rappresentativo delle forme estreme che può assumere la conflittualità dell'eboidofrenico nei confronti dell'ambiente che lo circonda. Si tratta del peggior criminale del secolo appena trascorso, chiamiamolo H, in modo da non doverne scrivere per intero il nome.

L'eboidofrenia è una psicosi. Se, come riteniamo, la psicosi è sempre caratterizzata da una prepotente regressione al narcisismo, e se quest'ultimo è rappresentato da palle e mezzelune, si veda la Figura 8, pag. 156 (rappresentante la melanconia, e corrispondente alle Figure 1 e 2, pag. 126), allora deve esistere un disegno costruito con palle e mezzelune il quale rappresenti l'eboidofrenia. Questo è riportato in Figura 9, ove si vede il protista narcisista H, il quale ingloba uno per uno gli stati europei.

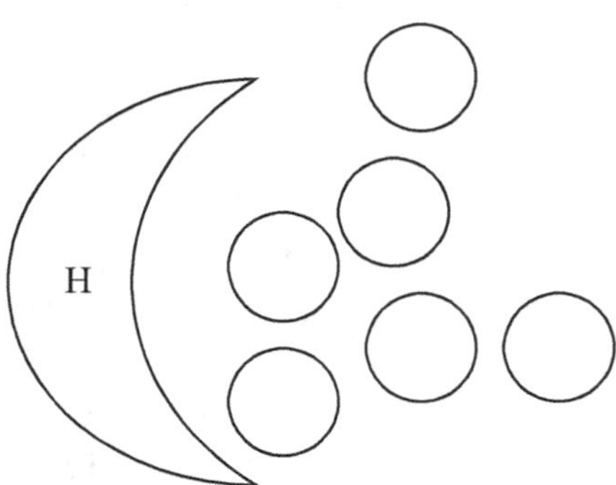

Figura 9: Eboidofrenia

L'eboidofrenia di H è una melanconia senza fase depressiva (o meglio, come dicevamo in *Il carattere eboidofrenico*, con una depressione continua sempre presente e celata dalla mania), una mania caratterizzata da un appetito insaziabile. A differenza della melanconia (il cui disegno è riportato in Figura 8), l'eboidofrenia è caratterizzata da problemi che un individuo ha con un gruppo. Infatti in Figura 9 compare un gruppo di persone, le palle che abbiamo detto possono essere viste rappresentare gli stati europei che H ingloba uno ad uno (prima la Cecoslovacchia, poi la Polonia, ecc.). Anche il protista narcisista primitivo doveva d'altronde inglobare gli oggetti del mondo esterno uno per volta.

La psicosi ha compromesso definitivamente la genitalità di H; energie preziose, una volta accumulate in un rimosso che alimentava la genitalità, sono state convogliate altrove, nel represso supponevamo.

Non supportato dal rimosso, il pene non si erge più nell'incontro con il

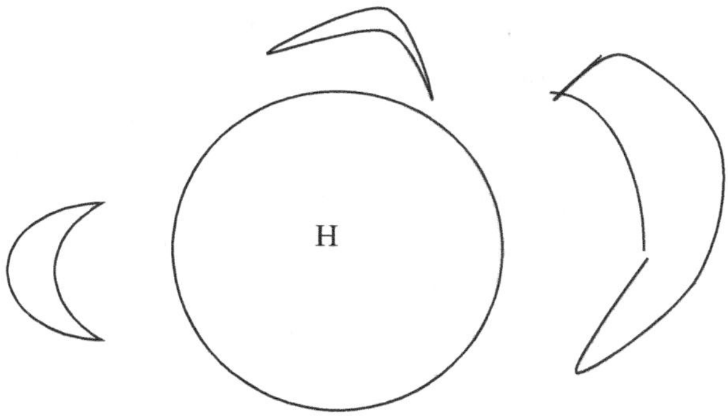

Figura 10: Eboidofrenia, sconfitta.

prossimo. Poco male. All'erezione del pene è sostituita quella di un braccio teso. La mano alla sua estremità, arto che è usato per modellare e relazionarsi con gli oggetti inanimati[83], incontra, al posto del pene, il prossimo, il quale viene così deumanizzato e appunto considerato alla stregua di un oggetto inanimato. È aperta la via ai campi di sterminio.

H avendo perduto la genitalità, egli non la vede neanche negli altri (le palle che H vede dall'abisso della propria psicosi non hanno pene, Figura 9). Se la vede, H la disprezza come fonte di debolezza.

Come in tutte le psicosi, perduta la possibilità di un pensiero basato sulla rimozione, non resta che rivolgersi al pensiero mistico, il quale opera sul represso.

---

[83] Si veda *Narcisismo, Cherubini, Etica*, pag. 92.

La guerra lampo e le manovre a tenaglia, di cui i nazisti avevano il culto, sono, come abbiamo visto nella sezione 4, Misticismo, tattiche di tipo mistico.

H conquista uno dopo l'altro gli stati europei, ma dopo averne inglobato uno, non si riposa; non lo "assimila" come si potrebbe dire del protista narcisista primitivo, il quale, inglobato e ucciso l'oggetto, può finalmente accedere al suo interno. La Francia occupata fornisce poche risorse alla Germania; le divisioni francesi non si aggiungono (né potrebbero farlo) a quelle tedesche. Il corpo di H si gonfia sempre più, ma le risorse rimangono le stesse. Si vede così quale sarà la fine del protista eboidofrenico. In Figura 10, il suo corpo smisurato è attaccato dagli alleati.

Questi, dotati di pene (a differenza di come H se li rappresentava), possono comunicare e allearsi tra loro. La fine di H è inevitabile.

Elementi mistici dunque in H e nel nazismo, come d'altronde ci aspettavamo di trovare in una psicosi. Il misticismo di H è tuttavia ben poca cosa. Tutti i suoi acquerelli non valgono, messi insieme, un centimetro quadrato di una tela di Leonardo.

Evidentemente, dunque, non solo la genitalità di H non esiste più, ma anche il sistema sul quale lavora il pensiero mistico, il represso, non è molto alimentato, o, pur essendo alimentato, è instabile e disperde rapidamente il materiale che vi affluisce.

Dove finiscono in H allora le energie smobilitate dalla rimozione del sado-masochismo, se esse non confluiscono nel represso?

La risposta appare abbastanza ovvia: nell'azione. H è molto attivo. Se la rimozione non funziona più, egli ha tuttavia poca inclinazione ad attivare in maniera stabile quella "rimozione di seconda istanza" che alimenta il represso. Preferisce agire, fucilare, seminare morte. È come se il famelico protista narcisista appena possibile si richiudesse a palla, inglobando (uccidendo) quel po' che è a lui affluito. Il mistico, nel senso che generalmente viene attribuito alla parola, invece, pur avendo una fame inesauribile (rappresentata dall'apertura della mezzaluna), non si decide mai a chiudersi a palla nell'odio e nell'azione sadici contro l'altro, perché non sarebbe mai contento di ciò che ha inglobato e vuole inglobare sempre di più, o perché, il che è probabilmente lo stesso[84], punta a volgere il proprio misticismo verso il bene (come vedremo più oltre).

---

[84] L'unico modo di "essere" veramente insieme a tutti non è quello di inglobare tutti, bensì quello di tutti rispettare.

In questa instabilità del materiale represso, che ritorna all'emozione e quindi all'azione troppo facilmente, sarebbe così da rintracciare la ragione della scarsa intelligenza mistica di H, e del nazismo in generale.

Se H era un uomo di azione anche Mosè apparentemente lo era. Come mai allora era così intelligente? L'apparente ingenuità della risposta che proponiamo non ne celerà al lettore la probabile profondità, e le possibilità di analisi che apre.

Mosè riceveva gli ordini da Dio. Più che un condottiero, era dunque un portavoce: ruolo abbastanza passivo, si direbbe.

Incapace di rimuovere, H è dunque scarsamente incline anche a mantenere la repressione dei propri impulsi aggressivi. Sarebbe forse interessante indagare sull'infanzia di H per cercare le origini di questa tendenza alla follia dell'azione. Occuparsi di H, tuttavia, non è molto piacevole, e soprattutto sappiamo già cosa alfine troveremmo: un'incapacità di soffrire, la quale trae la sua origine dalla mancanza del senso di una trascendenza, che, unificando il proprio sé con quello dell'altro, metta appunto il sé in grado di soffrire per il proprio prossimo.

La vita è quella che è. Si può essere consegnati, come Giobbe, in balia delle forze del male. Si può aver avuto un'infanzia difficile (quella di H fu certamente tale[85]). Si può aver avuto per madre La Gioconda, o la donna più semplice della terra.

Ciò che in ultima analisi importa, è comunque, in ogni circostanza, saper conservare la capacità di soffrire.

Azione, dunque, come ultima fuga davanti al fallimento degli strumenti dell'"essere"[86], rimozione e repressione.

Abbiamo già delineato sopra i contorni di questa follia dell'azione, la "follia del male" di H, e abbiamo ipotizzato alla sua base quella che abbiamo descritto come una instabilità nella gestione del represso, troppo prono a restituire alla follia dell'azione gli elementi sadici che ad esso affluiscono.

Ai grafici preferiamo le parole, almeno quando si tratta di indagare sull'uomo.

Tuttavia non possiamo evitare di continuare il discorso iniziato nella sezione 4, Misticismo, e di ricercare nella struttura dell'albero delle Sefirot della Cabbala una rappresentazione delle dinamiche psichiche che tanto ci interessano.

---

[85] Il lettore interessato può riferirsi a Alice Miller, *La persecuzione del bambino*.
[86] Si veda sezione 1, Essere.

Se una decina di cerchi (rappresentanti le Sefirot) e le connessioni tra essi paiono pochi per rappresentare la ricchezza e le possibilità infinite di modulazione della psiche, ci basterà rammentare gli altrettanto infiniti sviluppi, interpretazioni, sovrapposizioni e congiungimenti che a partire dallo schema dell'albero delle Sefirot traccia la Cabbala, e prenderemo in considerazione la possibilità che anche dietro la schematicità e apparente, necessaria, aridità di un discorso che si appoggia sulla rappresentazione di un grafo, possano in realtà celarsi i misteri e le profondità dell'uomo.

Estendiamo dunque il grafico della Figura 5, aggiungendogli le connessioni (8) e (11), ad ottenere il grafico di Figura 11.

Iniziamo con il ricercare sul grafo questa instabilità della gestione del represso in H, così pronto a passare all'azione, e formuliamo una prima ipotesi: il passaggio all'azione sarebbe il risultato di un affluire al sadismo (Hesed) sia di elementi sado-masochistici (5) che di pulsioni narcisistiche (8). Solo se vi è una base emotiva, e questa è supportata da elementi più astratti, di odio narcisista nei confronti dell'oggetto, è possibile passare all'azione contro di esso. In questa ipotesi, ritorna il tema dell'incontro tra i due tipi di verità, la "verità astratta" (affluente da (8)) e la "verità interiore" (liberata (5) dal rimosso) che rende possibile l'accadere dell'atto.

Più che "verità astratta", quella affluente (8) dall'odio narcisista sarebbe però, se l'odio è alimentato a sua volta (12 poi 11) dalla "fame narcisista" come abbiamo visto essere il caso per H, "falsità astratta", teoria di comodo sull'altro, una "teoria di male" come dicevamo in *La cacciata dal giardino di Eden*, la quale, deumanizzando l'altro, permette di passare all'azione malvagia contro il prossimo.

La nostra attenzione si sposta quindi sul modo in cui può essere alimentato l'odio narcisista, la chiusura all'altro, rappresentato simbolicamente dal protista che si richiude a palla, così minimizzando la superficie di contatto col mondo esterno.

La struttura del grafico suggerisce da sé la risposta: l'odio narcisista, la chiusura verso l'altro che tuttavia non è in grado di trattenere l'azione ostile al prossimo, ma anzi è condizione necessaria per l'aver luogo dell'atto di male, non può essere alimentato che da un uso scorretto, malvagio diremmo, di Keter, la quale, invece di restituire (13) gli investimenti provenienti da Binah al bene, farebbe loro percorrere la strada (11) verso l'odio, l'azione e lo squilibrio del male.

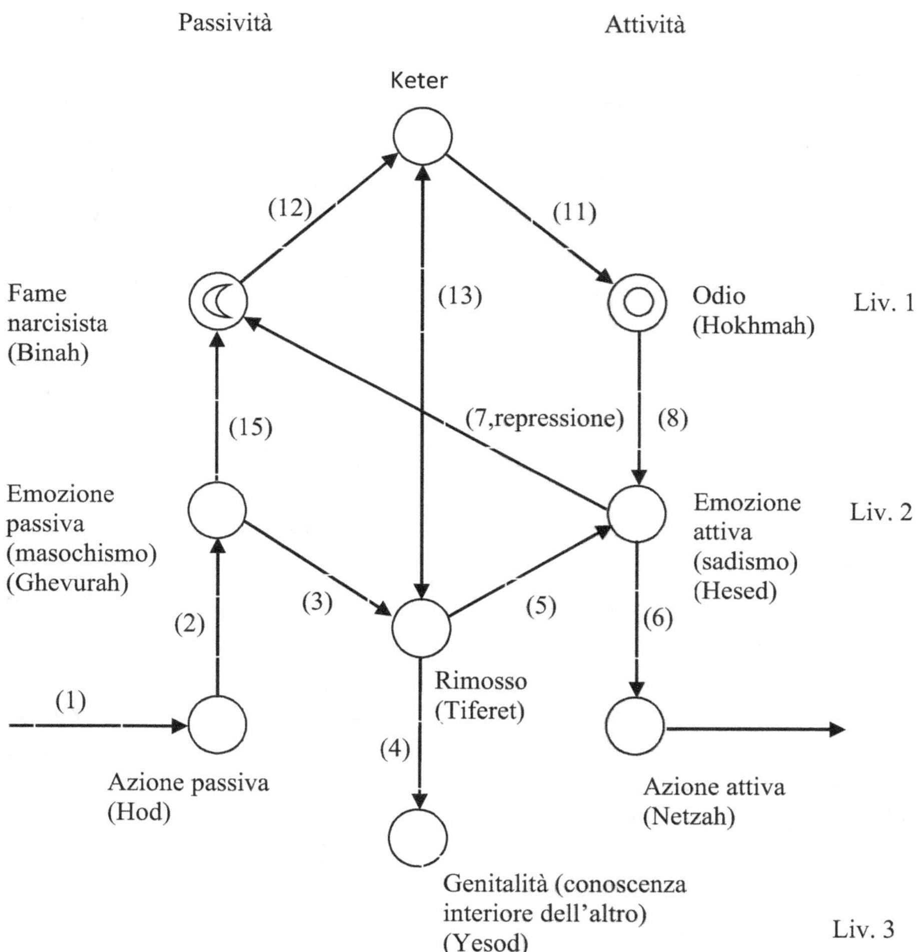

Figura 11: Psiche

Spostiamo ora l'attenzione su Keter, che siamo portati a considerare un regolatore generale della psiche, e nella quale potrebbe presumibilmente essere collocato l'operare del "libero arbitrio"[87]. Abbiamo già collocato in Keter (sezione 4, Misticismo), l'attività di coordinare tra loro le pulsioni rimosse, al fine di consentire un loro scarico ordinato e rispettoso dell'altro (attività che abbiamo chiamato di "Elaborazione inconscia" del rimosso, in *Intuizioni*).

Ora attribuiamo a Keter, la Sefirah più vicina a Dio, anche la funzione di consentire un recupero dell'attività mistica, e un reindirizzamento degli elementi inizialmente volti contro l'altro nella direzione dell'equilibrio e del bene, anziché dell'inglobamento e dell'uccisione del prossimo.

Questo è un punto importante sul quale vogliamo soffermarci.

Partendo dal considerare il misticismo come strettamente connesso con l'assunzione da parte della psiche della persona di una sorta di "stato di emergenza" che abbiamo paragonato a quello nel quale si pone una persona aggredita, siamo andati associando via via, quasi impercettibilmente forse, il misticismo sempre più con il concetto di "male".

Non sappiamo quale idea si sia fatta il lettore della psiche della Gioconda, o di quella dell'impiegato L che abbiamo visto nella sezione precedente alle prese con un dirigente che voleva farlo lavorare, ma non saremmo sorpresi se egli considerasse i due personaggi con una certa antipatia. È vero che abbiamo individuato la genesi di comportamenti disturbati in amare esperienze precedenti, complessi di persecuzione, sostanziale incapacità di gestire il materiale emotivo dovuta a richieste eccessive poste alla psiche in determinate fasi dello sviluppo dell'individuo. Tuttavia, se amare esperienze passate possono forse costituire un'attenuante, ciò non basta certo ad assolvere la persona da comportamenti di male. Tra le tante cose che il male può essere, esso è infatti certamente sempre un "fare al prossimo ciò che è stato fatto a te", dagli altri[88], o semplicemente dalle circostanze della vita.

Il pensiero della Gioconda è stato individuato d'altronde come segnato da una modalità di operare di tipo mistico e dunque non saremmo affatto sorpresi se a questo punto, nonostante il fatto che abbiamo sempre messo in relazione il pensiero mistico con le necessità di sopravvivenza e di autoconservazione dell'individuo posto in una

---

[87] Uno dei nomi di Keter è *razon*, volontà (vedi Elia Benamozegh, *L'origine dei dogmi cristiani*, pag. 138).
[88] Questo punto è approfonditamente illustrato da Alice Miller nei sui libri.

situazione difficile, il lettore si fosse formato una idea del misticismo come una modalità di operare del pensiero strettamente associata col concetto di "male". Se "misticismo" è inglobare e uccidere, come evitare d'altronde questa associazione del pensiero mistico col "male"?

Pensiamo che la risposta possa essere situata, esprimendoci nella terminologia sintetica che stiamo utilizzando per integrare con le parole gli elementi rappresentativi forniti dal grafico di Figura 11, nel lavoro di Keter, volto al recupero al bene del misticismo.

Pur nell'emergenza, nelle difficoltà in cui l'individuo è posto dalla situazione contingente e dalle vicissitudini della vita, Keter, la Sefirah più vicina a Dio, consentirebbe un utilizzo del pensiero mistico equilibrato e caratterizzato dal reindirizzamento (13) degli elementi di morte (la "fame") e di separazione (l'"odio") verso la centralità dell'equilibrio e del bene.

Come potrebbe avvenire questo influsso moderatore su un narcisismo per definizione orientato appunto verso la morte e la solitudine?

Il lettore dovrebbe poter già conoscere la strada per rispondere alla domanda.

Nell'assenza o meglio nell'ingestibilità delle emozioni, avvolto dal cui calore sapientemente equilibrato l'uomo incontra il proprio prossimo nel rispetto e nell'amore, la trascendenza di una Legge è l'unica a poter svolgere una funzione moderatrice sul terreno del deserto della morte costituito dal narcisismo.

Per il narcisista, il quale ha perso, insieme con la possibilità di gestire le emozioni, di "sentire", diremmo, il senso dell'esistenza dell'altro, anche la capacità di riconoscere e dividere il sé dal mondo, il dentro dal fuori (si pensi alle devastanti proiezioni delle psicosi), e per il quale la vita sembra come ricondursi a un caos che ricorda quello subito seguente la creazione ("tohu vabohu", caos e desolazione), il Testo della Legge rimane comunque un al di fuori, un riferimento trascendente a partire dal quale compiere la restituzione al bene e alla sessualità genitale degli istinti di fame e autoconservazione.

Al di fuori della Legge, l'autoconservazione, la fame, il misticismo sono morte.[89]

---

[89] Non vorremmo però su quest'ultimo punto essere fraintesi. Quando parliamo qui di Legge, non ci riferiamo necessariamente a quella mosaica, ma a una qualsiasi Legge, sia essa cristianesimo, buddismo, o, perché no, anche una credenza politeistica, o una fede ferma che la persona ha posta da sola come trascendente a sé, che ponga il rispetto e l'amore per l'altro come un "al di fuori", un riferimento trascendente per l'operare dell'individuo.

In questa chiave tenteremo nella sezione seguente di capire la figura di Mosè, il quale consegnò a Israele e all'umanità la Legge dettata da Dio.

Mosè, del quale ipotizzeremo un'infanzia segnata da relazioni narcisistiche con le figure di riferimento femminili, e un'adolescenza difficile durante la quale egli non ha potuto consolidare un sicuro sistema di gestione dell'emotività, cercherà nella Legge di Dio la restituzione all'equilibrio del bene di un narcisismo altrimenti devastante per la persona.

Così il Testo della Legge viene ad assumere in fondo la stessa funzione, sia nel processo dell'"Elaborazione inconscia" del rimosso, che in quello della restituzione del misticismo all'equilibrio del bene: la funzione di opporsi, tramite il richiamo a un "al di fuori" del sé, a un narcisismo altrimenti devastante per la persona.

La funzione del Testo della Legge appare tuttavia ancora più preziosa nel secondo caso, quello del recupero del misticismo al bene, in quanto qui il Testo appare come la sola diga al divampare del narcisismo e della psicosi.

Nel caso dell'elaborazione inconscia del rimosso, l'albero della psiche si trova in condizioni di equilibrio, e, come dicevamo nella sezione 4, Misticismo, l'investimento di Keter da parte di Binah avviene presumibilmente in maniera automatica e ordinata, via via che gli stimoli giungono a Binah.

Non è così quando si ha a che fare col meccanismo della repressione. Qui l'investimento di Binah ha la funzione di riequilibrare l'albero della psiche, dopo che uno squilibrio si è prodotto per la fuoriuscita (5) delle emozioni dal rimosso. L'investimento quindi, come ipotizzavamo, tenderebbe a rimanere in Binah, e forse a passare in Keter solo a ondate quando il contenitore di Binah è pieno o sta per rompersi (stiamo volutamente impiegando i termini nei quali è descritto il dramma della "rottura dei vasi", la "Shevirat haKelim", cui si accennava nella sezione 4, Misticismo).

Vi è d'altronde un altro fattore il quale rende arduo il recupero del misticismo al bene. Il materiale represso organizzato alfine in Keter tramite il riferimento a una trascendenza la quale lo restituisce al bene, scendendo lungo la strada (13) al rimosso, secondo la lettera del linguaggio che stiamo utilizzando, non troverebbe più ad attenderlo il corrispondente contenuto rimosso, il quale è fuoriuscito dalla strada (5).

Così il premio per il recupero del male (associato con la necessità della creazione di un represso) non è immediatamente, a quanto pare, il conseguimento della conoscenza e della genitalità, ma consiste solo nel fatto che si evita di fare altro male, aggiungendo male al male.

Il lavoro di Keter contro il male appare dunque, in fondo, più eroico, in quanto non immediatamente premiato, di quello volto al conseguimento della conoscenza e del bene.[90]

Ci fermiamo qui. Lo psicoanalista che legga questa nostra indagine sul grafico di Figura 11 potrebbe a questo punto essere abbastanza perplesso. A giustificarci non possiamo che invocare l'impostazione sostanzialmente mistica del nostro modo di operare: si tratta di indagare fino in fondo, pur restando alla superficie del problema, tutte le possibilità.

Quanto ai cabbalisti, speriamo che, se mai questo lavoro vedrà la luce, non ci saltino subito addosso per l'uso che abbiamo fatto dei nomi e dei

---

[90] Il trasferimento dell'investimento da Binah a Keter permetterebbe alle componenti sadiche (Hesed), prima trattenute dal legame con Binah nel meccanismo della repressione (vedi la sezione 4, Misticismo, e la sezione 5, Scintille), di emergere. Se Keter opera nel senso (13) di un reindirizzamento del narcisismo al bene, tali componenti sadiche emergerebbero come una legittima rabbia, provata dall'individuo che ha subìto un torto. L'espressione della rabbia (l'importanza che ha per l'individuo l'espressione della legittima rabbia è illustrata da Alice Miller nei suoi libri; su questo punto il lettore può vedere anche i contributi di Barbara Rogers) permette quindi anche l'emersione della benevolenza (uno dei significati della parola Hesed) verso il proprio prossimo, il quale non deve mai venire respinto in maniera totale. Tale benevolenza era, prima del lavoro da parte di Keter, confusa e mischiata con la rabbia (la parola Hesed ha i due significati "duali" di "carità" e "turpitudine"; a proposito del doppio significato di Hesed, vedi anche lo scritto di S. Freud, *Significato opposto delle parole primordiali*, 1910, Vol. 6).

L'emergere delle emozioni sarebbe quindi reso possibile, nella rescissione del meccanismo della repressione, dal trasferimento dell'investimento da Binah a Keter. La "rivolta del corpo" (dal titolo del libro di Alice Miller), l'emergere libero del sentire dell'individuo (trasferimento dell'investimento da Tiferet a Hesed, e emersione in Hesed delle emozioni), è quindi possibile solo a patto che, in nome della Legge di Dio, abbia luogo allo stesso tempo una "rivolta dell'anima" (trasferimento dell'investimento da Binah a Keter). Su questo punto ritorniamo alla fine della sezione seguente.

In *Storia degli Esseni*, Elia Benamozegh, cabbalista dell'ottocento, descrive fede e costumi degli Esseni, setta, come egli ci dice, che costituiva "la parte più alta, più nobile, più dotta, più spirituale del Fariseato". Circa la necessità della "cura dell'anima", Elia Benamozegh scrive che "gli Esseni non furono soltanto i Medici del corpo, ma si dissero anche Medici dell'animo umano. Si tratta di un incarico antichissimo (del quale ci offre moltissimi esempi la Bibbia) giacché lo spirito fu non meno del corpo considerato dall'Ebraismo come un ente che soggiace a tutte le vicissitudini, buone e tristi, della vita; che ha la sua salute, le sue infermità, le sue crisi, le sue cadute, i suoi periodi di convalescenza" (ibid., pag. 25).

simboli della loro Scienza. Siamo comunque fiduciosi almeno che l'aver mostrato quanto rappresentativa, ricca cioè di possibilità espressive, possa risultare la semplice struttura del grafo delle Sefirot, serva a mitigare il loro giudizio e la loro condanna.

Prima di congedarlo, dobbiamo far compiere ad H un altro servizio.

Cosa fare contro la mania di H?

Quella che abbiamo chiamato nella sezione 5, Scintille la "via del bene", consistente nel rimanere presenti nel rapporto, attaccandosi pervicacemente alla genitalità e allo scambio, è veramente percorribile?

Pensando ad H, diremmo proprio di no. H addirittura si "nutriva" in un certo senso della genitalità altrui, dell'altrui esitazione e ricerca del bene, che interpretava come una debolezza.

La psicoanalisi ci ha insegnato a comprendere la normalità a partire dagli eccessi delle nevrosi e delle psicosi, anche dunque a comprendere la normalità quotidiana del male a partire da quello compiuto dai più efferati criminali della storia.

Ora, se il male di H non è qualitativamente diverso dagli altri tipi di violenza, non può darsi allora che la violenza sia sempre una violenza contro la genitalità, e che del mantenimento dell'apertura della vittima in fondo si alimenti?

In tal caso la "via del bene", la via della genitalità e del mantenimento della comunicazione, rischia di diventare un'illusione, poco più di un riferimento teorico, quando veramente si è posti davanti al male.

Così, nell'incertezza circa l'effettiva percorribilità ultima di quella che abbiamo chiamato la "via del bene" per rispondere al male, proponiamo di rinominare quella che abbiamo chiamato la "via del male", e che consiste nell'interruzione delle comunicazioni della vittima con l'aggressore per rispondere al male, chiamandola "via della giustizia".

Avendo cambiato il nome della "via del male", dobbiamo probabilmente cambiare anche quello del suo duale, la "via del bene", e proponiamo per essa il nome di "via della misericordia".

7 Mosè

Il problema che pone un'analisi a distanza è più che altro quello della verificabilità delle ipotesi formulate delle quali, semplicemente, non si può chiedere conferma alla persona. Queste "analisi a distanza" non sono tuttavia estranee alla letteratura psicoanalitica.

Non abbiamo d'altronde a ben vedere neanche la necessità di appellarci a Freud per trovare modelli del nostro modo di procedere. Ciò che ci accingiamo a scrivere non è infatti altro che un "midrash" sul personaggio di Mosè: una storia alla quale non si chiede di dimostrare la verità del proprio contenuto letterale, ma soltanto che essa sia coerente con sé stessa, non sia in contraddizione col Testo Biblico, e che apra su di Esso prospettive di interpretazione.

Spartiacque nella vita di Mosè è l'evento dell'uccisione della guardia egizia (Esodo 2,12). Prima di tale evento Mosè è un principe egiziano, che percorre le strade, libero sul suo carro. Dopo, essendo in un primo momento fuggito dall'Egitto, diventa capo di un popolo e un profeta che parla con Dio.

Il primo problema che si pone è dunque quello di descrivere come è andato maturando in Mosè l'atto che ha cambiato il corso della sua vita.

Occorre iniziare, come ci ha insegnato a fare Freud, dalla più tenera infanzia, e la prima indagine da compiere è quella sul rapporto che aveva Mosè con le figure di riferimento femminili del suo mondo infantile.

Interpretando in *Narcisismo, Cherubini, Etica* il capolavoro leonardesco di Sant'Anna (pag. 94), notavamo che anche Mosè, come il bimbo del dipinto, aveva avuto "due madri". Da un lato la principessa egizia, madre adottiva (che vedevamo come la figura in secondo piano nel dipinto), dall'altro la madre vera, assunta come nutrice, che nel quadro è rappresentata mentre, in un atto di amore un po' eccessivo e irrispettoso dei bisogni del bimbo (il quale vorrebbe giocare con un animaletto), protende le mani a ghermire il piccolo Mosè.

La nostra storia narra di un carattere narcisista di entrambe queste figure femminili di riferimento. In particolare, vediamo il rapporto di Mosè con la sua vera madre (quella che nel quadro protende le mani a ghermirlo) simile a quello analizzato nella sezione 5, Scintille tra Leonardo (il nostro Mosè) e La Gioconda.

Ora, crediamo di dover assolvere definitivamente, dal punto di vista etico, La Gioconda, presentata forse nella sezione 5, Scintille un po' troppo severamente, specie adesso che intendiamo riferire quanto ipotizzato ivi su di lei alla vera madre di Mosè. Riprendendo il discorso fatto, quali che possano essere le "colpe" della Gioconda, o dei suoi avi, verso Dio, che abbiano inibito nella donna la capacità di "dare", La Gioconda infatti nella sua relazione col bimbo Leonardo è costretta al proprio comportamento.

La figura di riferimento femminile costituita dalla vera madre di Mosè (la Vergine nel dipinto leonardesco) semplicemente è compresa da un senso di incapacità e vergogna morale, il quale trae in ultima analisi origine da una qualche coscienza di questa incapacità di "dare", tipica del narcisismo.

La donna è sempre all'erta per soddisfare al meglio l'altro, in modo tale da non provare vergogna, e vive così in uno "stato di emergenza" perenne, il quale le consente solo, nella repressione delle proprie emozioni, l'attivazione delle modalità di funzionamento del pensiero tipiche del misticismo. Usando il pensiero mistico, la donna non riesce a "penetrare" il bimbo, a "conoscerlo interiormente", come dicevamo, e, non conoscendo la sua vita, non può aiutarlo a crescere, non può mettere in atto un "fare" derivante dalla "conoscenza interiore" del bimbo.

Questo senso di vergogna e l'incapacità di "dare" ad essa connessa si trasmettono al bambino, il quale finisce anch'egli con l'apprendere l'uso del modo di pensare del mistico, ponendosi in uno stato di emergenza continuo per non turbare la madre.

Il bimbo infatti tenta dapprima di utilizzare, come naturale, il pensiero alimentato dalla rimozione, la "conoscenza interiore" dell'altro tipica della genitalità, e inizia a penetrare nei segreti della donna; capisce allora qualcosa del modo di funzionare della psiche della madre, e percepisce il fastidio che le generano i suoi problemi, sente la "fame" e l'"odio" di origini narcisistiche della donna per lui. Tende allora a emergere nel bimbo (al quale questo quadro completo che andiamo tracciando non può che sfuggire) un odio per la madre, il quale deve venire rimosso (la madre è troppo importante per lui). Per il bambino, è una situazione senza via di uscita, che lo induce a disattivare il pensiero basato sulla rimozione e sulla "conoscenza interiore" dell'altro, e a sovrainvestire l'attività mistica.

Alla fine, comunque, l'incapacità di "dare" della madre di Mosè e del suo bambino non deriva da un desiderio condannabile di appropriarsi di qualcosa che apparterrebbe a un altro, ma solo, in ultima analisi, dall'attivazione di uno stato di emergenza perenne il quale è alimentato da risorse sottratte alla rimozione e alla "conoscenza interiore" dell'altro.

Naturalmente, all'inizio di tutto ciò c'è un senso di incapacità a gestire il sado-masochismo, le emozioni, la cui genesi abbiamo rintracciato nella vera madre di Mosè (si veda *Narcisismo, Cherubini, Etica*), come nella Gioconda (si veda la sezione 5, Scintille) in un improvviso impoverimento e in circostanze difficili della vita.

Sia la vera madre di Mosè che il bambino, provano tuttavia vergogna, quella vergogna apparentemente senza motivo tipica della melanconia, per "non essere capaci di far niente", cioè in fondo per non essere capaci di gestire le proprie emozioni, e non sanno cosa farci. Di più, entrambi, proprio perché si sentono in difetto e provano questa vergogna per loro misteriosa, fanno di tutto per "dare" all'altro, ma, appunto, fanno troppo, si pongono in una sorta di stato di emergenza, e attivano così il pensiero mistico tramite il quale sono sì in grado di soddisfare alle esigenze materiali dell'altro, ma non all'esigenza naturale di ogni uomo di essere sentito interiormente, di essere "conosciuto interiormente", e di venire quindi, tramite questa conoscenza interiore che il prossimo ha di lui, aiutato (un po' come una macchina potrebbe desiderare di essere riparata).

Figuriamoci cosa succede quando il bambino, dai tratti caratteriali così spiccatamente narcisisti, si affaccia, intorno ai tredici anni, sul mondo dell'adolescenza.

Il prossimo ce l'ha con lui, per la sua scarsa abitudine a "conoscere interiormente" l'altro, e, tramite tale tipo di conoscenza, a "dare". In fondo, per il prossimo l'adolescente è veramente "capace di far niente", egli è incapace di conoscenza interiore, non abituato almeno a questo modo di rapportarsi con l'altro.

L'adolescente riceve dal mondo circostante segnali di fastidio e di insoddisfazione, cui è portato a rispondere accentuando il proprio senso di vergogna, e attivando ancora di più gli strumenti dello stato di emergenza e del pensiero mistico che era abituato a usare con la propria madre. Egli in fondo dà dentro di sé in qualche modo un po' ragione agli altri che ce l'hanno con lui, ma, mancandogli questo quadro completo della situazione che andiamo tracciando, non capisce granché.

Si sente inadeguato e vergognoso, ma sente nel contempo di non avere colpe. La colpa può infatti essere provata solo come conseguenza dell'avere fatto qualcosa, e, se l'adolescente qualcosa fa, è proprio quello di sforzarsi sempre di più di essere simpatico agli altri, "dando" a loro.

Ma appunto, come si diceva, questo "dare", sempre più spasmodico, segue la strada della repressione, dell'odio e del misticismo, l'imboccare la quale è sempre più naturale per l'adolescente, il quale è via via più spaventato, in stato di emergenza, appunto, e solo.

Il sentire chiaramente di non avere colpe in tutto ciò che avviene provoca però nell'adolescente una ribellione etica. Continua a sentirsi incapace e inadeguato. Tuttavia, dal momento che non "fa" niente, ne deduce che gli altri, il mondo circostante che prova fastidio per lui, sono "cattivi". Essi dovrebbero solamente secondo lui lasciarlo in pace e adottare un comportamento più umano. Questo venire lasciato tranquillo attenuerebbe la sua tendenza ad assumere uno "stato di emergenza", il circolo vizioso si interromperebbe, ed egli potrebbe ritrovare piano piano, senza traumi, la via della rimozione e della genitalità.

Venire lasciato in pace, dunque, strada da cui deve passare necessariamente un recupero della genitalità, e del pensiero basato sulla rimozione. Venire lasciato in pace, come via per poter crescere, per rompere il circolo vizioso dello stato di emergenza che alla rimozione sottrae risorse preziose. È per consentirgli di trovare questa pace che Dio ordinò ad Abramo di andarsene (lech lechà) dalla sua terra natale, verso un'altra Terra, nella quale fosse possibile vivere in un rapporto più disteso col mondo?

Ora, il rapporto che il bambino ha con la madre è diverso da quello che ha col padre.

Al rapporto con la madre appartiene il complesso di castrazione, a quello col padre il complesso di Edipo[91].

Rispetto alla madre, la paura principale che ha il bambino è quella di essere lasciato solo, ciò che egli vede un po' come una uccisione, e quindi come una castrazione (siamo più volte ritornati su questo tema dell'equivalenza "essere lasciato solo - essere ucciso - essere castrato", a partire da *Lutto, melanconia, giustizia*).

Rispetto al padre, la paura principale che ha il bambino è quella di essere da questi penetrato (equivalenza "essere penetrato - essere colpito - essere schiavizzato").

Così se il rapporto con la madre si pone sul piano dell'"essere" e dell'etica, quello col padre si pone sul piano dell'"avere" e, forse, potremmo dire, della "morale", proponendo così una distinzione in questo senso tra i due termini di etica e morale, in genere ritenuti sinonimi.[92]

---

[91] Usiamo il termine "complesso di Edipo" per denotare genericamente i rapporti conflittuali del figlio col padre. La "teoria pulsionale" che Freud ha ipotizzato alla base di tale conflitto è stata criticata e superata dagli studi di Alice Miller (vedi Alice Miller, *Il bambino inascoltato*).

[92] Per la verità, l'osservazione psicoanalitica sembra contraddire l'attribuzione del complesso di castrazione al rapporto con la madre. Il paziente maschio riferisce infatti il proprio timore di essere castrato dal padre. Questa discrepanza tra le conclusioni logiche cui siamo condotti e il dato dell'osservazione potrebbe dipendere secondo noi da distorsioni che lo strumento di osservazione costituito dal metodo analitico

Qual era il rapporto di Mosè con le figure di riferimento maschili della propria infanzia?

In *Narcisismo, Cherubini, Etica*, notando l'assenza di figure maschili dal dipinto, ipotizzavamo che gli uomini della corte egizia, quelli che avrebbero dovuto essere le "figure di riferimento" maschili per Mosè, fossero "irritati" col bambino.

Ora, pensiamo di essere stati un po' ingiusti. Forse essi erano appunto solo semplicemente "assenti", altrimenti impegnati.

Il padre (sostituiamo questa parola a "figura di riferimento maschile", per brevità) può anche essere la persona più buona che esista sulla terra, ma se è dal bambino assente, o magari semplicemente ha anche solo qualche difficoltà di comunicazione, il bimbo, i cui comportamenti conoscitivi sono ancora orientati in direzione fortemente narcisistica, tende a vivere l'assenza del padre come un odio nei propri confronti. Questo è in sintonia con quanto dicevamo a proposito del protista narcisista delle Figure 1 e 2 (pag. 126), quello a forma rotonda (qui, il padre), il quale, chiudendosi a palla, odia narcisisticamente il suo prossimo (l'altro protista, quello a mezzaluna), il bambino, molto aperto, invece, come ogni bimbo, alla comunicazione.

Dunque Mosè, oltre a vivere inconsciamente come odio per lui certi aspetti del comportamento della madre, ha anche problemi col proprio padre (con, più precisamente, i "padri adottivi", gli uomini della corte egizia).

Possiamo spingerci ancora un passo avanti, e notare come oltre a un "padre" che egli vive come "cattivo", Mosè abbia avuto anche un "padre buono". Si tratterebbe, nel caso della figura di Mosè, del vero padre di questi, considerato molto positivamente nei testi della Tradizione.

Accanto a una "doppia madre", dunque, anche un "doppio padre".

Ancora un'ipotesi, circa la quale non troviamo conferme nel Testo, ma che si inserisce nella nostra storia molto bene, approfondendone l'analisi. Ipotizziamo che la presenza del "padre buono", il vero padre di Mosè, sia venuta meno prima dell'affacciarsi di Mosè a quell'età delicata nella quale appunto egli avrebbe dovuto adattarsi alla vita adulta, trovare la propria via a un mondo fatto anche di violenza.

Il "padre buono" sarebbe quindi venuto meno prima di un'età cruciale, nella quale Mosè avrebbe avuto ancora bisogno di lui, e la sua

---

introduce nel riferire i dati del narcisismo. Avendo segnalato la difficoltà, tuttavia, non la trattiamo oltre, per motivi di economia generale del lavoro.

scomparsa avrebbe posto più in evidenza, come portato a galla, nella psiche di Mosè le perplessità dell'adolescente sul "padre cattivo".

La perdita del padre avrebbe anche approfondito il problematico rapporto del fanciullo con la madre. Avendo infatti questa perso il proprio uomo, Mosè, sempre preoccupato della fragilità della mamma, e sottilmente sedotto da lei fin dalla più tenera infanzia, avrebbe inconsciamente pensato di dover prendere il posto del padre accanto a lei, con ciò avvicinandosi ulteriormente alle figure di riferimento femminili della propria infanzia, e allontanandosi dal gruppo maschile degli uomini della corte egizia.

Così Mosè, nel momento in cui dovrebbe trovare la sua via nel mondo adulto, si ritrova da un lato con un padre da cui crede di essere odiato, e dall'altro con una madre dalla psicologia così complessa, la quale, come dicevamo a proposito della Gioconda, per accudirlo deve contemporaneamente in un certo qual modo odiarlo, e dalla quale egli è sottilmente sedotto.

Che infanzia movimentata e scombinata, questa di Mosè!

A questo punto, viene il contatto con la violenza.

Provenendo questa dall'ambiente maschile, Mosè non può che accomunarla col comportamento del suo "padre cattivo".

Violenza proveniente dall'ambiente maschile, come è naturale nei gruppi di adolescenti. Tale violenza trova in Mosè però, rimosso nell'inconscio, un ricordo antico: quello del "troppo amore" della vera madre, la quale appunto con violenza irrispettosa del bimbo protende le mani a ghermirlo nel quadro di Sant'Anna (pag. 94).

Una violenza subita dalla madre nell'infanzia viene così accostata inconsciamente a quella che adesso l'adolescente deve affrontare nel suo incontro con il sado-masochismo della vita, e questo accostamento compromette le possibilità del ragazzo di gestire le proprie emozioni in un momento tanto delicato.

La violenza proveniente dall'ambiente maschile trova infatti nell'adolescente un impaccio a reagire, sedimento del rapporto con la madre fragile verso la quale emozioni irrispettose non potevano venire manifestate. Trova un odio nei confronti di un padre vissuto come "cattivo", con cui adesso i membri del gruppo (gli uomini della corte) nel quale non riesce ad integrarsi vengono identificati. Trova infine una tendenza da parte di Mosè ad accentuare le proprie identificazioni col mondo femminile dal quale è in fondo sottilmente sedotto.

Quanti problemi in un'età comunque per tutti difficile! Un carico psichico difficilmente sopportabile per un adolescente solo.

Troppi problemi per Mosè, il quale, all'affacciarsi alle soglie di una vita adulta nella quale avrebbe dovuto consolidare definitivamente, nella genitalità, la gestione delle proprie emozioni e del proprio sadomasochismo, è risospinto invece verso l'odio che tende a provare verso l'ambiente che lo circonda vissuto come violento, e la fame: l'adolescente sempre più isolato prova uno spasmodico, famelico, bisogno di contatto con l'ambiente che gli si nega. Mosè è sospinto verso il narcisismo e la psicosi.

Problemi sia con le donne che con gli uomini. Come uscire da questo accerchiamento psicologico?

Se si hanno due nemici che attaccano da due direzioni diverse, la cosa migliore è allearsi con uno dei due, per gettare quindi tutte le proprie forze, insieme con quelle del nuovo alleato, contro l'altro.

La strategia risulta naturalmente più facilmente applicabile se tra i due che lo attaccano non corre buon sangue. Ora, si dà il caso che questa fosse proprio la situazione di Mosè. La parte femminile, doveva avercela infatti un po' con la parte maschile. Per quanto riguarda la vera madre di Mosè, ciò è ovvio, dal momento che era ebrea e perseguitata. La madre adottiva, la principessa egizia, viene vista dalla Tradizione come una donna molto buona e valida: non saremmo affatto sorpresi dunque se guardasse con una certa freddezza al mondo di corte, sempre impegnato in violenza e intrighi.

Allearsi con uno dei due, dunque. L'adolescente accentua la propria identificazione con il mondo femminile, il protista A di Figura 6 (pag. 143) accentua l'incavo della mezzaluna, seppellisce dentro di sé le perplessità circa il comportamento che ha verso di lui la figura di riferimento femminile, e dà in qualche modo sfogo invece agli impulsi sadici, trasformandoli da rimossi a repressi.

Rottura dunque di ogni relazione con l'ambiente circostante, odio che emerge verso i maschi del gruppo che lo rifiuta, identificati con il "padre cattivo". Definitiva identificazione con il mondo della vera madre, nella schiavitù del cui popolo Mosè vede il riflesso dei propri problemi di integrazione nell'ambiente di corte.

Odio, e uccisione della guardia egizia che sta percuotendo lo schiavo ebreo.

Avvenne qualcosa, un qualche trauma, che fece traboccare, ultima goccia d'acqua in un vaso troppo colmo di disperazione e solitudine, la rabbia e l'odio di Mosè verso un ambiente dal quale stava per staccarsi per sempre? La subitaneità, la mancanza di una preparazione nel Testo con la quale l'atto dell'uccisione della guardia è presentato, farebbero propendere per l'ipotesi del trauma: forse un'ultima amara esperienza avvenuta magari il giorno prima, come potrebbe essere ad esempio un tentativo di dialogo respinto con brutalità inattesa da qualche uomo di corte e in un certo qual modo "padre adottivo" del ragazzo dal quale questi si fosse aspettato un qualche conforto e guida.

Fuggito dall'Egitto, la nostra storia racconta che Mosè si mise a studiare. Studiò la mistica, le credenze monoteiste presenti in Egitto, i misteri di quel politeismo pagano che Elia Benamozegh[93] ci fa intendere così impregnato di temi cabbalistici. Capì Abramo e il senso dell'ordine di raggiungere (lech lechà) la Terra Promessa da Dio, e si identificò con lui. Studiò le figure di Isacco, Giacobbe e Giuseppe.

Mosè, dotato di grande intelligenza, studia, pensa e indaga su quanto è accaduto e, essendo emerso in lui l'odio per il mondo maschile che lo circonda, si interroga perplesso sulla natura della frattura apertasi nel proprio sé.

L'emergere dell'odio per il "padre cattivo", la definitiva identificazione col mondo femminile della propria infanzia, il quale, tuttavia, come visto, presentava aspetti a dir poco problematici.

Vi è infine un'ombra, che si staglia su questa frattura col padre: la relazione difficile col "padre cattivo", che abbiamo supposto in Mosè, può anche apparire infatti come dovuta a una "voglia di avere" del bambino. Dobbiamo infatti, come detto, porre la violenza, la penetrazione violenta dell'altro nel proprio sé, al livello del sado-masochismo, cioè dell'"avere", e il "complesso edipico" scoperto da Freud è rappresentato dall'immagine del padre che penetra violentemente dal di dietro il bimbo. Mosè, portato a un'autocritica fortissima dal rapporto, oggi si direbbe "castrante", avuto con le figure di riferimento femminili della sua infanzia, sottopone a critica spietata anche questa possibilità e considera con paura il fatto che pulsioni afferenti alla propria "voglia di avere", secondo lui deprecabile, possano aver contribuito a determinare le proprie azioni.

È dunque impossibile, per come si è evoluta la vita su questa terra, distinguere completamente l'"essere" dall'"avere", l'anima dal corpo, e, forse, il bene dal male?

Mosè si interroga su sé stesso, ma c'è di che impazzire.

Che ne è ora dell'uomo Mosè?

---

[93] Nel libro di Elia Benamozegh, *Israele e l'Umanità*, il cabbalista dell'ottocento dimostra quanto le credenze in un Dio unico fossero diffuse nel mondo pagano, e quanto attentamente siano da considerare gli antichi culti politeistici, i cui insegnamenti sarebbero in relazione con i temi della Cabbala.

La frattura nel proprio sé ormai sancita dall'uccisione della guardia egizia, l'equilibrio così prezioso tra il lato maschile e femminile della personalità compromesso, l'emersione dell'odio per il "padre cattivo", la definitiva identificazione con le donne della propria infanzia ormai acquisita.

Tutto ciò ha certamente contribuito ad accentuare grandemente i tratti caratteriali già presenti in Mosè fin dall'infanzia.

Se egli, abituato da un rapporto con una madre fragile, doveva sempre essere stato attentissimo a non disturbare l'altro (in ciò mostrando un comportamento molto "etico"), doveva tuttavia incontrare qualche problema allorquando si trattasse di farsi dal prossimo disturbare, e forse così rischiava di venire ritenuto dagli altri in un certo senso poco "morale" (secondo la distinzione tra i due termini di etica e morale che abbiamo proposto sopra).

Oggi diremmo forse che egli aveva dei problemi nel proprio rapporto col prossimo.

Per essere più esatti, dovremmo dire che è il suo prossimo che ha dei problemi nel proprio rapporto con lui, dal momento che Mosè appunto non fa niente di male, ma che si sforza invece di aiutare materialmente gli altri appena può.

È vero infatti che ha ucciso la guardia egizia, ma possiamo supporre che, avendo ucciso una volta, ciò gli basti per tutta la vita.

I tratti caratteriali da sempre presenti in Mosè si sono dunque nel momento dell'uccisione della guardia ulteriormente, drammaticamente accentuati, e Mosè è ora profondamente turbato.

Mosè si è come "ammalato", ma ammalato di "troppo bene". In quale altro modo infatti definire, se non come "troppo bene", lo stato di emergenza assunto dalla Gioconda, e da Mosè, per soddisfare l'altro? In quale altro modo chiamare la sua tensione etica, la sofferenza per la violenza egizia, il suo anelito alla verità?

Mosè ha problemi sia col proprio universo femminile che con quello maschile.

Con le femmine, Mosè ha il problema che potremmo chiamare del "non disturbare". La vera madre di Mosè, La Gioconda della sezione 5, Scintille, anch'ella, prima di Mosè, con un sistema di gestione del sado-masochismo (cioè delle emozioni) a pezzi, di fronte al disturbo procurato dal bimbo, lo "odia", si chiude cioè in sé stessa, senza "fare" niente da un punto di vista della genitalità: non può mettere in altri termini in atto un "fare" derivante da una "conoscenza interiore" del bambino, ma può solo attivare il pensiero mistico per soddisfarlo in qualche modo.

Con i maschi, Mosè ha il problema opposto, che potremmo chiamare dell'"essere disturbato". Si tratta della violenza del mondo egizio che doveva apparire così inspiegabile e dolorosa all'adolescente Mosè.

I "cattivi", maschi e subito identificati col "padre cattivo", vorrebbero dunque, per Mosè, "avere" qualcosa da lui. Questa analisi non è tuttavia completamente corretta. Infatti i "cattivi" sono in fondo anch'essi alle prese con una problematica che riguarda l'"essere". Ciò che dà loro fastidio è il fatto che Mosè non stia con loro, che, non "conoscendoli interiormente", non li aiuti, a partire da ciò che essi "sono".

Mosè non ha mai ricevuto dalla propria madre, incapace di "conoscenza interiore", un tale aiuto, ed è stato portato ad auto-condannare in sé ogni possibile emozione fonte di disturbo per la donna. Allorquando Mosè attiva strumenti di conoscenza interiore dell'altro, allorquando cioè egli guarda dentro l'altro, possiamo forse supporre che abbia una eccessiva tendenza a giudicarlo, e in nome dell'etica a condannarlo, così come con autocritica spietata condanna sé stesso.

Mosè si precipita ad aiutare materialmente l'altro appena ne scorga la possibilità, come dimostra l'episodio (successivo alla sua fuga dall'Egitto, dopo l'uccisione della guardia) dell'abbeveramento del gregge custodito dalle figlie di Ithrò (Esodo 2,17), e tuttavia possiamo supporre che questa accentuata tendenza a giudicare possa metterlo in difficoltà allorquando si tratti di sentire il prossimo per come esso è, per come "funziona" interiormente.

Abituato a un rapporto con una madre fragile, Mosè teme di ferire l'altro. Egli balbetta parlando al proprio prossimo. Se in Mosè la rimozione fallisce, egli imboccherà la strada di una stabile repressione dell'impulso emotivo.

I "cattivi" egizi, le cui madri hanno accettato lo scarico delle emozioni dei propri figli non condannandone il sadismo, se falliscono nella rimozione sono più pronti a imboccare la strada della violenza. Meno preoccupati come sono, tuttavia, di un eventuale fallimento della rimozione, il rapporto con le proprie emozioni risulta più facile. Il loro sentire è più libero, arrivano a rapportarsi meglio con l'altro perché sanno all'occorrenza anche dirgli di no, e in caso di necessità colpirlo.

Se ne deve dunque dedurre che per mantenere in qualche modo la possibilità di una rimozione, per gestire il sado-masochismo delle emozioni, dunque per essere capaci di "conoscenza interiore" e di "dare" come dicevamo, occorra anche all'occorrenza saper dire di no senza tanti problemi, non avere vergogna di ferire l'altro, saper percorrere insomma quella che chiamavamo nella sezione 5, Scintille la "via normale" al rapporto con l'altro e convivere con la possibilità di male sempre insita in una relazione?

Se questo è il caso, allora, e se la "conoscenza interiore" dell'altro è bene, in quanto permette di aiutare il prossimo, ove porre la linea di demarcazione?

Fino a che punto aiutare, e quando giudicare? Sappiamo tutti bene in fondo che la vita dell'uomo non sarebbe possibile senza l'aiuto reciproco, e senza le possibilità di giudizio e condanna.

Mosè doveva capire e sentire tutto ciò che andiamo scrivendo. A questo punto, tuttavia, forse, nonostante la sua intelligenza, o appunto a causa di essa, anche lui doveva essere un po' confuso e perplesso, come noi e il lettore, dalla propria ricerca sull'uomo e sulla vita.

È giunto a questo punto che vediamo Mosè vagare, solo e un po' sconsolato, col suo gregge nel deserto del Neghev, mentre il trauma della violenza egizia continua a trafiggergli il cuore?

Mosè dunque, confuso e perplesso, è giunto ormai ai piedi del Monte, conscio della profondità delle radici che aveva la propria inquietudine.

Ammalarsi di "troppo bene". Dobbiamo a questo punto ricercare elementi psicotici in Mosè?

Se l'eboidofrenia descritta nella sezione precedente è la "psicosi del male", dovremmo ricercare forse in Mosè tracce di un suo duale, una "psicosi del bene", del quale termine tuttavia non vi è cenno nella letteratura psicoanalitica?

Desideriamo ora indagare su questa prospettiva.

Parlando della "psicosi del male", nella precedente sezione 6, Eboidofrenia, ne abbiamo identificato le relazioni con la dualità "depressione - mania" in quella che appare essere una mania senza fasi depressive, o meglio, con associato uno stato depressivo latente e continuato.

Mosè si situa all'opposto (meglio, vorremmo dire, la sua figura si pone come esempio "duale") della psicosi eboidofrenica.

Egli è lontano, di più non si può immaginare, dalla ricerca del male, sulla cui messa in atto l'eboidofrenico costruisce il proprio personaggio.

Lontanissimo da quella lucida follia del male che caratterizza purtroppo gli esiti più infausti della psicosi eboidofrenica.

Al posto della "follia del male", ci pare invece di trovare in Mosè quella che potremmo chiamare una "follia del bene" costituita su una sete spasmodica di giustizia, e sull'odio persino forse eccessivo per ogni forma di violenza.

Non vi è male in Mosè, a meno che tale non si voglia considerare l'uccisione della guardia egizia, che tuttavia siamo propensi a vedere come una forma di giustizia.

Dopo tale atto, Mosè sceglie la strada dell'interruzione delle comunicazioni con quella che gli appare come la violenza egizia, ma questa interruzione prende la forma di un proprio allontanamento fisico, una rigida separazione, e non più quella dell'odio e della morte.

Circa la separazione ordinata da Mosè tra Israele e i popoli che lo circondano, citiamo dal cabbalista Elia Benamozegh:

"Si deve anzitutto notare che la costituzione di una religione universale, scopo finale dell'ebraismo, esigeva da esso un sovrappiù di rigore nelle sue disposizioni particolaristiche. Era all'umanità futura che pensava: doveva dunque necessariamente isolarsi dall'ambiente circostante. [...] Si era formato un ideale che tutto intorno ad esso tentava di compromettere: conveniva dunque che si tenesse saggiamente distante da ciò che poteva distoglierlo dal fine desiderato."[94]

Separazione dunque in nome della costruzione dell'etica e al fine di riportare, al termine di un periodo di consolidamento e studio, con la venuta del Messia, l'etica e il Nome del Dio unico tra i popoli.

Quanto a una possibile presunta asocialità di Mosè:

"Questa, lo ripetiamo, è la sorte dei veri amici dell'umanità. Il loro distacco dalla folla è considerato misantropia e si scambia per orgoglio il rispetto che essi hanno della dignità umana, e per odio il loro disgusto per tutto ciò che è ignobile".[95]

Non vi è dunque traccia di "psicosi del male" in Mosè, ma attenzione per il problema del male. Ove l'eboidofrenico cavalca il male per costruirvi sopra un'identità che gli manca, Mosè sprofonda nel problema del male, il quale forse diventa per lui un po' come un'ossessione.

Vorremmo ora rinominare quella che abbiamo chiamato "psicosi del bene", e chiamarla "sindrome messianica", per rimuovere l'accostamento tra le parole "bene" e "psicosi".

I duali si situano all'opposto, ma sono per certi aspetti tra loro simili.

Così, se proprio volessimo considerare la struttura caratteriale di Mosè e indagarla a partire dagli eccessi dei modelli psicotici (Freud ci ha insegnato a percorrere la strada dello studio della nevrosi e della psicosi per comprendere anche i fenomeni della normalità della vita) ci

---

[94] Elia Benamozegh, *Israele e l'Umanità*, pag. 16.
[95] Ibid.

parrebbe che vi sia in Mosè una mania, la mania per il bene. Vedremmo cioè anche in Lui una sorta di mania senza fasi depressive, o meglio, come ipotizzavamo per l'eboidofrenia, con una depressione latente e continua.

Di qui, da questa mania, dalla voglia di tutto abbracciare e comprendere a fin di bene, deriverebbe l'intelligenza di Mosè.

Vi sono altri passi del Testo che ci possano aiutare a capire meglio il carattere e la mente di Mosè?

Ci pare di scorgere un Mosè disperato, allorché semplicemente si lascia andare per un attimo, percuotendo una roccia per farne sgorgare dell'acqua (Numeri 20,11-12).

Mosè, dunque, come il protista narcisista B della Figura 6 (pag. 143) il quale, se si protendesse a percuotere A che lo sta inglobando e seducendo, non farebbe che accelerare la propria fine. Sottile seduzione da cui difendersi, proveniente dalla sua vera madre, come dicevamo interpretando in *Narcisismo, Cherubini, Etica* il quadro leonardesco di Sant'Anna.

Mosè parlava con Dio, come ci dice il Testo. Vi è qualcosa che possa aiutarci a comprendere di più circa questo dialogo?

Non abbiamo su questo un granché. Qualcosa però la proponiamo all'attenzione del lettore.

Mosè sembra usare il parlare con Dio per non doversi preoccupare della verifica dei comandi che impartisce al popolo in marcia attraverso il deserto.

Una persona cui non fosse concesso, come a Mosè, il privilegio del dialogo diretto con Dio, dovrebbe intuire dapprima ciò che è giusto ordinare, e quindi eseguire una verifica delle proprie intuizioni, preoccupandosi della loro coerenza e ricercando conferme del proprio agire.

Non vi è traccia di questa ricerca, di preoccupazione per la coerenza, di verifiche logiche nel pensiero di Mosè, sollevato in ciò dal fatto di parlare appunto direttamente con Dio. La mente di Mosè, dunque, viveva di intuizioni, e doveva muoversi su livelli di astrazione per noi difficilmente concepibili.

Se la costituzione caratteriale di Mosè può essere classificata nell'ambito di quella che, duale dell'eboidofrenia, proponevamo di definire come una "sindrome messianica", c'è da chiedersi se non vi siano nella storia del pensiero e dell'azione dell'umanità altri personaggi cui si possa legittimamente attribuire questa che abbiamo anche chiamato "psicosi del bene". Trattandosi di Mosè, dovremo naturalmente cercare tra i grandi.

Forse Abramo, che, con la distruzione degli idoli di cui il padre era fabbricante, agisce in un atto di rottura che evoca l'uccisione della guardia egizia da parte di Mosè.

L'interesse di Freud per l'uomo non potrebbe in realtà essere un interesse per il "problema del male", ossessione del Messia? Dagli scritti che il padre della psicoanalisi ci ha lasciato trapela anche un'attenzione, non certo casuale, per la figura di Macbeth.

Lo stesso potrebbe forse ipotizzarsi per gli studi accurati sull'uomo compiuti da Leonardo, il quale esaminava nel dettaglio le più fini striature della muscolatura umana, quasi a ricercarvi un qualche segreto.

Abbiamo lasciato più sopra Mosè turbato ai piedi del monte Sinai. Ne aveva, abbiamo visto, ragione.

C'è qualcos'altro che possiamo dire prima di lasciarlo salire solo sul Monte a parlare con Dio?

Che ne è dell'uomo Mosè verso la fine della propria vita?

In fondo ci pare di ritrovarlo con dentro intatti quelli che, in un linguaggio psicologico più adatto alla quotidianità di una vita normale che non alla statura del Profeta, chiameremmo seri problemi di gestione delle emozioni.

Mosè è tuttora, verso la fine della propria vita, affranto per aver colpito una pietra col bastone.

Più capace di parlare con Dio che non con sé stesso e con le altre persone, muore in solitudine, seppellito da Colui col quale solo veramente comunicava.

Il Signore gli mostra la Terra Promessa da lontano. Mosè la vede tutta, ma non vi entra, quasi mistico il quale avendo a lungo accumulato intuizioni e punti di contatto col problema che gli interessa, tema di compiere infine l'ultimo passo e di scoprire che ciò che ormai credeva di avere saldamente afferrato gli sfugge invece di tra le mani.

Mosè che si dispera per essersi lasciato andare per un momento a colpire una pietra col bastone.

Paura di abbandonarsi, di perdere il controllo di sé stesso, e con tale controllo il proprio sé.

Critica spietata delle proprie emozioni, la cui espressione Mosè tende probabilmente a vedere come appunto un lasciarsi andare, una perdita di controllo inammissibile. Una gestione dell'emotività tanto spietata, che porta a chiedersi come in primo luogo essa possa essere possibile in un uomo. Ma, infatti, siamo davanti a Mosè.

Problemi nel rapporto con gli altri, eppure di fronte a Mosè non riusciamo a dare di tali problemi un'interpretazione negativa.

Se Mosè aveva difficoltà a comunicare col prossimo, la sua capacità di parlare con Dio ha dato a Israele e all'umanità il Testo della Legge: possiamo forse richiedere a chiunque una più grande prova di amore per l'uomo?

E infatti questo ritratto che siamo andati costruendo di Mosè ci porta a constatare come, quali che possano essere le caratteristiche della gestione del materiale emotivo in una persona, l'aderenza dell'uomo alla trascendenza della Legge permetta all'individuo di "dare" all'altro, fino a trasformare le difficoltà in doti, e perfino forse l'odio in amore.

Dopo il Testo della Legge, è questo forse l'insegnamento più prezioso che Mosè ci abbia lasciato.

Dunque, precisando ulteriormente il contenuto del nostro "midrash", troviamo in Mosè una estrema difficoltà a sentire il proprio vissuto emotivo, insorta a causa di un rapporto caratterizzato da tratti profondamente narcisisti con le figure di riferimento femminili dell'infanzia, e definitivamente stabilizzatasi, secondo quanto narra appunto la nostra storia, a seguito del trauma pre-adolescenziale in cui egli perse il proprio "padre buono" (cioè il proprio vero padre).

Questa marcata difficoltà a comunicare con il proprio vissuto emotivo porta Mosè a indagare per tutta la vita su quella che gli appare come un'inspiegabile stranezza del suo modo di essere.

Anche se, come abbiamo detto, sul finire della vita ci pare di trovarlo ancora incapace di lasciarsi andare quel minimo che avrebbe consentito all'emotività di emergere, Mosè giunse tuttavia molto vicino a capire cosa infine era avvenuto in lui.

Prima che in Mosè, cosa era infatti successo esattamente nel giardino di Eden, nei drammatici momenti precedenti il colloquio di Eva col serpente?

Il comandamento dato da Dio all'uomo era, come noto, solo quello di non mangiare il frutto dell'albero della conoscenza del bene e del male (Genesi 2,17). Eva aggiunse di sua iniziativa, riferendo tale ordine al serpente, il comando di non toccare neanche l'albero proibito (Genesi 3,3).

Vediamo di interpretare tutto ciò sul grafico di Figura 11 (pag. 183).

Dio comanda di non mangiare il frutto dell'albero.

Secondo l'interpretazione che ne abbiamo dato in *La cacciata dal giardino di Eden* e nella sezione 6, Eboidofrenia, il comando di Dio intende proibire all'uomo di fare affluire tramite (8) materiale (una teoria di male del tipo "lui è un essere inferiore") verso il sadismo ("Emozione attiva" nel grafico), in modo tale che, tale materiale congiungendosi con emozioni non più rimosse provenienti da (5), sia dato adito (6) ad un'azione irrispettosa e violenta nei confronti dell'altro.

Eva si proibisce anche di sentire le emozioni (cioè di toccare l'albero).

La donna non conosce evidentemente la possibilità che le emozioni hanno, una volta emerse (5), di percorrere la strada (7) di una loro repressione, e quindi restituzione (12, quindi 13), attraverso Keter, all'equilibrio del bene.

Poco abituata nella pace del giardino di Eden ad avere a che fare con problemi, la donna (quasi donna ricca nella tranquillità della propria casa) in fondo poco conosce di sé stessa e ciò la porta a enfatizzare l'unico comandamento di proibizione che le proviene da Dio.

Cosa esattamente le sfugge? Evidentemente non ha chiara la possibilità di fare riferimento alla trascendenza di una Legge (che abbiamo posto in Keter, sul percorso 7, 12, 13), la quale, una volta represse (7) le emozioni nel narcisismo, possa questo stesso narcisismo moderare, consentendo di restituire (13) il materiale emotivo all'equilibrio del bene.

In effetti in fondo, Dio, che il Testo (Genesi 3,8) ci mostra passeggiare (mithallech) nello stesso giardino in cui aveva posto l'uomo, ci pare ben poco un Dio lontano e trascendente al sé, il senso di questa trascendenza probabilmente insorgendo solo col suo utilizzo nella restituzione del narcisismo al bene, una volta che si abbia a che fare con problemi.

Mosè, alla ricerca affannosa della propria possibilità di sentire, darà all'umanità la Legge di Dio, per la via della quale emozioni, inevitabilmente emerse (5) in un ambiente difficile, come è quello della vita, possono essere pienamente provate, e, nonostante ciò, invece che indirizzate verso il male, restituite quindi al servizio del prossimo e del bene[96].

---

[96] Usando il linguaggio introdotto da Alice Miller, un "sistema cognitivo" reso adulto dall'aderenza alla Legge di Dio può prendersi cura del bambino presente in ogni uomo, che si esprime tramite le emozioni del corpo (per questi concetti, vedi la sezione 9, Lo Shem).

Alice Miller dimostra nella sua opera (vedi in particolare i due libri *Il risveglio di Eva* e *La rivolta del corpo*) come sia necessario all'uomo sentire le proprie emozioni per orientarsi nella vita, e per volgere il proprio operato al bene.

Colui che, avendo subìto un torto, non riesca a sentire emotivamente la propria rabbia, reazione al torto subìto, la conserverà comunque nel corpo, sconosciuta alla coscienza, e tenderà a volgerla contro il prossimo, più debole, indifeso e innocente, in un'opera di male.

8 Malkhut

Abbiamo già incontrato la Sefirah di Malkhut nelle sezioni precedenti, anche se non l'abbiamo chiamata esplicitamente col suo nome.

Nella sezione 3, Genitalità, ci siamo soffermati su come il considerare la presenza di Dio nell'altro renda possibile un "dare" al proprio prossimo, che la trascendenza divina permette di vedere come una parte del proprio sé.

In Figura 12 (pag. 207) alle nove Sefirot rappresentate in Figura 11 (pag. 183) se ne aggiunge una decima, Malkhut, il cui significato psichico è indicato come "Dio negli altri" (a Keter viene invece associato il significato di "Dio in sé").

Se proviamo a considerare il grafico di Figura 11, nel quale manca la Sefirah di Malkhut, come una rappresentazione a sé stante del funzionamento di una psiche, non possiamo infatti non notare un modo di operare dell'apparato psichico a dir poco problematico.

La risposta all'azione (1) proveniente dall'esterno prende in Figura 11 una via (2) i cui successivi sviluppi sono complessi, e comportano un carico di lavoro notevole per l'apparato psichico.

Certo, una psiche rappresentata da tale albero sembra ben equipaggiata per elaborare la risposta alle sollecitazioni provenienti dal mondo esterno. In risposta all'azione subìta, viene sviluppata (2) un'emozione, e il carico per l'elaborazione di questa emozione viene distribuito tra Keter e Tiferet, le quali collaborano nel lavoro che abbiamo chiamato di "Elaborazione inconscia"[97].

Per poter percepire appieno le proprie reazioni di rabbia nei confronti del torto subìto, occorre tuttavia, come mette in evidenza Alice Miller, che la persona disponga almeno di un "Testimone Soccorrevole", persona che si accosta all'offeso, gli "offre un sostegno", e che costituisce una sorta di "contrappeso alle crudeltà che segnano i suoi giorni". È necessario, cioè, che la Legge di Dio si trovi, oltre che in colui che ha subìto il torto (Keter), anche in almeno qualcun altro (Malkhut; vedi la sezione seguente) nella società in cui la persona offesa vive.

La Legge di Dio deve dunque risiedere, oltre che nella persona (Keter), anche nel sociale (Malkhut), e Mosè, ricevute da Dio le Tavole della Legge, le consegna a Israele e all'umanità.

[97] L'idea di "elaborazione inconscia" è stata introdotta in *Intuizioni*, in *La cacciata dal giardino di Eden*, e in *Barriere simboliche di rimozione*. Il concetto ci ha poi accompagnato per tutto il libro, e nella sezione 4, Misticismo è stato inquadrato sull'albero delle Sefirot.

Binah ha un ruolo importante nell'avvio, (15), poi (12), a Keter della componente astratta (cioè, narcisista) della reazione dell'apparato psichico al messaggio proveniente dall'esterno. Su di essa si basa inoltre il meccanismo della repressione (7) di emozioni sfuggite (5) al processo di elaborazione inconscia, e il represso alimenta un pensiero mistico il quale può essere restituito, (12), poi (13), al bene.[98]

Hokhmah, la "Sapienza", posta sul lato destro dell'albero, è venuta delineandosi nell'analisi del grafico come un crocevia, dal quale la componente astratta dell'azione attiva volta verso il mondo esterno deve necessariamente passare.

Ma, appunto, in complesso, quanto lavoro, quanti investimenti ed angeli in movimento! Deve dunque essere così difficile vivere? Non esiste un modo più rilassato di pensare?

E d'altronde, quanti problemi lascia aperti una descrizione del funzionamento dell'apparato psichico fatta sul grafico delle Sefirot di Figura 11, in cui manca la Sefirah di Malkhut.

Abbiamo associato il bene con la conoscenza interiore dell'altro, acquisita a partire (4) da Tiferet, disponibilità all'amore quest'ultima, la quale trattiene la sessualità fino a quando una sua espressione in sintonia con le esigenze dell'Io (cioè del narcisismo) non sia possibile.

In tal modo, tuttavia, siamo andati associando all'azione attiva verso l'esterno, attivata da Netzah, e, come pare dal quadro tracciato, non mediata dal processo (13), poi (4) della conoscenza, il concetto di male.

Il bene è dunque solo "conoscenza"? Non esiste una possibilità di bene non mediata da un processo conoscitivo? Ci pare a questo punto, in realtà, di stare assumendo un po' il modo di pensare del piccolo Leonardo, il quale abbiamo visto nella sezione 5, Scintille alle prese con una figura di riferimento femminile disturbata e fragile, la quale vedeva in ogni azione altrui un pericolo per il proprio sé, un "male" appunto.

Conoscenza, e paralisi. Se, come constata Freud, vi è sempre un "ombelico del sogno" il quale sfugge all'interpretazione, se, quindi, la conoscenza non è mai conseguibile in maniera completa, e se l'azione senza la conoscenza è male, allora si è condannati alla paralisi.

Alla fine siamo portati a sospettare che una psiche il cui funzionamento fosse rappresentato adeguatamente dall'albero della Figura 11 non potrebbe che essere una psiche turbata.

---

[98] Per questi concetti si vedano in particolare le sezioni 4, Misticismo, 6, Eboidofrenia, 7, Mosè.

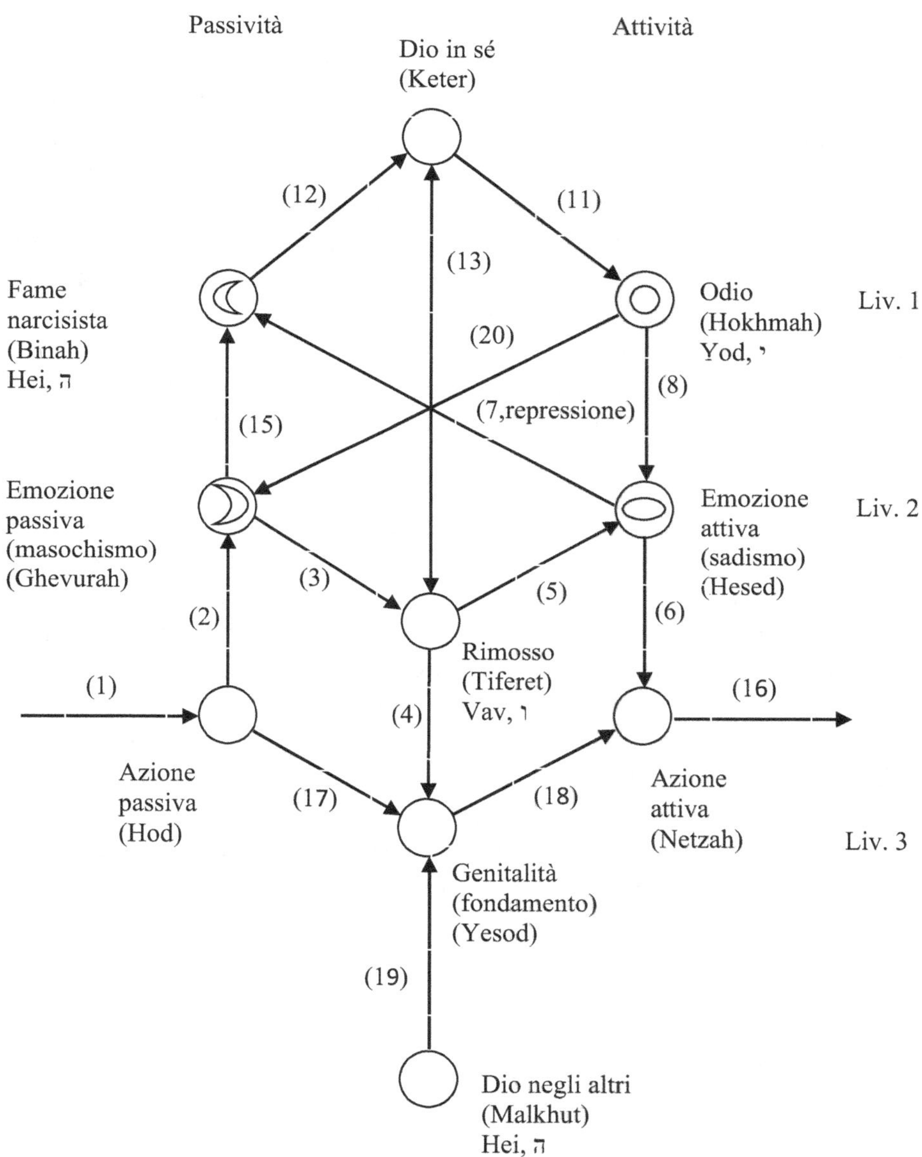

Figura 12: Psiche

"Dieci sono le Sefirot, dieci e non nove, dieci e non undici"[99].

Vivere più semplicemente. Vivere nel mondo un po' di più come si vive nel proprio corpo. Il braccio, ad esempio, che è parte di me, non causa in generale i problemi che possono venirmi da un oggetto esterno. Il suo movimento non genera (2) in me emozioni passive, che vadano quindi (15), (3), gestite dall'apparato psichico. Non sarebbe più rilassante se il mondo nel quale vivo potesse essere considerato alla stessa stregua di un mio organo, come una parte di me?

Ora, il modo che ho di vedere il mondo esterno un po' come una parte di me è quello, come abbiamo già considerato nella sezione 3, Genitalità, di riconoscere la presenza di Dio nell'altro.

Se Dio è nell'altro (Malkhut) come Egli è in me (Keter), essendo Egli Uno, io sono connesso all'altro, e il mondo al di fuori di me posso considerarlo in un certo qual modo come una parte di me, alla stregua di un mio organo.

Malkhut, dunque, Dio è nell'altro. Vi è un modo diverso di gestire il potenziale di sollecitazioni con il quale il mondo in cui il sé si trova immerso tende a sovraccaricare l'apparato psichico.

L'azione proveniente (1) dall'esterno può certo avviare (2) un processo nel quale la psiche elabora, inquadra nel sé, e infine scarica il potenziale destabilizzante contenuto nello stimolo ricevuto.

E tuttavia, le cose non sono poi così drammatiche. Almeno una parte della sollecitazione ricevuta può essere direttamente integrata (17) a fondamento (Yesod) della persona. Lo stimolo ricevuto è una parte del mondo, ed essendo Dio negli altri come in me, il mondo è un po' una parte di me. Così come non mi preoccupo del muoversi di un mio braccio, posso non preoccuparmi troppo dell'agitarsi del mondo intorno a me.

Il sé non ha necessità di vivere come arroccato in un castello, difeso da stretti passaggi e ponti levatoi (come potrebbero apparire nel grafico di Figura 11 i collegamenti tra le Sefirot), come La Gioconda, che in sezione 5, Scintille abbiamo supposto un tempo ricca, doveva vivere sul chi va là, troppo sollecitata dalle richieste degli altri, i quali volevano da lei "avere".

Dio è nell'altro. La sollecitazione proveniente dall'esterno può essere, in base a questa semplice considerazione (19), integrata nel sé, e posta a fondamento (Yesod) della persona. Dal fondamento (Yesod) della persona può scaturire semplicemente (18) un "dare", che porta ad

---

[99] Sefer Yetzirah I,3.

attribuire a Netzah la possibilità di un'azione (16) non ostile, ma al contrario di aiuto per il prossimo.

Dio è nell'altro. Il rapporto di interazione con il prossimo non deve necessariamente seguire la strada (13), poi (4) della conoscenza reciproca tra i due individui per non configurarsi come violento.

Si può accettare di ricevere in un primo tempo passivamente (17) dall'altro, e, in un tempo successivo, all'altro "dare" (19), (18). Al di là della simultaneità dell'orgasmo (4), vi è possibilità di amore anche nello svolgersi del tempo.

Quando Mosè salì al cielo, le lettere della legge non volevano combinarsi l'una con l'altra per scendere in questo mondo, finché il nome grande (Tiferet, Logo) fece con loro un patto che il nome onorando (Malkhut, divino nel mondo, Shechinah) sarebbe unito e compreso con esse.[100]

Le lettere non volevano combinarsi tra loro e scendere (4) in questo mondo (Yesod): sanno che l'atto conoscitivo (4) sarà comunque incompleto, e che solo con il contributo (19) di Malkhut, solo con la coscienza che Dio è nell'altro, potrà infine essere fondata (Yesod) nella psiche, nel bene, la risposta (18) da dare all'altro.

L'investimento psichico provenendo da Yesod (18), a sua volta stimolata dall'incontro tra materiale in provenienza (4) da Tiferet (amore per l'altro) e (19) da Malkhut (coscienza che Dio è nell'altro), l'azione di Netzah risulta infine fondata sul bene.

L'agire, il tempo, Netzah, racchiudono una possibilità di bene, a condizione che l'uomo sappia riconoscere nell'altro la presenza di Dio.

'Ed ecco una scala rizzata sulla terra' (Genesi 28,12). Questa scala significa il grado sul quale sono stabiliti gli altri gradi, lo Yesod, il Fondamento del mondo. 'E la cima di essa raggiungeva il cielo' (Genesi, ibid.), così da essere ad esso attaccata. Poiché questo grado è l'estremità del Corpo che sta fra il mondo superiore e il mondo inferiore nello stesso modo in cui il segno del patto è situato all'estremità del tronco del corpo, in mezzo alle cosce.[101]

---

[100] Midrash citato da Elia Benamozegh in *Teologia* e riportato in Alessandro Guetta, *Filosofia e Qabbalah*.

[101] Zohar I,149b. Citato in Alfonso di Nola, *Cabbala e Mistica Giudaica*, pag. 153.

La scala di Giacobbe è quindi situata, secondo l'interpretazione fornita da questo passo, all'interno stesso di Yesod, a collegare il materiale proveniente (4) da Tiferet e simboleggiante la conoscenza interiore dell'altro, con la coscienza (19) rappresentata da Malkhut che Dio è nell'altro. Tale coscienza che Dio è nell'altro colma l'incompletezza necessariamente insita nell'atto di conoscenza interiore dell'altro, e rende possibile (18), poi (16), l'azione di bene.

L'incontro che si svolge in Yesod non ha quindi il carattere della ricerca di un compromesso, così come abbiamo delineato per l'incontro tra le pulsioni dell'io (il narcisismo) e quelle sessuali, le quali ricercano un compromesso che renda possibile una loro espressione reciprocamente sintonica lungo la scala (13) disposta tra Keter (il narcisismo) e Tiferet (il rimosso)[102].

L'incontro tra la conoscenza interiore dell'altro (4) e la coscienza che Dio è nell'altro (19), Malkhut, costituisce piuttosto un completamento della conoscenza interiore dell'altro, come lo sposo (Tiferet) si completa nell'incontro con la sua sposa (Malkhut, la Shechinah, la presenza di Dio nel mondo).

Se credo nell'unico Dio, se Dio è in me (Keter), non posso d'altronde non credere che una Sua scintilla sia anche nell'altro (Malkhut): "Dieci Sefirot: la loro fine è fissata nel loro inizio e l'inizio nella fine"[103]. Inizio (Keter), la fede in Dio in me, e fine (Malkhut) il credere Dio nell'altro, sono "fissate" l'una nell'altra, legate tra di loro "come la fiamma è legata con il tizzone"[104].

Accanto alla mancanza di Malkhut, si nota in Figura 11 la posizione di Hokhmah, la quale, in alto a destra, si direbbe come isolata, la nostra discussione avendola posta d'altronde su un percorso (11), poi (8), che abbiamo inequivocabilmente associato al male[105].

Questa posizione in disparte di Hokhmah sul grafico di Figura 11 contrasta col ruolo centrale che a questa Sefirah è riconosciuto dalla Cabbala[106], così come dalle religioni di tanti popoli {4}.

---

[102] Si veda la sezione 4, Misticismo.

[103] Sefer Yetzirah I,6.

[104] Ibid.

[105] Vedi sezione 6, Eboidofrenia.

[106] "Nel principio creò Dio i cieli e la terra" (Genesi 1,1). "Principio" per la Cabbala è Hokhmah. Keter è "Nel principio" ("In Hokhmah"), e ad essa ci si riferisce quindi solo indirettamente, tramite Hokhmah.
Alle volte Keter, "così sublime ed occulta che nulla si può dire di lei", viene esclusa dallo schema delle Sefirot; vedi l'*Introduzione* di Jacob Immanuel Schochet *alla*

Nella Figura 12 è indicato allora un canale da Hokhmah a Ghevurah (20), il quale rappresenta una restituzione del narcisismo all'emozione.

Occorre, a questo mondo, saper contenere (Ghevurah) le emozioni che suscita in noi il contatto con l'esterno, senza necessariamente essere obbligati, quasi si fosse degli automi, ad avviare un lavoro di analisi (15), (3) del materiale affluito (1), poi (2), al sé.

Occorre anche, dal narcisismo, saper restituire (20) l'investimento psichico alla passività. La risposta violenta all'altro (8), lo stesso giudicare l'altro che possiamo, secondo noi, vedere come un recupero (7), poi (13), del narcisismo al bene[107], trovano un limite e un temperamento nel considerare che comunque Dio è nell'altro, e che l'azione del prossimo può essere, in base a questa semplice considerazione, integrata (17) nel proprio sé.

La sfera di Hokhmah può assumere (8) una forma ellittica volta a percuotere l'altro, ma può anche incavarsi (20) in una forma a mezzaluna avente l'apertura rivolta verso la sinistra (cioè in direzione opposta dell'apertura della mezzaluna di Binah), in un accoglimento emotivo (Ghevurah) del proprio prossimo, in un'accettazione dell'altro la quale prescinda da giudizi che si possano dare sull'altrui comportamento. L'uomo non è infine un automa, condannato perennemente a giudicare, ed agire in base al giudizio sull'altro da sé stesso formatosi.

Nella psiche rappresentata dal grafico di Figura 11, ci pare in effetti di trovarci davanti a una Hokhmah ferita: la psiche ha scarsa propensione a contenere le emozioni suscitate dal mondo esterno; il sé appare in affanno e spaventato, forse disturbato da complessi di persecuzione. In questa ferita di Hokhmah, ci pare dunque di nuovo di riconoscere il tipo di disturbo psichico che abbiamo descritto a proposito del piccolo Leonardo, e che abbiamo attribuito all'interazione con una figura di riferimento femminile dell'infanzia fragile e disturbata.

Vivendo in un continuo stato di emergenza, causato dalla preoccupazione per la madre fragile, gli impulsi provenienti dall'esterno vengono subito avviati (15), (3) da Ghevurah (emozione passiva) per il trattamento da parte dell'apparato psichico. La risposta, ancorché coordinata, dev'essere istantanea (si farebbe forse aspettare La Gioconda?), non vi è il tempo per trattenere le emozioni in Ghevurah,

---

traduzione della Iggheret Ha-Qodesh (Liqqutè Amarìm – Tanyà, Parte IV). In tal caso Hokhmah diviene la prima delle Sefirot.
[107] Vedi sezione 6, Eboidofrenia.

nel sé, senza trattarle, né lo spazio per restituire (20) all'emozione passiva un narcisismo in perenne stato di allerta.

Il collegamento (20) da Hokhmah in direzione di Ghevurah, introdotto in Figura 12, restituisce simmetria ed equilibrio alla psiche.

Incoraggiati dai risultati finora ottenuti, vogliamo cercare di interpretare anche la mancanza degli altri collegamenti che in genere vengono disegnati sull'albero delle Sefirot e che non compaiono nelle Figure 11 e 12, come spiegabile nei termini di una configurazione narcisistica dell'apparato psichico del tipo di quella che siamo andati illustrando in questo libro, utilizzando personaggi illustri.

Manca nelle due figure un collegamento diretto da Tiferet (il rimosso) verso Netzah (azione attiva): vi è poco spazio nella psiche del piccolo L[108] per il lapsus e l'atto mancato[109], espressione diretta di un rimosso poco mediata da altre componenti della psiche. L'apparato psichico è sottoposto a un ferreo controllo. Nell'emergenza e nella paura, dovute ai problemi di gestione delle emozioni e del sado-masochismo, questo controllo appare al sé come l'ultima ancora di salvezza, volta a evitare un caos che si paventa completo dell'attività della psiche.

Manca anche un collegamento diretto da Hod (azione passiva) verso Tiferet: l'azione (1) che proviene dall'esterno deve essere avviata (2) verso l'emozione, e quindi processata dall'apparato psichico, principalmente (7) nel narcisismo. Non si possono lasciare le cose al caso, lasciare che il mondo esterno penetri da Hod verso Tiferet nel sé, senza prestare la debita attenzione a ciò che sta avvenendo. Di nuovo dunque un controllo, l'origine della cui necessità rintracciamo nella scarsa fiducia che il sé ha ormai nei propri meccanismi di funzionamento.

Altro collegamento mancante è quello diretto tra Hod (azione passiva) e Netzah (azione attiva) a livello dell'azione: un sé spaurito ha evidentemente disattivato le proprie risposte automatiche agli stimoli provenienti dall'esterno.

Riprendendo l'evolversi nella psiche di questo disturbo narcisistico (cioè, caratterizzato da un forte investimento di Binah) la cui analisi ha costituito uno dei temi del libro, vediamo così come rapporti difficili del bambino con le figure di riferimento femminili (la "madre", Binah per la Cabbala) e maschili (il "padre", Hokhmah) dell'infanzia, nonché rapporti difficili delle due figure di riferimento maschile e femminile tra

---

[108] Vedi sezione 5, Scintille.
[109] Vedi S. Freud, *Psicopatologia della vita quotidiana*, 1901, Vol. 4.

loro[110] (si noti come nei grafici delle figure 11 e 12 manchino collegamenti diretti tra le Sefirot della triade Hokhmah, Binah, Tiferet), abbiano generato nel bimbo (il "figlio", Tiferet per la Cabbala) una debolezza, la quale ha reso problematica la gestione delle emozioni e del sado-masochismo.

I problemi possono essere compensati per lungo tempo dal buon funzionamento di Hokhmah, la quale può, anche in condizioni ambientali difficili, restituire (20) all'emozione il materiale affluito (7) al narcisismo.

Poiché tuttavia anche la pazienza ha un limite, a un certo punto anche il funzionamento di Hokhmah non può che risultare compromesso, e il canale (20) di restituzione del narcisismo all'emozione deve essere disattivato. Esempi illustri di una frattura, di un cedimento nell'equilibrio di Hokhmah[111], crediamo di poter individuare nel momento dell'uccisione della guardia egizia da parte di Mosè, così come nella distruzione degli idoli fabbricati dal padre di Abramo.

Un forte investimento di Binah, il ricorso alle risorse dell'intelligenza, può permettere al nostro carattere, ormai fortemente sbilanciato nella direzione del narcisismo, di evitare una degenerazione schizofrenica generalizzata dell'apparato psichico.

Compromesso il funzionamento di Hokhmah, la funzione di questa Sefirah viene assunta dal suo nucleo, Keter {5}, il quale, fortemente investito nella direzione del bene, permette di tenere in scacco le tendenze eboidofreniche inevitabilmente legate a un eccessivo investimento di Binah, e ridirigerle verso il bene. Siamo a questo punto nella situazione del grafico di Figura 11.

Da Keter, come si vede dal grafico dell'albero delle Sefirot, l'investimento non può tuttavia rifluire direttamente e agilmente verso l'emozione passiva (manca un collegamento diretto da Keter nella direzione di Ghevurah).

In Figura 11 appare evidente una sofferenza della persona, nella cui psiche il ruolo della triade Hokhmah, Tiferet, Malkhut[112] è

---

[110] Si vedano a questo proposito *Narcisismo, Cherubini, Etica*, e la sezione 7, Mosè di questo articolo. Riguardo ai rapporti difficili tra le due figure di riferimento, maschile e femminile, un cabbalista potrebbe dire che il gambo della Yod, י, (Hokhmah) non feconda la Hei, ה, (Binah); vedi nota {4}.

[111] Sull'interpretazione di Hokhmah come "equilibrio" si veda anche la nota {4}.

[112] Elia Benamozegh in *L'origine dei dogmi cristiani* scrive (pag. 135) come tale triade rappresenti per i cabbalisti "la verità, la natura, il tempo, l'ideale". La triade Keter, Hokhmah, Binah rappresenta invece "il santo, il soprannaturale, l'eternità, il divino".

compromesso (Malkhut è addirittura assente dal grafico, a denotare una grave perdita di fiducia del sé nel proprio prossimo) {6}.

Solo un lavoro intellettuale[113] svolto nelle Sefirot di Binah e Keter può permettere infine al sé di avviare, in quella che abbiamo chiamato una "psicosi del bene"[114], un lavoro di recupero della psiche. Nella Figura 12 è ricomparso il collegamento (20), fondamentale per l'equilibrio della psiche, da Hokhmah verso Ghevurah, e la fiducia del sé nella possibilità di un incontro col prossimo viene ritrovata nella Sefirah di Malkhut.

Tiferet è comunque sempre un po' isolata nell'albero della Figura 12, a indicare forse una psiche ancora scossa, provata dalla psicosi subita, e che guarda con una certa diffidenza al coinvolgimento diretto del rimosso nel proprio operare.

Oltre ai collegamenti tra Hod e Tiferet, Tiferet e Netzah, Hod e Netzah, per il cui significato abbiamo già proposto un'interpretazione, mancano dunque ancora in Figura 12 altri canali che vengono in genere disegnati sull'albero delle Sefirot della Cabbala, quelli che collegano tra loro direttamente le Sefirot della triade Hokhmah, Binah, Tiferet.

Vorremmo anche per questi ultimi collegamenti proporre un'interpretazione nei termini di veicoli di trasmissione degli stimoli, così come abbiamo fatto per tutti gli altri canali tra le Sefirot che vengono in genere disegnati sull'albero della Cabbala.

In tale contesto, potremmo forse associare a un collegamento da Hokhmah in direzione di Tifefet uno stimolo il quale sollecita l'emersione (5) di un'emozione.

Un canale da Binah in direzione di Hokhmah, rappresenterebbe una naturale disposizione di Binah a richiudersi in una posizione di riposo, restituendo l'investimento a Hokhmah, e abbandonando la scomoda posizione della mezzaluna: una volta fecondata la vagina dal gambo

---

[113] La prospettiva dalla quale in questo libro è considerato il narcisismo è dunque soprattutto intellettuale. Occorre notare come il paziente affetto da disturbo narcisistico necessiti di integrare tale prospettiva intellettuale, per quanto essa possa apparire interessante dal punto di vista teorico, con materiale vicino al proprio vissuto reale emotivo (la teoria potrebbe infatti essere usata anche per costituire una difesa contro la presa d'atto della realtà emotiva del sé). Non possiamo a questo proposito che consigliare i libri di Alice Miller più volte citati, e in particolare *La rivolta del corpo*.
Un altro riferimento è il libro di Barbara Rogers, *Screams from childhood*.
[114] Vedi sezione 7, Mosè. Nel termine "psicosi del bene", la "psicosi" è dunque associata alla rottura di Hokhmah; il "bene", all'investimento, rivolto verso il bene, di Keter.

della lettera Yod, י, Hokhmah, le pareti della vagina, Hei, ה, Binah, si possono rilassare (vedi nota {4}).

Una trasmissione di stimoli da Tiferet in direzione di Binah potrebbe essere vista d'altronde come necessaria per garantire il mantenimento della rimozione.

Venendosi a completare la struttura dell'albero, le relazioni tra le Sefirot tendono ad apparire tuttavia più complesse, tanto che l'interpretazione illustrata dei canali tra di esse come veicoli di trasmissione degli stimoli può iniziare a sembrare, se non scorretta, forse almeno non completamente sufficiente come metodologia di base a partire dalla quale descrivere le relazioni tra queste forme dell'operare della psiche. Ci è venuto naturale, ad esempio, poco sopra nella nostra discussione, parlare di "triade" di Sefirot[115], mentre la trasmissione di uno stimolo sembra logico avvenire tra due sole di esse.

La Cabbala ha saputo accomodare fin qui sul proprio albero, quasi madre che si prenda cura con pazienza delle esigenze di una figlia, il concetto tipicamente psicoanalitico di trasmissione dell'investimento psichico.

Tuttavia chi abbia una qualche familiarità con i metodi della mistica comprende come il linguaggio del misticismo abbia una propria personalità e metodologia e contenga elementi che appare problematico esprimere per intero nei termini del linguaggio della psicoanalisi, per come almeno questa disciplina si è finora sviluppata.

---

[115] Sul concetto di "triade" di Sefirot, Elia Benamozegh scrive in *L'origine dei dogmi cristiani* (pag. 129) che la Cabbala "ci mostra in tutta la sua economia emanatistica, in tutto il Pleroma, la Trinità che si ripete senza posa in tutti i gradi, costituendo la forma primitiva, elementare di tutto il suo organismo, moltiplicandosi e suddividendosi quasi all'infinito in innumerevoli serie di trinità secondarie, terziarie e così via, componendo quasi il tessuto cellulare, la *cellula* dell'organismo teologico".

9 Lo Shem[116]

Per lo Zohar, Dio, Elohim, letteralmente "gli dei", è un nome composto da Eleh più Mi (quest'ultimo a lettere invertite). Elohim contiene così in sé le otto Sefirot di Eleh (letteralmente "quello", le dieci Sefirot con l'esclusione di Keter e Malkhut), più la Sefirah indicata con Mi (letteralmente "chi", Keter)[117].

Elohim, dal punto di vista della rappresentazione cabbalistica della psiche, è il sé della persona. Yesod, l'ultima Sefirah di Elohim, è il punto di arrivo, e la sintesi del sé. Da Elohim rimane esclusa la Sefirah di Malkhut: l'altro, dentro il quale si trova una scintilla di Dio.

Se rendere il culto a un dio vuol dire prestargli una particolare attenzione, si vede come il dio non potrebbe contenere tutte e dieci le Sefirot, tutto il Pleroma: infatti l'attenzione richiede un restringimento del campo su cui essa si concentra.

"Lech lechà", possiamo interpretare "porta via te stesso", da una Malkhut malvagia, dice Elohim, il sé, ad Abramo.

Porta via il tuo corpo da un ambiente nel quale non puoi esprimere liberamente la tua verità, scrive Alice Miller nella sua opera[118].

---

[116] Shem in ebraico significa "Nome", e con l'espressione "lo Shem" si indica il Nome di quattro lettere del Dio di Israele. Il Tetragramma era tuttavia, come accennato nella nota {4}, conosciuto già da prima della chiamata di Abramo, e deve quindi, come del resto tutto il pensiero teologico, essere considerato patrimonio comune dell'intera umanità.

È con esitazione e timore che ci apprestiamo a indagare in questa sezione sul Nome di Dio.

Il Nome è infatti circondato da cautele, tanto che è perfino vietato pronunciarLo, e questo divieto sembra anche rivolto a sconsigliare approfondimenti e indagini del tipo di quella che ci apprestiamo a compiere.

È tuttavia un fatto che lo studio dei Nomi di Dio sia un tema importante della Cabbala.

Il discorso qui presentato è di necessità incompleto e limitato, e proprio questo carattere modesto lo rende lecito. Sarebbe infatti blasfemia pensare di poter elencare tutte le lodi di Dio, e di completare la ricerca dei tesori che comprende il Suo Nome. Un'analisi su questo punto è contenuta nell'articolo *vehinneh*, di Carlo Franchetti.

Pur con tale carattere limitato, speriamo che questa sezione possa essere di interesse per il lettore, e fornirgli eventualmente spunti per approfondimenti e ricerche.

[117] Zohar I,2a; già citato nella nota {4}.

[118] Per quanto riguarda l'opera di Alice Miller, ci riferiamo in particolare ai libri *Il dramma del bambino dotato*, *Il bambino inascoltato*, *Il risveglio di Eva*, e *La rivolta del corpo*.

Se proprio del dio è il concentrarsi dell'attenzione su di esso allorché gli viene prestato il culto, allora si vede la ragionevolezza della posizione politeista, la quale rende il culto a tanti dei, ponendo di volta in volta al centro dell'attenzione il dio di cui ci si sta occupando.

Già la teologia egizia conosceva tuttavia degli "dei composti", i cui nomi erano formati da combinazioni di nomi di altri dei[119].

Il dio composto non era una semplice somma dei componenti, ma indicava piuttosto una "forma dell'operare della mente", particolare modo di cooperare tra di loro delle "forme dell'operare della mente" corrispondenti agli dei componenti[120].

Lo Zohar ci informa che lo Shem è composto da Yod, corrispondente alla Sefirah di Hokhmah, Hei, corrispondente a Binah, Vav, corrispondente a Tiferet, e Hei, corrispondente a Malkhut.

Poiché la teologia egizia conosceva gli dei composti, vediamo come in fondo Mosè avrebbe anche potuto rispondere al Faraone, il quale gli dice "non conosco lo Shem" (Esodo 5,2), così portando la rivelazione all'Egitto.

Mosè e Faraone avevano infatti il linguaggio teologico in comune.

Quattro Sefirot nel Tetragramma.

Quale "forma dell'operare della mente" rappresenta lo Shem?

Dalla composizione sefirotica dello Shem, vediamo che essa è sbilanciata verso il basso, precisamente, verso l'altro, il prossimo.

Manca nello Shem la Sefirah di Keter (Dio in sé).

Ciò che per gli antichi greci era Zeus, il capo e più potente tra gli dei, non è rappresentato nello Shem.

Certo Dio è nel sé, e svolge ivi la sua fondamentale funzione di regolatore della psiche. Le intuizioni che Keter provvede, quali fulmini scagliati da Zeus, sono fondamentali nel rendere possibile la conoscenza del mondo e dell'altro. La comprensione del prossimo potrebbe però essere usata anche a fin di male, oltre che a fin di bene. Nel momento in cui consideriamo la presenza di Dio, preferiamo così vederla nell'altro (Malkhut) piuttosto che in sé (Keter), ed è Malkhut che è presente nello Shem.[121]

---

[119] Ad esempio, accanto agli dei Amon e Ra, esisteva il dio Amon-Ra.

[120] Sul concetto di dio del politeismo come rappresentante una "forma dell'operare della mente" ci si è soffermati nella nota {4}. La nota contiene anche una breve introduzione ai politeismi delle religioni greca ed egizia.

[121] Ci rendiamo conto di come il lettore sensibile e attento potrebbe essere perplesso e disturbato da questo comparire in uno stesso paragrafo del Nome di quattro lettere e del nome della principale divinità greca.

Non è presente nello Shem la Sefirah di Yesod, il punto di arrivo del sé della persona.

Yesod è, si direbbe, come saltata, in una tensione verso l'altro, rappresentato da Malkhut. Lo Shem ci indica la via di prestare attenzione più all'altro (Malkhut), che al proprio sé (Yesod).

Non sono presenti nello Shem le Sefirot delle emozioni (Hesed, Ghevurah) e dell'azione (Netzah, Hod).

Lo Zohar ci dice che il gambo della lettera Yod, י (Hokhmah), feconda la prima Hei, ה (Binah), generando il figlio, Vav, ו (Tiferet), e immettendo quindi alla genitalità del rapporto con l'altro, la seconda Hei, ה (Malkhut).[122]

L'equilibrio al livello del narcisismo, simboleggiato dal rapporto tra Hokhmah e Binah, e reso possibile dalla Legge di Dio rivelata sul Sinai[123], permette alla sessualità (Tiferet, il rimosso) di esprimersi in sintonia con le esigenze dell'Io, e immette infine al rapporto di bene con il proprio prossimo (Malkhut).

Lo Shem contiene la triade Hokhmah, Tiferet, Malkhut, che Elia Benamozegh ci dice rappresentare per la Cabbala "la verità, la natura, il tempo, l'ideale"[124].

A tale triade si aggiunge la Sefirah di Binah. Se lo Shem è il Dio dell'incontro con l'altro, può apparire strana la presenza di Binah, la quale ha piuttosto il significato di un ritrarsi dall'altro. Binah è tuttavia la "madre" di Tiferet, il "figlio", il rimosso, e il conseguimento della conoscenza dell'altro è possibile solo a patto di sapersi anche ritrarre da lui, al fine di dare ai propri impulsi ostili il tempo e il modo di trasformarsi in conoscenza e amore.

Il quadro di riferimento è tuttavia quello tracciato, come accennato nella nota {4}, da Elia Benamozegh dell'unitarietà del pensiero teologico.

La frase "Mi camocha ba elim ha Shem", "chi è come te fra gli dei, o Shem?", indica come Israele abbia portato una rivoluzione cultuale (il culto è prestato solo allo Shem, "chi è come te?") e non una rivoluzione teologica ("tra gli dei": dunque nella teologia, con la pluralità di forme che le è propria).

Tuttavia, ciò che per i politeisti sono dei (cioè, oggetti di culto) per il rigoroso monoteismo di Israele sono solo ex-dei, ipostasi, semplici manifestazioni dell'ormai unico Dio.

[122] Zohar I,13b-14a; già citato nella nota {4}.

[123] Sul ruolo della Legge di Dio come moderatrice del narcisismo ci siamo soffermati in particolare nelle sezioni 6, Eboidofrenia e 7, Mosè.

[124] Vedi *L'origine dei dogmi cristiani*, pag. 135.

Sull'albero delle Sefirot possiamo seguire il tema del rapporto tra adulto e bambino, illustrato da Alice Miller.

Ciascuna persona, durante la propria vita, è un bimbo, accompagnato da un adulto. Il bambino in noi è il nostro corpo, con la sua fragilità e debolezza, i desideri e le emozioni. Fragilità e debolezza del corpo, le sue necessità ed emozioni, permangono tutta la vita.

Accanto al bambino, viene via via sviluppato un adulto, il "sistema cognitivo", cioè la mente, la quale si prende cura del bambino, cioè del corpo, e lo aiuta a vivere al meglio e a soddisfare i propri bisogni.

Sull'albero delle Sefirot, il bambino è posto al livello delle emozioni (Hesed, Ghevurah, Tiferet): Tiferet è, per la Cabbala, il "figlio".

Il "sistema cognitivo" si trova al livello del narcisismo (Keter, Hokhmah, Binah).

Quando il bimbo è piccolo, le funzioni del sistema cognitivo (di protezione del corpo del bambino) sono assunte dai genitori. Infatti per la Cabbala Tiferet è "figlio" di Hokhmah (il "padre") e di Binah (la "madre")[125]. Keter è "Dio nel sé". Dunque il sistema cognitivo consiste delle funzioni di padre, madre, e Dio nel sé.

Compito del sistema cognitivo è quello di guidare il bimbo (Tiferet) che è in ciascuno di noi all'incontro con l'altro (Malkhut).

Nel corso di tale incontro, il bimbo diventa un adulto (Yesod), percependo pienamente il proprio sé, definito nella relazione con l'altro.

"haShem hu haElohim", recita la formula nel libro di preghiere[126]: lo Shem è Elohim. Presta il culto allo Shem, vai verso l'altro, e, nella relazione col tuo prossimo, troverai te stesso, Elohim.

Lo Shem, il Dio della Misericordia, viene così a configurarsi come il Dio dell'incontro con l'altro, della conoscenza del prossimo, e, in fondo, dell'amore.

La bellezza, la semplicità di questa indicazione di amore data dallo Shem, porta a interrogarci circa quella che potrebbe apparire come una certa laboriosità del culto di Dio.

Rivelatosi a Mosè sul Monte Sinai, lo Shem dà l'ordine di fare uscire il popolo di Israele dall'Egitto. Si tratta di un'operazione dalle proporzioni senza precedenti, quale nessun dio aveva ordinato prima. Il popolo viene guidato attraverso il deserto, alla conquista della Terra Promessa.

---

[125] Nella teologia egizia Horus (Tiferet) è il figlio di Osiride (Hokhmah) e di Iside (Binah).
[126] Da Deuteronomio 4,35.

Durante il soggiorno nel deserto, vengono impartiti ben 613 comandi, le "mitzvot"; ciascuna di esse, ci viene detto, corrisponde a una parte del corpo umano.

Lo Shem viene infine dichiarato "Dio geloso" (Esodo 20,5): un Dio, parrebbe, in fondo, difficile, il cui culto è impegnativo.

L'atto conoscitivo, rappresentato dallo Shem, richiede dunque cautele e precauzioni? La ricerca e il conseguimento dell'amore presenta forse qualche problema, il quale richieda un'attenzione particolare?

In effetti, le cose stanno proprio così: Alice Miller spiega nei suoi libri come di tensione al conseguimento della conoscenza, di quello cioè che potremmo chiamare lo "sforzo conoscitivo", l'uomo si possa ammalare.

Ella dimostra, precisamente, che la malattia psichica, e, possiamo aggiungere, fisica[127], è sempre causata da quell'attività consistente nello "sforzo conoscitivo", dallo sforzo cioè che la psiche e il corpo della persona compiono per adattarsi, per "conoscere" persone o situazioni le quali non meriterebbero che il sé compisse tale lavoro, ma solo eventualmente quello necessario per allontanarsi da esse ("Lech lechà", porta via te stesso).

Seguiamo ora il discorso compiuto da Alice Miller, usando anche la rappresentazione cabbalistica della psiche che abbiamo illustrato nelle sezioni precedenti.

Keter, il bambino nell'utero[128]. Quando il bimbo esce dal corpo della madre, ha luogo il trauma più grande di tutta la sua vita. Prima, l'intero mondo era alla sua portata[129], e ora invece è indisponibile e lontano. Disperazione pervade il bambino; quindi rabbia, che viene scaricata nel pianto.

Tramite l'attività conoscitiva, l'uomo tenta, durante la sua vita, di ristabilire quella connessione con gli oggetti la quale era così immediata nell'utero della madre.

Rabbia e disperazione pervadono anche la persona che sia vittima di un atto di male.

Bene e male, concetti primitivi della vita umana. Il "male" è ciò che l'individuo percepisce come tale, o esiste invece una sua definizione la quale trascenda la singola persona?

Certo, "male" è ciò che ferisce il corpo dell'individuo.

---

[127] Secondo la Tradizione, un gran numero di morti è causato dal "malocchio", cioè ha cause psichiche.

[128] A Keter come "bambino nell'utero", ci siamo riferiti nella Figura 1 di *Lutto, melanconia, giustizia* (pag. 65).

[129] Secondo la Tradizione, quando è nell'utero materno il bimbo conosce tutta la Torà (cioè, il Pentateuco).

Alice Miller, occupandosi delle dinamiche che conducono all'atto di male, individua disperazione e rabbia come i due elementi alla base del meccanismo della "coazione a ripetere".

La persona che subisce un torto sviluppa una disperazione la quale, inizialmente, è rimossa (l'investimento psichico, usando il linguaggio della Cabbala, si trova in Tiferet).

Ora, il meccanismo della "coazione a ripetere" consiste nel fatto che, se questa disperazione rimane rimossa, la rabbia (Hesed) ad essa associata si rivolge verso oggetti del mondo esterno diversi da quello che la ha prodotta, e contro il quale essa dovrebbe essere legittimamente espressa. Questo avviene perché se la rabbia trovasse il suo vero oggetto, la disperazione ad essa associata non potrebbe che divenire conscia.

La rabbia si dirige, al contrario, proprio verso gli oggetti che, con i loro messaggi, minacciano di scardinare la rimozione della disperazione che l'individuo ha effettuato.

Facciamo un esempio.

Supponiamo che un bimbo sia stato costantemente maltrattato, quando era piccolo, da suo padre. Per fissare le idee, supponiamo che il bimbo, allorquando si rivolgeva al padre per riceverne consiglio e aiuto, ricevesse da questo per tutta risposta delle urla.[130]

Il bimbo sviluppa allora nei confronti del padre disperazione e rabbia, le quali devono tuttavia rimanere rimosse. La rabbia, infatti, non può essere scaricata contro il padre, troppo potente e importante per il bambino. Non potendo la rabbia divenire conscia, anche la disperazione che si trova alla sua base deve rimanere rimossa.

Disperazione e rabbia rimosse, dunque, in Tiferet.

Ora, abbiamo visto nelle sezioni precedenti come l'investimento di Tiferet nella psiche sia connesso con la tensione al conseguimento della conoscenza, cioè con ciò che più brevemente chiamiamo lo "sforzo conoscitivo". L'investimento rimane, rimosso, in Tiferet in attesa di vedere se è possibile trasferirlo (canale 4 in Figura 12, pag. 207) a Yesod, ponendo le emozioni associate all'investimento di Tiferet a fondamento (Yesod è "fondamento") della conoscenza che la persona ha del mondo.

Il bimbo, che non può scaricare (canale 5 di Figura 12) la propria rabbia (Hesed) contro il padre, perché è solo e impotente, e non ha

---

[130] Alice Miller riporta nei suoi libri moltissimi esempi di violenza, fisica o psicologica, purtroppo così frequenti, che i bambini devono subire da parte dei genitori.

vicino a lui una terza persona, "Testimone Consapevole" nel linguaggio di Alice Miller, con cui confidarsi e appunto sfogare la propria rabbia, è costretto a effettuare uno sforzo conoscitivo per "conoscere come bene" il comportamento del padre diretto contro la propria persona.

Alice Miller ci spiega come l'effettuazione di questo sforzo abbia come conseguenza un profondo disagio del corpo, al quale è come richiesto di adeguarsi a una situazione che sarebbe invece opportuno rifiutare.

La violenza portata contro l'altro, anche se psicologica, offende dunque il corpo della vittima, e questa offesa è causata proprio dallo sforzo che la persona istintivamente fa per adeguarsi, per "conoscere come bene" e porre come a fondamento della persona un atto che non meriterebbe lo sforzo.

Finché la situazione non si risolve, nel cuore del corpo rimane come insediato un demone, e questo demone è pronto a creare danni per tutta la vita della persona.

Disperazione e rabbia, infatti, ancorché rimosse, sono all'opera dentro il corpo dell'individuo il quale conserva, non note al proprio sistema cognitivo, le memorie dei torti subiti.[131]

Durante la vita, quello che era stato una volta il bambino maltrattato potrà ricevere messaggi che tendono a risvegliare in lui la disperazione rimossa.

La persona cresciuta con un padre così difficile avrà ad esempio più difficoltà ad aprirsi agli altri, per il timore di riceverne risposte scortesi.[132]

---

[131] Alice Miller illustra il tema del corpo custode della memoria del passato, anche se tale passato non è noto alla coscienza della persona.

[132] Nel meccanismo della "coazione ripetere", la persona tende a ripetere nel presente, come parte attiva, i comportamenti di male subiti passivamente nel passato.

Si tratta di una reazione coattiva di difesa. Si aggredisce per prevenire l'aggressione altrui; si opera l'atto di male, onde evitare la beffa (vedere la propria disponibilità ferita), in aggiunta al danno (la mancanza di una comunicazione vera), che si dà per scontato.

La "coazione a ripetere" potrebbe sembrare anche semplicemente un modo per scaricare la rabbia accumulata nel proprio corpo nel passato. Se, ad esempio, il bimbo di ieri veniva maltrattato dal padre, l'adulto di oggi ripeterà coattivamente tale comportamento malvagio coi propri figli, per scaricare la rabbia accumulata nei confronti del padre.

Tuttavia, anche questo caso è riconducibile, a ben vedere, al principio generale secondo il quale la "coazione a ripetere" consiste nell'espressione di una rabbia contro una persona che, col messaggio che invia, tende a scardinare la rimozione di rabbia e disperazione che non hanno potute a loro tempo venire espresse nei confronti di una persona del passato.

Il timore si presta tuttavia a venire interpretato dall'interlocutore come una mancanza di volontà di interessarsi della sua persona, cosicché la persona timida può infastidire l'interlocutore, e ricevere, a volte risposte aggressive, a volte anche espressioni involontarie di fastidio, dall'ambiente in cui si trova.[133]

Queste risposte aggressive tenderanno a generare rabbia nella persona che era una volta il bimbo così duramente trattato dal padre, e tale rabbia si potrà scaricare sull'ambiente circostante, senza che sia possibile rendere conscia, e quindi finalmente risolvere, la causa prima del problema, consistente nei maltrattamenti inflitti al bambino da suo padre nell'infanzia.

Alice Miller spiega come la via per risolvere il conflitto sia quella di una terapia la quale, permettendo all'uomo di oggi di condividere con il terapeuta la disperazione e la rabbia del bambino di ieri, consenta finalmente il divenire conscio di questi sentimenti, e l'emersione e la fuoriuscita del demone dal corpo.[134]

Emersione, dunque, del rimosso, costituito da disperazione e rabbia, per interrompere il ripetersi coattivo del male.

L'emersione di disperazione e rabbia avviene tramite il passaggio dell'investimento psichico da Tiferet (ove le due emozioni erano tenute rimosse) a Hesed (la Sefirah dell'emozione), ed è resa possibile, ci dice Alice Miller, dalla presenza di un "Testimone Consapevole", una terza persona, con l'aiuto della quale, finalmente, l'adulto di oggi può prendere le difese del bambino maltrattato di ieri, condannando le persone che hanno causato le offese.

Lo svuotamento di Tiferet pone infine termine allo "sforzo conoscitivo", alla tensione volta a "conoscere come bene" ciò che invece avrebbe dovuto essere condannato, e libera la persona.

La "coazione a ripetere" funziona come meccanismo di difesa dalla rabbia e dalla disperazione del passato, in quanto tali rabbia e disperazione vengono legate all'oggetto del presente. Questo legamento con un oggetto presente e in fondo relativamente controllabile e manipolabile dall'adulto di oggi, permette alla persona di distogliere lo sguardo dalle emozioni terrificanti provate dal bambino di ieri.

[133] Ci troviamo qui di fronte al meccanismo per cui la figura rimossa del padre cattivo ritorna all'uomo che era una volta il bimbo maltrattato nelle persone dell'ambiente in cui egli oggi vive.

[134] Perché ciò sia possibile, è necessario che il terapeuta non si faccia spaventare del demone presente nel paziente (allo stesso modo di come si spaventano, abbiamo visto, le persone dell'ambiente in cui l'uomo afflitto dai disturbi psicologici vive), ma che sappia stargli vicino, e, appunto, vivendo con lui disperazione e rabbia, esprimere insieme al paziente la condanna dei torti da questi subiti.

Hesed, dunque, espressione di disperazione e rabbia, rivolte finalmente contro il loro vero oggetto, nel corso di un lavoro terapeutico, per liberare l'individuo.

Hesed, espressione delle emozioni, ma questa Sefirah non è presente nel Nome dello Shem.

Se l'emozione è così importante per la salute psichica e fisica dell'individuo, come si spiega questa assenza?

Freud, il padre della psicoanalisi[135], racconta una esperienza formativa vissuta da bambino.

Stava passeggiando con suo padre, quando un antisemita si avvicinò facendogli volare via il cappello. Il padre di Freud non ebbe alcuna reazione: si limitò a chinarsi a raccogliere il cappello e a proseguire tranquillamente per la sua strada come se nulla fosse successo.

Dov'era dunque finita la rabbia? Dove la disperazione?

Durante il cammino verso la Terra Promessa, Dio rivela a Mosè, salito sul Monte Sinai, la Legge da comandare al popolo.

Si tratta di un insieme di comandamenti, chiamati in ebraico "mitzvot". La Tradizione ne conta 613, e, fatto curioso, associa ciascuno di essi con una parte del corpo.

---

[135] Alice Miller illustra tuttavia nei suoi libri gli errori compiuti da Freud, i quali purtroppo ancor oggi pervadono la pratica analitica. La "neutralità" prescritta da Freud all'analista nei confronti delle comunicazioni del paziente, così come la tendenza a considerare le sue comunicazioni come "fantasie", impediscono all'analista di stargli veramente vicino, e finiscono col fare spesso della pratica analitica una "terapia" più dannosa che utile.

Alice Miller, in quelli che sono tra i contributi più importanti dal tempo della pubblicazione dei classici di Freud e di Jung, spiega infatti in cosa consista il lavoro psicologico, rilevando l'importanza che in esso riveste l'analisi dei sentimenti, e unifica il quadro della malattia mentale intorno al concetto della "coazione a ripetere", al cui chiarimento dà un importante contributo.

Nello scrivere questo libro, sono in effetti preoccupato di procurare una pubblicità alla psicoanalisi, per come essa è praticata attualmente dalle associazioni psicoanalitiche ufficiali. Condivido in realtà la critica radicale che Alice Miller muove alla psicoanalisi nei suoi libri, e sono del parere che ogni terapia la quale non segua fino in fondo le indicazioni di Alice Miller sia suscettibile di procurare al paziente più danni che benefici.

Sono d'altronde convinto che la verità non potrà che emergere, e che col termine "psicoanalisi" si giungerà infine a indicare solo una terapia autentica la quale, usando le parole di Alice Miller, possa "indurre il bambino ammutolito che è in noi a parlare e a sentire", in tal modo portando alla sua liberazione.

Ora, noi vogliamo considerare l'idea che l'osservanza di una mitzvah abbia come effetto quello di proteggere la parte del corpo cui essa è associata dal soffrire a causa del processo conoscitivo.

L'osservanza della mitzvah, del comandamento, impedirebbe, in altre parole, al demone della "coazione a ripetere" di insediarsi in quella parte del corpo a essa associata, o quanto meno di insediarvisi in maniera tanto profonda da poter creare dei danni.[136]

Non riteniamo di avere, a dire il vero, una dimostrazione per questa idea. Pensiamo d'altronde come la sua analisi debba essere necessariamente complessa, tanto che non potrebbe esaurirsi nello spazio dei pochi paragrafi che ci separano dalla fine del libro. Proponiamo quindi al lettore di considerarla solo per un breve tratto, per vedere in quali direzioni essa ci conduce.

Certo, l'esecuzione di un comando sembra situarsi all'opposto della tensione al conseguimento della conoscenza. Il comando si esegue che piaccia o no, e non è richiesto alla persona di effettuare alcuno sforzo per farselo piacere[137].

La Legge di Dio si pone come un "al di fuori" del sé, il quale fornisce una definizione trascendente all'individuo di bene e di male. Se l'attività consistente nello sforzo conoscitivo risulta pericolosa in quanto in essa la persona può sforzarsi di conoscere come bene ciò che invece è male per il proprio corpo, allora si vede come il disporre di una definizione trascendente di ciò che è male tenda a liberare il sé da questo pericolo.

---

[136] Si potrebbe naturalmente pensare che, piuttosto di ordinare il sistema dei comandamenti, sarebbe stato più semplice aggiungere Hesed al Nome di Dio, in tal modo indicando alla persona anche la via dello scarico delle emozioni, come alternativa all'effettuazione di quello che abbiamo chiamato "sforzo conoscitivo".
Tale ipotesi non sarebbe coerente tuttavia col concetto che la teologia ha di un Dio: infatti il dio rappresenta un'unica "forma dell'operare della mente", e deve, come tale, essere semplice.
Il geroglifico egizio simbolo del concetto di dio è costituito da una semplice asta con in cima una banderuola. Si tratta appunto di un "palo indicatore", il quale indica all'uomo un'univoca forma dell'operare della mente.
Poiché l'emersione dell'emozione si configura come alternativa all'effettuazione dello sforzo conoscitivo, si vede come un dio non potrebbe indicare le due diverse vie.
Occorrerebbe infatti, se così possiamo esprimerci, in tal caso, un geroglifico con un palo supportante due frecce, indicanti direzioni diverse, e una tale idea di dio è estranea alla teologia.
[137] Secondo la Tradizione, è anzi più meritevole chi esegue una mitzvah (un comando) senza che ciò gli piaccia, piuttosto che chi la esegua perché ne ha voglia.

La Tradizione associa d'altronde senz'altro la Legge di Dio con il corpo della persona.

In ogni caso, se prendiamo in considerazione l'ipotesi che l'osservanza delle mitzvot abbia per effetto quello di proteggere il corpo[138] dalle conseguenze potenzialmente dannose dell'attività conoscitiva, vediamo come questa ipotesi si presti a spiegare in modo semplice l'apparato dei comandamenti.

La necessità del sistema dei comandamenti, delle mitzvot, che la tradizione ebraica considera tanto fondamentale e intimamente legato con lo Shem, viene a risultare con tutta chiarezza: si tratta, appunto, semplicemente, di proteggere il corpo della persona dai pericoli connessi con lo sforzo conoscitivo che lo Shem, il Dio dell'amore e dell'incontro con l'altro, indica all'uomo.

Lo Shem è chiamato un "Dio geloso". L'inosservanza delle mitzvot risulterebbe infatti, secondo l'ipotesi che abbiamo formulata, in una mancanza di protezione del corpo della persona, la quale è ora esposta ai rischi connessi con la tensione al conseguimento della conoscenza, che abbiamo spiegato più sopra nell'illustrare l'opera di Alice Miller.

Il padre di Freud evidentemente osservava le mitzvot. Quando l'antisemita gli ha fatto volare via il cappello, ha trovato il corpo della sua vittima sgombro da rabbie risalenti al passato.

Certo, che qualcuno si comporti irrispettosamente verso di te non è mai piacevole, ma la rabbia per lo sgarbo subìto non si è confusa nel corpo del padre di Freud con rabbie antiche, quale potrebbe essere, ad esempio, una di origine infantile, legata a maltrattamenti subiti, poniamo, dal proprio padre.

Così la rabbia per l'atto irrispettoso ha potuto essere circoscritta, ed è passata via. In fondo si trattava di una sciocchezza: bastava semplicemente chinarsi e raccogliere il cappello.

Freud, uomo moderno e proiettato verso l'emancipazione, non ha pensato evidentemente di trarre da quell'esperienza la conclusione che occorreva rafforzare l'osservanza delle mitzvot.

Per liberare il corpo dalle rabbie del passato, ha piuttosto scoperto la psicoanalisi.

Ora noi, sulla base dello sviluppo teorico proposto in questo libro, possiamo ritornare con più attenzione sugli insegnamenti della

---

[138] Elia Benamozegh, in *Storia degli Esseni* (pag. 150), riporta che Filone dice che gli Esseni "la Legge considerano pur essi qual Ente animato i cui precetti sono il corpo; mentre spirito e mente sono le allegorie". Per "allegorie" si può intendere la teologia, quale ad esempio quella esposta in questo libro.

Tradizione, e considerare come l'osservanza delle mitzvot, dei comandamenti di Dio, permetta alla persona di fare a meno di occuparsi di Cabbala, e le consenta di vivere serena, anche senza sottoporsi a psicoanalisi.

Note a Essere, avere, scintille

nota 1

Leonardo studiò l'anatomia umana dissezionando cadaveri, ma in tal modo conobbe l'altro solo dopo la sua morte, allo stesso modo in cui il protista narcisista A di Figura 1 (pag. 126) penetra nel suo prossimo solo dopo che, avendolo completamente inglobato, lo ha ucciso.

nota 2

Leonardo dipinge i dettagli delle figure di primo piano con insuperata maestria. I paesaggi, invece, sono confusi e sfuocati. Leonardo non riesce, ci sembra egli stesso dire, a penetrare all'interno dei suoi quadri, raggiungendo le parti più lontane da sé, come solo una penetrazione perpendicolare alla superficie della tela (quale quella del pene nel corpo femminile) consentirebbe.

Così l'artista gridò sulle tele i suoi problemi, senza trovare però la chiave per la loro soluzione.

nota 3

Questo capovolgimento del "rapporto" che la Gioconda mette in atto con L getta secondo noi luce sul passo (Genesi 3,24) col quale si conclude il racconto della cacciata dell'uomo dal giardino di Eden:

E lo cacciò il Signore Dio dal giardino di Eden e collocò a oriente del giardino i cherubini e la fiamma della spada capovolgente (mithapechet) *per guardare la via dell'albero della vita.*

Dunque il cherubino uccide, castra, mediante il capovolgimento del rapporto, cioè l'inglobamento dell'altro.

nota 4

Il Testo Biblico proibisce di far affiorare sulle proprie labbra i nomi degli dei del politeismo (Esodo 23,13).

Interpretiamo questa proibizione non in senso letterale, bensì solo come la proibizione di prestare a tali dei un culto.

Se il Signore è nell'altro, l'unico Dio in ogni oggetto, deve infatti esistere una scintilla divina anche negli dei che così importanti sono stati nelle culture dei popoli, e questa scintilla di verità desideriamo ricercare.

Rav Elia Benamozegh associa nei suoi scritti diverse Sefirot con dei egizi o dell'antica Grecia.[139]

Iniziamo da Apollo. Il dio è un arciere[140]. Per scoccare una freccia che centri il bersaglio, occorre, più che centrare l'attenzione sul bersaglio da colpire, occuparsi del proprio sé. Occorre equilibrio nella postura della propria persona, e occorre prestare attenzione in ogni direzione. Se per esempio un filo di vento colpisce la nuca, è probabile che questa informazione sia importante (il vento tenderà a deviare la freccia) per prendere la mira. Equilibrio e attenzione, diremmo simmetrica, in ogni direzione. La forma sferica che abbiamo associato a Hokhmah rappresenta appunto equilibrio e simmetria.

Apollo è il dio della musica. Nuovamente equilibrio, in fondo inazione (quando si suona, in un certo senso non si agisce, non si produce): la forma sferica vibra a percuotere l'aria, ma si tratta appunto di un vibrare, non di un deformarsi per agire e colpire.

Apollo è il dio delle lontananze. Lontananza, dunque odio, narcisismo, Hokhmah[141].

Se Apollo è il dio della musica, ad Atena fu offerto uno strumento musicale, ma ella lo mise da parte. Nell'emergenza, nella lotta ancorché compiuta con gli strumenti del narcisismo (ritrarsi per inglobare) che abbiamo associato con Binah, non vi è posto per la musica.

Atena è rappresentata con uno scudo. Abbiamo osservato come la forma a mezzaluna che abbiamo associato con Binah sia anche una

---

[139] Elia Benamozegh segnala queste associazioni, ma spesso senza approfondirle o persino giustificarle. Questa nota segue d'altronde le idee del cabbalista dell'ottocento per quanto concerne le relazioni tra gli dei del politeismo e i temi della Cabbala (vedi in particolare *Israele e l'Umanità*).

[140] Il nostro testo di riferimento per la religione omerica è il libro di Walter Otto, *Gli dèi della Grecia*.

[141] Vedi sezione 4, Misticismo.

posizione difensiva (è più difficile inglobare una mezzaluna che una palla).

Atena è prudente. Si tratta del ritrarsi (di nuovo l'odio, il narcisismo) di fronte al nemico, per colpire (Atena tiene in mano una lancia) in un punto diverso da quello nel quale il nemico si protende verso il proprio sé.

Se identifichiamo Zeus con Keter, vediamo allora come la triade principale del politeismo greco, Zeus, Apollo, Atena, corrisponda alla triade cabbalistica, che abbiamo associato al narcisismo, di Keter, Hokhmah, Binah.

Cos'è un dio del politeismo? Non andremo probabilmente lontano dal vero dicendo che esso rappresenta una "forma dell'operare della mente".

Questi modi, queste forme dell'operare della mente ci appare naturale ritrovarle, nelle loro manifestazioni più importanti, sull'albero delle Sefirot della Cabbala, del quale siamo andati considerando un'interpretazione come rappresentazione della psiche.

Osiride ha cento occhi[142]. Vede quindi presumibilmente in ogni direzione. Di nuovo la forma sferica di Hokhmah.

Osiride muore, e, morendo, crea il mondo. Il protista abbandona la forma sferica, in favore di una forma ellittica protesa verso l'altro. L'altro da sé viene infine riconosciuto, il mondo viene per il sé creato. Per far ciò occorre però abbandonare il narcisismo, appunto la forma sferica di Hokhmah: è come se tale narcisismo originario, la forma sferica, Hokhmah, morisse, per dar vita al mondo.

Iside (Binah) si prende subito cura del marito Osiride morto, e si affanna a ricercare i pezzi del suo cadavere. Si tratta di recuperare Osiride, raccogliendolo dal mondo nel creare il quale è morto. Gli antichi egizi avevano dunque chiaro il processo della repressione, consistente in una restituzione al narcisismo (7) del materiale affluito (5), (8) verso Hesed, sfuggendo al lavoro (3) dell'"Elaborazione inconscia", volto all'ottenimento (4) della conoscenza interiore dell'altro. Raccolti i pezzi di Osiride, Iside lo rianima magicamente. La restituzione dell'investimento psichico a Hokhmah è completata.

Gli antichi egizi avevano anche un dio del sociale, Ra, il quale ci viene naturale mettere in relazione con la Sefirah di Malkhut.

Per lo Zohar, Dio, Elohim, letteralmente "gli dei", è un nome composto da Eleh più Mi (quest'ultimo a lettere invertite). Elohim

---

[142] Il nostro testo di riferimento per la religione dell'antico Egitto è il libro di Erik Hornung, *Gli dei dell'antico Egitto*.

contiene così in sé le otto Sefirot di Eleh (letteralmente "quello", le dieci Sefirot con l'esclusione di Keter e Malkhut), più la Sefirah indicata con Mi (letteralmente "chi", Keter)[143]. Nove Sefirot, dunque, nell'antico nome di Dio, Elohim, come nove erano gli dei dell'enneade di Tebe.

Tre sono tutti gli dei: Amon, Ra, Ptah, che non hanno uguali. Nascosto è il suo nome come Amon, è percepito come Ra, il suo corpo è Ptah. Le loro città sulla terra, rimangono per sempre: Tebe, Eliopoli, Menfi, fino alla fine del tempo. Amon, Ra, Ptah.[144]

La trinità cui si riferisce il frammento egizio ci fa pensare ai tre livelli su cui abbiamo organizzato la descrizione dell'apparato psichico: narcisismo, sado-masochismo, genitalità (incontro con l'altro).[145]

Elia Benamozegh dimostra nella sua opera come il sapere della Cabbala fosse presente in Israele al tempo dei Farisei e degli Esseni. Sapienza antica, patrimonio comune dei popoli dell'umanità dai tempi ancora precedenti la rivelazione del Sinai e la chiamata di Abramo, la Cabbala era custodita in Israele dai Farisei e dagli Esseni, i quali studiavano e sviluppavano intorno ad essa la teologia dell'ebraismo.[146]

Disciplina eminentemente esoterica, i cui contenuti venivano tenuti riservati e tramandati oralmente, la Cabbala trapela tuttavia negli scritti dei tempi antichi, si tratti dei testi gnostici e cristiani, o del neoplatonismo.

Vicini sia alla cultura dell'antico Egitto che a quella di Israele, gli antichi greci e romani erano colpiti dall'affinità tra alcuni aspetti del sapere cabbalistico e i temi del politeismo egizio. Politeisti essi stessi, poco propensi a prendere nella giusta considerazione l'intransigente monoteismo che la religione di Israele pone davanti a tutto, sembra che

---

[143] Zohar I,2a.

[144] Vedi Erik Hornung, *Gli dei dell'antico Egitto*, pag. 196.

[145] Tre sono tutti gli dei, ed è necessario che essi collaborino per il benessere della persona. Usando il linguaggio di Alice Miller (vedi in particolare *Il risveglio di Eva* e *La rivolta del corpo*), il "sistema cognitivo" (Amon, la triade Keter, Hokhmah, Binah) deve prendere in considerazione le esigenze del "corpo" (Ptah, le triadi Hesed, Ghevurah, Tiferet e Netzah, Hod, Yesod). Ciò è possibile se la persona è accompagnata da un "Testimone Consapevole" (Ra, Malkhut), una persona che sia "in grado di sostenere colui che ha subìto un danno, di esprimergli empatia e di aiutarlo a capire meglio".

[146] Si veda a questo proposito la lucida analisi di Elia Benamozegh, *L'origine dei dogmi cristiani.*

tendessero addirittura ad identificare la religione ebraica con quella egizia[147].

Le "forme dell'operare della mente", gli dei del politeismo, erano tuttavia state raccolte in Israele, fin dal tempo della chiamata di Abramo, nell'albero delle Sefirot, non più dei (cioè oggetti di culto), ma ex-dei, ipostasi, semplici forme, ormai, del manifestarsi dell'unico Dio.

Sull'albero delle Sefirot, la rivelazione del Sinai aveva scritto il Nome, Yod, Hei, Vav, Hei, del Dio della Misericordia.

Il gambo della lettera Yod, י (Hokhmah), feconda la prima Hei, ה (Binah), generando il figlio, Vav, ו (Tiferet), e immettendo quindi alla genitalità del rapporto con l'altro, la seconda Hei, ה (Malkhut).[148]

L'equilibrio al livello del narcisismo, simboleggiato dal rapporto tra Hokhmah e Binah, e reso possibile dalla Legge di Dio rivelata sul Sinai[149], permette alla sessualità (Tiferet, il rimosso) di esprimersi in sintonia con le esigenze dell'Io, e immette infine al rapporto di bene con il proprio prossimo (Malkhut).

Lo stesso Nome di quattro lettere, tuttavia, doveva, alla pari delle Sefirot, essere conosciuto al di fuori di Israele, forse anch'esso addirittura prima della chiamata di Abramo.[150]

---

[147] Rav Elia Benamozegh riporta il fatto che il Senato romano accomunasse in una sola condanna le superstizioni egiziane ed ebraiche, allorché volle proscrivere le influenze orientali, come prova che la "stretta parentela tra le due religioni" colpiva anche gli stranieri.

"I cabbalisti", scrive d'altronde Benamozegh, "hanno visto nel soggiorno prolungato degli ebrei in Egitto un mezzo impiegato dalla Provvidenza divina per restituire alla religione d'Israele, e incorporarvi per selezione, tutto ciò che vi era di buono e di vero nella religione egiziana. Hanno segnalato la somiglianza tra le parole mitzraim, Egitto, e metzarim, frontiere, limiti, per indicare che l'Egitto era, non solo geograficamente, ma anche dal punto di vista religioso, il paese più vicino alla Palestina" (*Israele e l'Umanità*, pag. 43).

[148] Zohar I,13b-14a.

[149] Sul ruolo della Legge di Dio come moderatrice del narcisismo ci siamo soffermati in particolare nelle sezioni 6, Eboidofrenia e 7, Mosè.

[150] Rav Elia Benamozegh compie un'analisi su questo punto in *Israele e l'Umanità*, segnalando anche l'opinione della scuola critica che sostiene che il Tetragramma non sia di origine ebraica e che sia stato applicato piuttosto tardi al Dio nazionale degli ebrei, 'El Shaddai'.

Se compito particolare del popolo ebraico è quello di servire l'umanità nello studio e nello sviluppo della conoscenza religiosa, allora esso non deve, secondo noi, aversela a male se il Nome di Dio apparteneva, prima che a lui, agli altri popoli della terra. Il buon servitore non è infatti colui che si prende cura delle proprie cose, ma di quelle altrui.

Se i temi della Cabbala sono dunque un patrimonio comune a tutti i popoli, se essi sono alla base della teologia dell'ebraismo così come di quelle delle altre religioni, sarà certamente su tale comune patrimonio mistico che il dialogo inter-religioso potrà fare affidamento[151], e il progresso delle religioni basarsi, nel cammino verso la comprensione reciproca tra le genti e, forse, un futuro religioso comune. In tal giorno il Signore sarà uno, e uno il Suo Nome.

nota 5

"Nel principio creò Dio i cieli e la terra" (Genesi 1,1). "Principio" per la Cabbala è Hokhmah. Keter è "Nel principio" ("In Hokhmah").

Compromesso il rapporto del sé col "padre" (Hokhmah), le funzioni che tale rapporto aveva nel garantire l'equilibrio della psiche possono essere in parte sostituite con un forte investimento in Keter del rapporto del sé con Dio (Keter è appunto "Dio nel sé").

Ci si rivolge più facilmente a Dio quando le circostanze sono difficili, quando, potremmo dire, il padre in parte fallisce, e la paterna mano non basta più a proteggere il sé. David chiama Dio il "padre degli orfani"[152]. Letteralmente, il padre di chi non ha più il padre.

Mosè, riguardo al quale abbiamo supposto un rapporto conflittuale col "padre" (che egli uccide simbolicamente nella guardia egizia), ebbe un rapporto fortissimo e diretto con Dio.

Naturalmente si può avere un buon rapporto con Dio anche tramite il padre. Questa è anzi la situazione comune, e il buon padre indicherà anzi al figlio la via del riferimento alla trascendenza divina.

Quando tuttavia Dio viene visto nel padre (Hokhmah) e attraverso questi, il rapporto con Lui è meno immediato. Dio parlerà in tal caso all'uomo tramite la "voce della coscienza", usando il condizionale: "Dovresti fare così e così".

Rivolgendosi a Mosè, il quale Lo percepiva direttamente in Keter (la frattura di Hokhmah, avvenuta al momento dell'uccisione della guardia egizia, aveva infatti scoperto il nucleo di Hokhmah, Keter), Dio usava invece l'imperativo: "Dì ai figli di Israele". Inoltre Mosè, come ci dice

---

In *Israele e l'Umanità*, Elia Benamozegh dimostra anche quanto diffuse le idee del monoteismo fossero tra i popoli del mondo antico.

[151] Quest'idea si trova negli scritti di Elia Benamozegh. Vedi anche il libro di Alessandro Guetta, *Filosofia e Qabbalah*.

[152] Salmi 68,5.

il Testo Biblico, parlava, direttamente appunto, senza l'intermediazione di Hokhmah, con Dio.

Il buon padre stesso indicherà, dicevamo, al figlio la via del riconoscimento della trascendenza di Dio. Così facendo, il padre accetterà in fondo di porsi un po' in disparte, e lascerà che il figlio intraveda, sia pure attraverso la propria figura, un nucleo (Keter) che si pone come trascendente alla propria persona.

Il buon padre sarà d'altronde contento se il figlio riuscirà più di lui nella vita, e forse addirittura si aspetterà che ciò avvenga. In questo superamento del padre da parte del figlio, possiamo scorgere l'opera di Keter, alla quale abbiamo attribuito il compito di ottenere le intuizioni nel lavoro di "Elaborazione inconscia": tramite il riferimento a Dio (Keter), il figlio conoscerà il mondo meglio del padre, e avrà dunque un maggior successo nella vita.

Nel superamento del padre da parte del figlio, la nostra sensibilità psicoanalitica ci fa intravedere comunque anche una sorta di "uccisione del padre". Nel "passaggio di competenze" da Hokhmah a Keter, vediamo un'assunzione di responsabilità da parte del figlio, che, con l'aiuto di Dio, si affranca infine in parte, durante la propria maturazione, dall'identificazione supina col modello paterno.

Si tratta dunque di processi fisiologici, che il buon padre stesso incoraggia, e che sono alla base dello sviluppo dell'individuo e del progresso della società.

A volte può capitare tuttavia che le cose non avvengano in maniera graduale e tranquilla. Il rapporto del figlio col padre può essere incrinato da problemi di comunicazione o costellazioni familiari difficili.

In tal caso al posto di un trasferimento graduale e parziale di competenze da Hokhmah a Keter durante la maturazione del ragazzo, può avvenire una frattura (un cabbalista direbbe una "rottura del vaso contenente Hokhmah"[153]). Il trauma si sostituisce in tal caso alla naturale, graduale, evoluzione della persona, in un processo psicotico nel quale Hokhmah (il cui contenitore si è appunto "rotto") viene completamente svuotata. Il figlio ha in tal caso, potremmo dire, perso il padre, il quale anzi tende adesso a essere per certi aspetti criticato e persino odiato, piuttosto che amato.

---

[153] Abbiamo accennato al tema cabbalistico della rottura dei vasi nella sezione 4, Misticismo. La rottura dei vasi si configura dunque, nell'ambito dell'interpretazione che stiamo proponendo, come alla base dello sviluppo di un processo psicotico.

"Non disprezzerai l'egiziano" (Deuteronomio 23,8), ordina Mosè al popolo di Israele. Il lavoro di recupero del rapporto col "padre" inizia dopo la rottura.

Certo il lettore può essere portato a giudicare criticamente questa rottura nel rapporto col padre. Se Hokhmah è equilibrio, come non percepire come "male" il venir meno del riferimento paterno, sul quale si può agevolmente basare l'equilibrio del sé?

Tuttavia l'equilibrio costruito intorno a Hokhmah può essere anche un equilibrio di falsità, e perché il rapporto col padre sia fonte di benedizione è necessario che il figlio possa intravedere, dentro e attraverso il padre (Hokhmah), la luce di Dio (Keter).

nota 6

In questo collasso del funzionamento della triade Hokhmah, Tiferet, Malkhut, il quale sarebbe il punto di partenza della sindrome narcisistica della quale ci stiamo occupando e che abbiamo proposto di chiamare "psicosi del bene", abbiamo dunque attribuito una prima responsabilità a una debolezza di Tiferet, causata da rapporti conflittuali che le persone di riferimento maschile e femminile del bambino hanno tra di loro, e, ciascuna singolarmente, con il bambino.

Una comunicazione difficile tra il padre e il bambino sarebbe alla base inoltre di una debolezza di Hokhmah, il "padre" nella psiche del bambino, e il funzionamento incerto di tale Sefirah rende più fragile il processo (20) di restituzione del narcisismo all'emozione, che abbiamo indicato come fondamentale per l'equilibrio della psiche, e che è tanto più necessario in una situazione di debolezza di Tiferet, la quale causa l'afflusso (7) copioso di materiale al narcisismo.

Abbiamo individuato l'instaurarsi della psicosi nella recisione del canale (20) da Hokhmah in direzione di Ghevurah, corrispondente alla rottura di Hokhmah e all'emersione di un odio generalizzato verso il padre e verso l'ambiente esterno percepito, al pari del padre, come ostile.

Rimane da considerare il ruolo di Malkhut, una cui debolezza dovrebbe presumibilmente contribuire anch'essa al collasso del funzionamento della triade Hokhmah, Tiferet, Malkhut.

In Mosè, il caso più chiaro secondo noi di questa che abbiamo anche chiamata "sindrome messianica", crediamo di poter rintracciare le cause di una debolezza di Malkhut nella coscienza che il Profeta aveva delle proprie origini, diverse da quelle delle persone dell'ambiente di corte.

Tale dato di fatto avrebbe, nelle condizioni difficili in cui Mosè si trovava, gradualmente minato la possibilità di sentirsi membro del gruppo costituito dagli uomini della corte egizia, e dall'investimento di Malkhut dipende, secondo noi, anche il modo di percepire il senso di appartenenza al gruppo.

Stentiamo invece a rintracciare tracce di una debolezza di Malkhut in Leonardo, che le cronache del tempo ci mostrano a suo agio negli ambienti delle corti rinascimentali.

La particolare configurazione che questa che abbiamo chiamato "psicosi del bene" assume, dipenderebbe così, secondo noi, dal diverso contributo che le debolezze di Tiferet, Hokhmah e Malkhut apportano all'instaurarsi della psicosi.

Freud doveva criticare dentro di sé il proprio padre, percepito come debole e il quale aveva fallito negli affari. Tuttavia, forse, un rapporto non completamente deteriorato con l'immagine paterna gli ha permesso di evitare una vera e propria psicosi, e di trovare nello sviluppo della psicoanalisi la propria via per l'integrazione del sé nel mondo.

Sono, appunto, i casi della vita.

Il carattere eboidofrenico
(nota a Essere, avere, scintille)

Abbiamo iniziato a descrivere quello che nella letteratura psicoanalitica è chiamato "carattere eboidofrenico" nell'esempio che facevamo a pag. 166 in cui un impiegato L era visto alle prese con un dirigente D il quale desiderava fargli fare un lavoro.

Il discorso che segue è riassunto dal bel libro di Jacques Chazaud, *Hysterie, schizophrenie, paranoia,* il quale contiene anche un capitolo sulla psicosi eboidofrenica.

La persona afflitta da disturbo eboidofrenico presenta spesso, sotto un fondo discreto di spersonalizzazione, velleità artistiche, spesso più sognate che realizzate, fantasie di superiorità, pretese intellettuali più o meno solide o ingenue, nonché il sentimento di possedere una qualità tutta particolare la quale viene opposta sdegnosamente all'ambiente in cui ella si trova.

Vi sono momenti critici, ma tuttavia episodici e rapidamente riassorbiti, di delirio, desideri di espatrio che si risolvono di frequente in "viaggi patologici", non semplici fughe, bensì tentativi presto abortiti di svolta radicale e di un nuovo inizio di vita.

Incapace di regolare la propria aggressività, l'eboidofrenico tende spesso a oscillare tra la sottomissione e la sfida. Egli non sa mai se deve cedere o combattere, rimanere passivo o aggredire.

Magniloquenza, tendenza morbosa a giocare con le situazioni e con gli individui in un gioco il quale ha il carattere della derisione, attitudini di ostentazione e sfida, completano il quadro di questo insieme di comportamenti antisociali.

Egli tuttavia persegue le sue mete senza una vera, continua tenacità, interscambiando i comportamenti antisociali come se essi fossero, più che ricerche di una qualche soddisfazione, pretesti per affermare la sua propria esistenza.

Vi è spesso un buon livello di verbalizzazione, e questi malati tendono a dare in un certo qual modo nel complesso l'impressione di non essere così folli come dovrebbero.

Sembra esservi nell'eboidofrenico la costruzione di un "personaggio originale", ed egli bene o male si impone nell'ambiente circostante come una persona particolare. Persona sempre nominata, anche se per dirne male, sempre conosciuta, se non riconosciuta nei suoi meriti, e che sa sempre assicurarsi almeno (giacché il disdegno che mostra viene a respingere la piccola corte assidua che a volte gli "squilibrati perversi" sanno creare attorno a loro) delle solide inimicizie personali, come soggetto che crea disordine e oggetto di reprimende.

In una parola, l'eboidofrenico è una persona "che esiste".

È in quest'ultima affermazione la chiave per comprendere la genesi del disturbo di cui ci stiamo occupando.

Semplicemente l'eboidofrenico "non è esistito" per le proprie figure di riferimento dell'infanzia. Il lettore che abbia seguito l'evolversi del rapporto tra il bambino L e la propria figura di riferimento femminile (La Gioconda, nella sezione 5, Scintille), comprenderà subito se diciamo come l'impiegato L che abbiamo supposto da adulto far tanto inquietare il proprio dirigente, da bambino è come "non esistito" per sua madre.

In qualche modo "odiato" dalle figure di riferimento dell'infanzia, e sostanzialmente sedotto dalla figura di riferimento femminile, l'eboidofrenico ritiene ora di venir odiato e teme di essere in un certo modo "sedotto" dall'ambiente che lo circonda. Reagisce all'affollarsi nella propria psiche dei complessi di persecuzione e dell'angoscia di annientamento con una tattica di conflitto continuo nel quale rivendica l'esistenza di un proprio essere autonomo. Egli esiste.

Il lettore forse comprenderà (considerando in particolare l'esempio del rapporto di L col proprio dirigente D) come non manchino tratti umoristici in tutta questa configurazione, e qualcuno ha notato come sia necessario distinguere il comune degenerato dall'eboidofrenico, giacché il primo deve finire la sua vita in prigione, mentre è preferibile che il secondo la termini all'asilo infantile.

Tuttavia vi è poco spazio per l'umorismo allorquando si ha a che fare con comportamenti irrispettosi dell'uomo verso l'altro uomo, e, in sostanza, con il male.

Nei casi meno gravi, questo descritto si configura come poco più di un "comportamento caratteriale" dell'individuo, ma le evoluzioni più infauste della tattica di difesa messa in atto dall'eboidofrenico hanno portato, secondo ogni evidenza, agli orrori più grandi avvenuti nel secolo scorso.

La tattica un po' folle dell'eboidofrenico per difendersi contro i complessi di persecuzione e soprattutto dall'angoscia di annientamento che egli prova nell'ambiente in cui mette in opera questo suo "delizioso" agire, è tuttavia efficace in quella difesa dalla degenerazione psicotica cui in effetti essa è rivolta.

Le crisi deliranti sono prontamente e rapidamente riassorbite, l'eboidofrenico riesce comunque in qualche modo a tirare avanti nell'ambiente in cui si trova, quando non addirittura a imporsi ad esso, e la psicosi eboidofrenica, la quale è vista anche come una forma debole di schizofrenia, risulta trattabile e risponde a una terapia che sappia diagnosticarla e riconoscerne le dinamiche.

Cosa possiamo dire dell'eboidofrenia per quel che riguarda il suo rapporto con la dualità "depressione - mania"?

Ci pare che si possa parlare a questo proposito di una mania continua (quella di entrare in conflitto con l'ambiente) la quale copre una depressione altrettanto continua, dovuta a complessi di persecuzione e paura dell'annientamento.

Concludiamo questo breve articolo citando di nuovo da Jacques Chazaud:

"Vicini agli ebefrenici dei quali condividono in ultima analisi la stessa angoscia fondamentale; ai paranoici, dei quali occasionalmente provano gli episodi deliranti; ai catatonici per il loro usare il conflitto come modo di relazione; agli squilibrati dai quali prendono in prestito il proprio stile; gli eboidofrenici non appartengono a nessuna di queste categorie".

Si tratta, appunto, dell'eboidofrenia.

Quando la copertura eboidofrenica (cioè la relazione continuamente conflittuale con l'ambiente) viene meno durante il trattamento analitico, può apparire chiaramente in evidenza nella persona il nucleo di un piccolo insediamento schizofrenico, creatosi in qualche tempo nella vita del paziente, e per gestire e tenere sotto controllo il quale l'eboidofrenia era stata chiamata a difesa.

Bibliografia

Anati, Emmanuel, *La montagna di Dio : Har Karkom*, Jaca Book, Milano, 1984

Bakan, David, *Sigmund Freud e la tradizione mistica ebraica*, Edizioni Comunità, Milano, 1977

Benamozegh, Elia, *Storia degli Esseni*, Edito a cura di Marco Cassuto Morselli, Marietti, Genova-Milano, 2007, 2018[154]

Benamozegh, Elia, *L'origine dei dogmi cristiani*, Tradotto e edito a cura di Marco Cassuto Morselli, Marietti, Genova, 2002

Benamozegh, Elia, *Israele e l'Umanità*, Tradotto e edito a cura di Marco Cassuto Morselli, Marietti, Genova, 1990, 2016

Chazaud, Jacques, *Hysterie, schizophrenie, paranoia*, Privat éditeur, Toulouse, 1983

Debenedetti Stow, Sandra, *Dante e la mistica ebraica*, La Giuntina, Firenze, 2004

Di Nola, Alfonso, *Cabbala e Mistica Giudaica*, Carucci editore, Roma, 1984

Franchetti, Carlo, *vehinneh*, Presso l'autore

Freud, Sigmund, *Opere di Sigmund Freud*, Boringhieri, Torino

Guetta, Alessandro, *Filosofia e Qabbalah*, Thalassa De Paz, Milano, 2000

Halevi, Z'ev ben Shimon, *Psychology and Kabbalah*, Samuel Weiser Inc., York Beach, Maine, 1991

Hornung, Erik, *Gli dei dell'antico Egitto*, Salerno Editrice, Roma, 1992

Lévy, Bernard-Henri, *Il testamento di Dio*, SugarCo Edizioni, Solaro (MI), 1979

Miller, Alice, *Il dramma del bambino dotato*, Boringhieri, Torino, 1982

Miller, Alice, *La persecuzione del bambino*, Bollati Boringhieri, Torino, 1987

---

[154] Si tratta di un'edizione ridotta e rivista da Marco Cassuto Morselli dell'originale pubblicato a Firenze nel 1865 da Le Monnier. Recentemente anche l'originale è stato ripubblicato da Scholar Select.

Miller, Alice, *Il bambino inascoltato*, Bollati Boringhieri, Torino, 1989

Miller, Alice, *Il risveglio di Eva*, Raffaello Cortina Editore, Milano, 2002

Miller, Alice, *La rivolta del corpo*, Raffaello Cortina Editore, Milano, 2005

Otto, Walter, *Gli dèi della Grecia*, Adelphi, Milano, 2004

Rogers, Barbara, *Screams from childhood*, Barabara Press, 2004

Schochet, Jacob Immanuel, *Introduzione alla traduzione della Iggheret Ha-Qodesh (Liqqutè Amarìm – Tanyà, Parte IV)*, Merkas L'Inyonei Chinuch, Milano, 1974